隐性收入与腐败研究

孙群力　著

中国财经出版传媒集团

经济科学出版社
Economic Science Press

图书在版编目（CIP）数据

隐性收入与腐败研究／孙群力著．—北京：经济
科学出版社，2016.6
ISBN 978 - 7 - 5141 - 6856 - 3

Ⅰ.①隐… Ⅱ.①孙… Ⅲ.①国民收入分配 - 不平衡 -
研究 - 中国②反腐倡廉 - 研究 - 中国 Ⅳ.①F124.7
②D630.9

中国版本图书馆 CIP 数据核字（2016）第 079946 号

责任编辑：白留杰
责任校对：杨　海
责任印制：李　鹏

隐性收入与腐败研究

孙群力　著

经济科学出版社出版、发行　新华书店经销
社址：北京市海淀区阜成路甲 28 号　邮编：100142
教材分社电话：010 - 88191354　发行部电话：010 - 88191522
网址：www. esp. com. cn
电子邮箱：bailiujie518@ 126. com
天猫网店：经济科学出版社旗舰店
网址：http://jjkxcbs. tmall. com
北京密兴印刷有限公司印装
710×1000　16 开　12.5 印张　220000 字
2017 年 1 月第 1 版　2017 年 1 月第 1 次印刷
ISBN 978 - 7 - 5141 - 6856 - 3　定价：37.00 元

前　言

　　由于隐性经济和腐败的隐蔽性和复杂性，且参与腐败和隐性经济活动的主体都竭尽所能掩盖其行为，尽管我们能感受到它们的存在，但却不能直接观测到它们。正是由于这些原因，探索腐败和隐性经济产生的原因和所导致的后果，科学度量腐败和隐性经济规模就极具挑战性。通过隐性经济和腐败的研究，探寻隐性经济和腐败产生的原因、导致的后果，构建科学度量隐性经济和腐败的方法，从而实现遏制隐性经济规模的发展，进一步加强对公共权力的监管，抑制公共权力的滥用，有效预防与惩治腐败的目的。

　　通过深入研究腐败的成因和后果，并科学度量腐败，对于有效预防与惩治腐败，建立更加廉洁的政府官员体制，促进经济增长，缩小收入分配差距，提高公共资金的利用率，确保政治稳定具有非常重要的政治理论意义。并且，对于规范收入分配秩序、缩小收入分配差距、打击和取缔非法收入、合理疏导隐性经济中的合法部分、控制隐性收入和腐败的发展等问题，本研究同样具有重要的实际意义。

　　我们通过深入分析隐性经济产生的原因及所导致的后果，在梳理现有隐性经济度量方法的基础上，我们分别采取改进后的货币需求模型和结构方程模型度量了全国和各省市区隐性经济规模，研究了隐性经济对收入不平等和经济增长的影响。研究发现，首先，税收负担是影响隐性经济的主要因素，税负水平越高，隐性经济规模越大，反之亦然；这也说明了随着税收负担的提高，企业和个人逃避税收的意愿更加强烈，进而导致隐性经济规模急剧上升。其次，目前在隐性经济中的交易不完全是通过现金支付来完成的，随着银行服务的改进和互联网的迅速发展，隐性经济中的一部分交易支付是通过银行转账实现的。最后，税收负担、居民收入、失业率、自我就业率以及政府管制是影响隐性经济的主要因素，且随着税负的增加、失业率的上升，隐性经济规模显著提高；而提高居民收入、加强政府管制，则对隐性经济规模有显著的抑制作用。我们认为，是这些因素的共同作用致使隐性经济规模逐年缓慢上升。

我们通过对腐败的研究发现：首先，政府规模、财政分权、公务员工资、文化教育、执法力度和政府采购规模是腐败的主要决定因素，且随着政府规模的扩大，腐败程度显著提高；而提高公务员相对工资、加强执法力度、提高财政分权程度、扩大政府采购规模、提高广大社会成员受教育水平则对腐败规模具有显著的抑制作用。腐败显著提高了收入不平等程度、阻碍了经济增长，并导致公共投资规模扩大。其次，当权力参与收入分配或干预市场机制，通过权力垄断某些要素资源，利用国家政策为自己的经济利益服务时，则会因权力寻租和腐败等行为而形成不合理收入，必将使按生产要素贡献分配的原则产生扭曲，从而降低资源配置效率，导致收入差距扩大。腐败显著提高了收入不平等程度，而经济增长则有利于缩小收入差距。最后，腐败抑制了城镇、农村居民以及不同收入群体的收入的增加。腐败扭曲了教育的回报，在城镇，腐败降低了教育回报；在农村，情况正好相反，腐败会增加教育的回报，说明在农村，学历高的人更容易利用公权力为自己谋取私利，以获得更高的收入。

对于控制隐性经济规模的发展，我们认为，可通过实行结构性减税和适当降低税率、制定合理的货币政策和财政政策、加强银行和税务系统之间的信息共享，通过对部分隐性经济活动疏导规范，鼓励企业和个人从隐性经济转入官方经济，以达到缩小隐性经济规模的目的，使官方宏观经济统计数据尽可能得到真实的反映。通过提高居民收入占 GDP 的份额，缩小收入分配差距，加快城市化建设，加大政府对农业的投入和支持力度，不仅可以刺激消费，拉动经济，而且还可以在一定程度上减少腐败行为，从而进一步控制隐性经济规模的扩大。在实际中，对于隐性经济中的非法活动以及由此而产生的非法收入，要进行严厉打击并取缔；而对于隐性经济中的合法活动，则要合理疏导。要通过加强税务稽查，加大对偷税漏税的处罚力度；要规范劳动力市场和就业结构，提高居民收入；要继续发展城乡个体和私营经济，创造更多的就业机会，并为失业者提供更多的工作岗位；通过制定法律法规，统一执法标准和尺度，尽可能将隐性经济活动中的合法部分引导到官方经济中来，以缩小隐性经济规模，净化市场环境，完善市场机制。

对于预防和惩治腐败，应做到以下几点：（1）约束公共权力、减少行政审批，应切实减少行政权力对经济活动的干预，充分发挥市场机制资源配置的基础性作用，最大限度地压缩寻租机会，避免官员滥用行政自由裁量权谋取私利，才能达到有效预防腐败的目的。（2）适当提高公务员工资以提高其腐败成本，健全公务员激励与惩罚机制，降低来自腐败收益的诱惑，自觉抵制腐败。（3）不断完善政府采购制度，建设更加开放、透明的公平竞争的政府采购体系，加大对政府采购各个环节的监督和审计力度，约束参与政府采购各方的串谋行为，有效防止大规模腐败。（4）不断完善法律制度，提高执法水平，加大反腐力度，严格执法，并赋予司法机构更大的独立性和自主性，严格监督公共权力的行使，提高反腐调查的效率。（5）建设廉政文化，不断提高公职人员的教育水平和职业素质，并给予公众更多的民主权利，加强公众问责，依法行使监督权、知情权，有效监督政府和官员行为，从而起到有效遏制腐败的作用。（6）深化财政分权体制改革，明确中央政府和地方政府的财权与事权，做到事权与支出责任相一致，不断规范和完善财政分权制度，提高财政分权程度。同时，通过不断完善地区之间的竞争机制，改革决定地方官员职务晋升、激励的考核评价的指标体系，提高地方政府官员的政治责任感和努力程度，以降低官员对寻租的要求。

孙群力

2016 年 12 月

摘　　要

　　本书的内容由七章构成。第一章分析了隐性经济与腐败的成因与后果。在界定隐性经济活动的基础上，对隐性经济活动进行了分类；从税收负担、社会保障缴款、政府管制、公共部门服务、劳动力市场、失业、自我雇佣等方面深入分析了隐性经济产生的原因，并分析了隐性经济对官方经济、对劳动力参与率、对腐败的影响。通过对腐败的定义以及分类，深入分析了政府管制和授权、社会和文化因素、政府公共支出、公务员相对工资、司法制度对腐败的决定作用，并进一步分析了腐败对经济增长、收入不平等和投资的影响。第二章梳理了隐性经济与腐败的度量方法。针对隐性经济的度量，分析了直接度量方法和间接度量方法及各自的优缺点；针对腐败的度量，分析了主观度量方法和客观度量方法及各自的优势和不足。在此基础上，为了科学度量隐性经济和腐败的规模，我们提出了采用结构方程模型中的多指标多原因模型（MIMIC）度量隐性经济和腐败的方法。第三章度量了隐性经济规模并分析其影响。采用改进后的货币需求模型，度量了全国的隐性经济规模，利用所度量的结果，研究了隐性经济对收入不平等的影响。通过深入分析隐性经济的原因变量和指标变量，度量了全国各省市区隐性经济的规模，并进一步研究了隐性经济对地方经济增长的影响。第四章分析了财政分权对隐性经济规模的影响。首先，我们采用改进后的收支差异法度量了全国各省市的隐性经济规模，在此基础上，分析了财政收入分权、财政支出分权、财政管理分权和预算管理对隐性经济规模的影响。第五章度量了中国各省市区的腐败指数。采用客观度量方法，分析了我国的腐败现状；采用主观度量方法，将中国的腐败现状进行了国际比较；通过深入分析腐败的原因变量和指标变量，采用 MIMIC 模型，度量了我国各省市区的腐败指数。在此基础上，进一步分析了隐性经济与腐败之间的关系。第六章研究了经济增长和腐败对收入不平等的影响。针对目前我国的收入不平等到底是由于经济的快速增长加剧的，还是由于严重的腐败所导致的，我们通过构建计量模型，实证研究了经济增长和腐败对收入不平等的影响。最后第七章是全书的主要结论及相关的政策建议。

孙群力

2016 年 12 月

目　　录

导　　论

一、研究背景

中国隐性收入问题已引起越来越多的学者和政策制定者的关注与重视。而由腐败、权力寻租、偷税漏税以及其他违规违法等基于市场或非市场的行为所获得的隐性收入则受到了广大民众的责难。由于隐性经济活动的参与者总是不希望让人知道其从中所获得的收入，从而为准确度量隐性收入规模带来了很大难度，也导致了官方统计数据不真实。

由于腐败自身所具有的隐蔽性和复杂性，且参与腐败的各方也都竭尽所能掩盖其腐败行为，故很难直接度量。因此，要准确掌握一个国家和地区真实发生的腐败数量以及腐败的严重程度则非常困难。然而，准确度量腐败对于预防和惩治腐败却具有至关重要的作用，这也是长期以来研究腐败问题的重点和难点，不仅意义重大，而且具有挑战性。腐败产生的原因是多方面的，涉及政治体制、司法制度、社会文化、历史以及经济等因素；并且，腐败也造成了严重的后果，如阻碍了经济增长、加剧了贫困和收入不平等程度。因此，无论是研究腐败的成因还是研究腐败所导致的后果，准确度量腐败都是必不可少的。甚至可以认为，如果能够准确度量腐败，则腐败很可能被消除；如果能够建立起腐败与其他因素之间明确的因果关系，那么，就有可能找到解决腐败的潜在方法，从而使反腐更加深入彻底。

因此，如何合理界定隐性经济活动的范围？如何客观地度量隐性收入规模？如何构造腐败指数，有哪些因素对隐性收入与腐败产生了重大影响？隐性收入与腐败所带来的后果如何？这些问题将是本书致力要研究的问题。

二、研究意义

1. 政治意义。腐败已成为抑制经济增长、导致收入分配不公、动摇政治稳定的大敌。因此，深入研究腐败产生的原因及其所导致的后果，并科学度量腐败的规模，对于有效预防与惩治腐败，建立更加廉洁的政府官员体制，促进经济增长，缩小收入分配差距，提高公共资金的利用率，确保政治稳定具有非常重要的政治理论意义。

2. 理论意义。

（1）通过本书全面、系统的研究，构建一个研究隐性收入与腐败的理论分析框架。

（2）运用经济学理论深入剖析隐性收入和腐败产生的原因及其所导致的后果。

（3）运用计量经济学方法度量我国各省市区隐性收入规模，构建腐败指数。

（4）全面分析隐性收入与腐败之间的关系，以及隐性收入和腐败对收入不平等的影响程度。

3. 实际意义。

（1）通过科学的度量隐性收入规模，能弥补官方统计上的遗漏，并为收入分配政策的制定提供可靠依据；

（2）本书所度量的腐败指数，既不受对腐败主观感受的影响，也不受不同时期反腐力度的影响，且所度量出来的结果在各地区之间可以进行横向或纵向比较，非常有利于制定具有较强针对性的预防和惩治腐败的措施，有利于认识当前的腐败程度，为反腐败提供有价值的参考；

（3）通过本书的研究，针对规范收入分配秩序、缩小收入分配差距、打击和取缔非法收入、合理疏导隐性经济中的合法部分、控制隐性收入和腐败的发展等问题，将提出全面、深入而又具有可操作性的政策建议。

三、国内外研究现状述评

1　国内研究现状。

（1）关于隐性收入度量的研究。王小鲁（2007，2010）利用调查数据，采用"恩格尔系数法"分别推算了我国2005年和2008年的隐性收入和灰色收入。徐蔼婷和李金昌（2007）、徐蔼婷（2005，2008）采用结构方程以及收支差异方法，度量了我国未观测经济规模。夏南新（2000，2002，2004）、朱小斌和杨缅昆（2000）、刘洪和平卫英（2004）、赵黎（2006）采用货币需求等方法，度量了我国地下经济规模。

（2）关于腐败度量的研究。倪星（2012）通过对中国腐败现状的客观测量和主观测量，认为只有精确测量腐败的现实状况，才能使反腐败更为深入和彻底。因此，如何对一个国家和地区在不同时期腐败的真实发生情况做出准确评价，是腐败问题研究的最大难点（过勇和宋伟，2013）。张军等（2007）、吴一平（2008）、周黎安和陶婧（2009）采用各省市区的每万人贪污贿赂案件的立案数来衡量腐败程度。谢平和陆磊（2003）利用调查数据编制了2003年度中国金融腐败指数。

2. 国外研究现状。

（1）关于隐性收入度量的研究。Cagan（1958）、Tanzi（1983）、Schneider（1986）、Bhattachary（1990）、Hill 和 Kabir（2000）、Mauleon 和 Sarda（2000）、Pickhardt Pons（2006）采用货币需求方法度量了相关国家的隐性经济规模。Frey 和 Weck-Hannemann（1984）、Giles（1999）、Schneider（2005）、Bajada 和 Schneider（2005）、Pickhardt 和 Pons（2006）、Chaudhuri et al.（2006）、Dell'Anno et al.（2007）、Schneider 和 Savasan（2007）、Dell'Anno（2007）、Dell'Anno 和 Solomon（2008）、Dobre 和 Alexandru（2009）将结构方程模型与货币需求方法相结合，度量了不同国家和地区的隐性经济规模。

（2）关于腐败度量的研究。要有效预防和治理腐败，前提是必须要准确度量腐败，要掌握腐败产生的原因及其所导致的后果。Tanzi（1998）认为，如果腐败能够被度量，则腐败很可能被消除。Andersson 和 Heywood（2009）指出，如果能够建立起腐败与其他因素之间明确的因果关系，那么，就有可能找到解决腐败的潜在方法。腐败产生的原因是多方面的，涉及政治体制、司法制度、社会文化、历史以及经济等因素（Treisman，2000；Del Monte and Papagni，2007；Dong and Torgler，2013）；并且，腐败也造成了严重的后果，如阻碍经济增长（Mauro，1995；Mo，2001；Dince and Gunalp，2012）、加剧贫困和收入不平等程度（Gupta et al.，2002；Apergis et al.，2010）。

然而，腐败的隐蔽性和复杂性决定了人们很难直接观测到它。因此，要准确掌握一个国家和地区真实发生的腐败数量以及腐败的真实程度非常困难。目前表示腐败程度的指标主要有主观度量指标和客观度量指标，尽管透明国际组织每年发布的CPI等主观度量指标在促进腐败问题的学术研究以及推动反腐败举措的实施上，具有举足轻重的地位和作用，但主观感知并不等于客观现实（Andersson and Heywood，2009）。Abramo（2005）认为个人或家庭所经历的腐败相对于腐败的感知能更好地反映腐败的真实性。Razafindrakoto 和 Roubaud（2010）通过比较发现，专家感知的腐败水平与根据住户调查得出的真实腐败水平不相关，且专家的感知高估了腐败程度。

依据官方所披露的贪污、贿赂案件数、涉案人数、涉案金额等客观数据来表示的腐败客观度量指标尽管在一定程度上反映了腐败的现状，但这只是实际腐败的极少部分，由于"腐败黑数"的存在必然导致腐败真实程度的低估。尽管如此，国内外很多的学者仍然用客观度量指标来研究腐败的成因与后果（Del Monte and Papagni，2007；Mocan，2008）。

在近期的研究中，Dreher 等（2007）采用结构方程模型的一种特殊形式，即多指标多原因模型方法（Multiple Indicator Multiple Causes，MIMIC），度量了 106 个国家 1976～1997 年的腐败指数，研究发现法制、小学入学率以及民主化程度等因素对腐败具有显著负影响，且发达国家的腐败程度低于发展中国家。其中，1991～1997 年，中国的腐败程度排名第 56 位，其腐败指数为 0.23。

（3）关于隐性收入与腐败的关系研究。腐败与隐性经济在低收入国家存在互补关系，而在高收入国家存在替代关系（Dreher and Schneider，2009）。Schneider and Buehn（2009）的研究表明，隐性经济降低了高收入国家的腐败，但提高了低收入国家的腐败。

（4）关于隐性收入和腐败对收入不平等影响的研究。隐性经济导致收入不平等程度的提高，而收入不平等则进一步加剧了隐性经济活动（Rosser et al.，2000，2003；Ahmed et al.，2004）。Apergis et al.（2009）研究发现腐败与收入不平等之间存在双向的因果关系。

以上国内外相关研究为本书的研究奠定了良好的基础。但是，我们也发现，关于隐性收入的度量以及透明国际的腐败感知指数基本上都是针对整个国家层面的；而采用中国各省市区的贪污贿赂案件的立案数并不能完全反映腐败的真实程度，而是有所低估；至于隐性收入与腐败之间的关系，以及隐性收入和腐败对收入不平等的影响，针对中国各省市区的研究则更是少见。因此，在本书的研究中，将弥补以往针对中国各省市区研究的不足，并为政策制定者和其他相关研究提供来自中国各省市区的经验证据。

四、研究的主要内容、基本思路、研究方法

1. 主要内容。本书的研究内容主要包括导论、第一章～第七章，具体如下：

第一章隐性经济与腐败的成因与后果。在界定隐性经济活动的基础上，对隐性经济活动进行了分类，从税收负担、社会保障缴款、政府管制、公共部门服务、劳动力市场、失业、自我雇用等方面深入分析了隐性经济产生的原因，

并分析了隐性经济对官方经济、对劳动力参与率、对腐败的影响。通过对腐败的定义以及分类，深入分析了政府管制和授权、社会和文化因素、政府公共支出、公务员相对工资、司法制度对腐败的决定作用，并进一步分析了腐败对经济增长、收入不平等和投资的影响。

第二章隐性经济与腐败的度量方法。分析了目前度量隐性经济和腐败的方法。其中，针对隐性经济的度量，主要介绍了直接度量方法和间接度量方法，分析它们各自的优缺点；腐败的度量主要介绍了主观度量方法和客观度量方法，并分析这两种方法各自的优势和不足。在此基础上，为了科学度量隐性经济和腐败的规模，提出了采用结构方程模型中的多指标多原因模型（MIMIC）度量隐性经济和腐败的方法。

第三章隐性经济的度量及其影响。采用改进后的货币需求模型，度量了全国的隐性经济规模，利用所度量的结果，分析了隐性经济对收入不平等的影响。在理论上深入分析了隐性经济的原因变量和指标变量的基础上，度量了全国各省市区隐性经济的规模，并进一步研究了隐性经济对地方经济增长的影响。

第四章财政分权与隐性经济规模。本章采用改进后的收支差异法进一步度量了我国各地区隐性经济的规模，在此基础上，我们提出了财政分权对隐性经济影响的理论假说，并通过构建计量模型，对理论假说进行了论证。

第五章中国各地区腐败指数的度量。采用客观度量方法，分析了我国的腐败现状；采用主观度量方法，将中国的腐败现状进行了国际比较；通过深入分析腐败的原因变量和指标变量，采用 MIMIC 模型，度量了我国各省市区的腐败指数，研究了隐性经济与腐败的相互关系，并提出了治理腐败的政策建议。

第六章经济增长、权力腐败与收入不平等。针对目前我国的收入不平等到底是由于经济的快速增长加剧的，还是由于严重的腐败所导致的，我们通过构建计量模型，实证研究了经济增长和腐败对收入不平等的影响。

第七章结论及政策建议。概括了本书研究所得到的结论，并提出了相应的政策建议。

2. 研究思路。本书在已有相关研究的基础上，从分析隐性收入和腐败的产生原因及其所导致的后果出发，利用官方公开数据资料或通过问卷调查，度量各省市区的隐性收入规模，构建腐败指数；研究隐性经济对收入不平等和经济增长的影响，从家庭和企业的角度，进一步研究腐败对居民收入、企业成长的影响。

3. 研究方法。在本书的研究中，主要采用了社会调查、规范分析、比较分析、实证分析等研究方法。

（1）社会调查。采取随机抽样问卷、访谈、事件剖析、统计数据收集等手段，广泛收集本书研究所需的数据资料，以充分掌握我国收入分配的现状。

（2）规范分析。主要运用制度经济学、公共财政学、福利经济学、政治学、法学等学科中与收入分配、腐败相关的理论，对我国收入分配现状、隐性经济和腐败等问题做出价值判断。

（3）实证分析。通过构建相关的理论或实证模型，如面板数据模型、结构方程模型等，采用回归分析、收入差距的度量与分解等方法，进行实证研究，以论证相关假设、理论观点等。

（4）比较分析。研究并借鉴欧美和亚洲国家在监督和制约公共权力、隐性经济治理、腐败预防与惩治等方面的经验，建立起我国相应的参照体系。

4. 跨学科综合研究。收入分配涉及经济学、政治学、法学、社会学、文化、宗教等学科，在本书中综合采用了这些相应学科的研究方法。

五、重点难点、基本观点和创新之处

1. 本书研究的重点和难点。

（1）由于隐性收入和腐败都是不可直接观测的，因此，如何确定影响隐性收入和腐败的原因变量和指标变量，并度量出各地区隐性收入规模，构建腐败指数是本书的重点和难点。

（2）隐性收入与腐败之间的关系，隐性收入和腐败对收入不平等的影响是本书研究的重点。

2. 基本观点。

（1）隐性收入和腐败互为因果关系，且腐败导致隐性收入规模扩大。

（2）税收负担、居民收入、政府管制、自我雇用率、失业率等因素是影响隐性收入的重要的原因。

（3）政治制度和法律因素、社会和文化因素、经济因素等是影响腐败的重要原因。

（4）隐性收入和腐败将导致收入差距扩大，不平等程度提高。

（5）我国的隐性收入问题主要是在第一次分配中产生的，问题主要出在市场环节，即便是在第二次分配或第三次分配中出现的问题，也与市场环节有关，进一步深化市场化改革是根本出路。

3. 创新之处。

（1）构建了一个度量隐性收入、腐败的研究框架。

（2）研究了隐性收入和腐败之间的关系。

（3）研究了隐性收入和腐败对收入不平等的影响。

（4）所度量的隐性收入和腐败指数能为政策制定者和其他相关研究提供可靠的数据支持，且提出的政策建议具有现实性、针对性和可操作性。

第一章　隐性经济与腐败的成因与后果

隐性经济和腐败在我们生活的周围都能感受到，但它们都具有隐蔽性，很难直接度量，且其产生的原因极其复杂，也会导致非常严重的后果。本章将深入研究隐性经济与腐败产生的原因及其所导致的后果。

第一节　隐性经济产生的原因与后果

一、隐性经济的定义及分类

（一）隐性经济的定义

隐性经济也称地下经济、黑色经济、影子经济、未被观察经济等。要度量隐性经济占 GDP 的比重，首先要面对的问题是对隐性经济进行定义并界定其范围。关于隐性经济的定义，不同学者从其所研究的视角、目的出发，提出了他们对隐性经济的理解，但至今为止也没有一个统一的，完全为人们所接受的定义。人们通常采用的定义是：所有当前对官方计算的国民生产总值做出贡献但未登记的经济活动。[①]

Smith 的定义为：逃避官方 GDP 估计的以市场为基础的所有合法和非法的商品和服务的生产。[②]

Schneider 提出的一种狭义定义是：所有基于市场的商品和服务的合法生产，这种生产因为以下原因故意逃避公共官方机构的监管：（1）为了逃避所得税、增值税或者其他税种。（2）为了逃避社会保障缴费。（3）为了逃避遵

---

① Feige, E. L., 1994, "The underground economy and the currency enigma", Supplement to Public Finance/Finances Publiques, Vol. 49, pp. 119 - 136; Frey, B. S., Pommerehne, W. W., 1984, "The hidden economy: state and prospect for measurement", Review of Income and Wealth, Vol. 30, pp. 1 - 23.

② Smith, P., 1994, "Assessing the size of the underground economy, the Canadian statistical perspectives", Canadian Economic Observer, Vol. 11, pp. 16 - 33.

照某些法律标准，如最低工资、最大工作时间标准以及安全保障标准等。（4）为了逃避遵守某些行政管理程序，如填写统计调查表或其他行政管理报表等。①

更为宽泛的定义是：所有规避或以其他方式逃避政府规章、税收或者监测的经济活动以及由此产生的收入。②

我们对隐性经济的理解是：所有规避或逃避政府规章、税收或监管的基于市场或非市场的、合法或非法的经济活动以及由此产生的收入。并认为，在度量隐性经济的模型中，除了合法的隐性经济活动之外，极有可能将非法生产和家庭生产也纳入其中，这将对隐性经济规模的估计结果产生影响。

表 1-1 所示的内容有助于我们更好地理解隐性经济。

表 1-1　　　　　　　　　　地下经济活动分类

活动类型	货币交易		非货币交易	
非法活动	盗窃物品交易；毒品生产与销售；色情、赌博、走私、欺诈等		毒品、走私、偷盗物品等易货交易；供自己使用的毒品生产和盗窃行为	
合法活动	逃税	避税	逃税	避税
	从自我雇用中获取的未申报收入；从未申报的合法服务和商品中获得的工资、薪水和财产	雇员折扣、附加福利	合法服务和商品的易货交易	所有自己动手的工作和邻里帮助

资料来源：Lippert 和 Walker（1997）。

（二）隐性经济的分类

根据 1993 年版的 SNA，隐性经济被划分为四类：地下经济、非法经济、非正规部门经济和居民用于自己消费的生产行为。

1. 地下经济。地下经济是指具有一定生产性行为、遵守大部分法律法规，

① Schneider, F., 2005, "Shadow economies around the world: what do we really know?", European Journal of Political Economy, Vol. 21, pp. 598-642.

② Thomas, J. J., 1999., "Quantifying the black economy: 'measurement without theory' yet again?", Economic Journal, Vol. 109, pp. 381-389; Fleming, M. H., Roman, J., Farrel, G., 2000., " The shadow economy", Journal of International Affairs, Vol. 53, pp. 64-89.

但故意脱离公共机构监管的经济形式。①由于这些经济形势所产生的实际收入难以被观测到，其被归属于地下经济的原因如下：

（1）为了逃避支付所得税、增值税及其他税收。

（2）为了避免社会保障缴款的支付。

（3）为了逃避遵循某些法律标准，如最低工资制度、最长工作时间标准以及安全保障标准等。

（4）为了逃避遵守某些行政管理程序，如填写统计调查表或其他行政管理报表等。

2. 非法经济。由于不同国家对非法经济的认定还存在差异，因此，目前还没有对非法经济的明确定义。但按照1993年版SNA的分类原则，非法经济可分为以下两类：

（1）法律禁止销售、分配或持有的商品和服务的生产。

（2）未经授权或注册的生产商所进行的合法活动。

3. 非正规部门经济。1993年版的SNA中没有给出非正规部门的明确定义，而是一般性的指出需要各国根据实际情况进行区分。但是，第15届国际劳工统计国际会议（International Conference of Labour Statisticians）中对非正规部门作了具体界定：非正规部门是指那些小规模、组织结构简单、缺乏劳动和资本明确分工的部门，其目的是为相关人员提供就业和收入。非正规部门具有以下性质：

（1）生产单位的所有权归住户部门中的部分住户所有。

（2）生产单位不具备一套完整的会计账户。

（3）生产的产品中至少有一部分用于市场交换。

（4）生产规模较小，就业人数一般少于登记企业的最低限度。

（5）生产单位一般未登记。

那么，非正规部门经济就包括了所有货物生产（不管用于市场出售还是自用）和部分服务生产，同时排除所有非经济生产。

4. 用于自身消费的生产行为。居民自用的生产不属于非正规生产部门，而是作为未被观测经济的独立部分存在。这种类型的生产包括自己消费的农林

---

① Commission of the European Communities, International Monetary Fund, Organization for Economic Cooperation and Development, United Nations, World Bank, 1993," System of National Accounts", New York.

牧副渔等、初级产品的加工、农作物的简单加工及简单服务等。

二、隐性经济产生的原因

隐性经济产生的原因是多方面的，既有制度方面的原因，也有经济方面的原因。在制度层面上，它与国家法律、政府管制、税制、收入分配制度等密切相关；在经济层面上，则与经济发展水平紧密相关。

（一）税收负担与社会保障缴款

Schneider（2005）、Dell'Anno 和 Schneider（2003）、Johnson et al.（1998a）研究了税收负担对隐性经济的影响，发现税收对隐性经济的影响非常显著，如奥地利隐性经济的主要推动力是直接税（包括社会保障缴款）。Thomas（1992）、Lippert 和 Walker（1997）、Schneider（1994a，1994b，1997，1998a，1998b，2000，2003）、Johnson 等（1998a，1998b）、Tanzi（1999）、Giles（1999a）、Mummert 和 Schneider（2001）、Giles 和 Tedds（2002）以及 Dell' Anno（2003）都认为税收和社会保险缴款是造成隐性经济的主要原因，因为税收影响人们对于劳动与闲暇的选择方式，提高隐性经济中的劳动供给，其中，总体税负的扭曲是最主要的因素。官方经济中总劳动成本与税后薪酬的差距越大，对隐性经济发展的刺激就越大。Schneider（1994b，1998b）认为，即使是重大税制改革与主要税种减免也无法消除隐性经济，但可以保持隐性经济的规模避免其持续增长。社交网络、人际关系、不规则的高利润经济活动、实际资本与人力资本相关的投资都会限制人们转移到官方经济中来。Spiro（1993）发现，当间接税增加时，人们会有投身于隐性经济中的趋势，这样将会减少政府对税收改革的积极性。

Schneider（1994b，2000）与 Johnson et al.（1998a，1998b）对税负对隐性经济的影响进行了实证研究，认为税负对隐性经济有统计学上的显著影响。直接税与间接税对隐性经济的强烈影响进一步被奥地利和北欧国家的实证经验证明。对奥地利来说，对隐性经济的最大驱动力是直接税，其次是税收监管的强度与税制的复杂性。Schneider（1996）通过研究对北欧三个国家（丹麦、挪威和瑞典）得出相同的结论，他认为平均直接税税率、平均总税率、边际税率对货币需求具有显著正的影响，这一点具有高度的统计学意义。Klovland（1984）的研究也支持这个观点。

利用 Feige 的数据研究隐性经济对所得税和税务局监管强度的影响，发现抑制所得税的最高税率有利于抑制隐性经济规模的进一步增长，而增加税务局审核强度也会减少隐性经济规模，他的研究表明政府的干预对隐性经济有重要影响。通过实证研究发现：当个人所得税边际税率增长 1%，隐性经济规模则会增长 1.4%；相对于平均税率来说，边际税率与隐性经济的关系要更为显著。

Johnson et al.（1998a，1998b）在税收对隐性经济影响方面做出了更多的实证研究，他们认为：并不是税负越重隐性经济规模越大，而是税收系统效率越低、越不规范，政府管制越严格，隐性经济规模才越大。隐性经济规模与最高税率是负相关的，但是由于在不同税收体系间存在税收减免、税收抵扣等情况，这一结论的精确性还有待考究。Friedman et al.（2000）发现税率越高，隐性经济占 GDP 比重越低，他们认为企业家们去从事隐性经济不是为了避免官方税收，而是为了减少官僚主义与腐败带来的负担。通过实证研究进一步发现，高税率与低比例的非官方经济并非一定共存，在大多数情况下，使用不同的税率，会导致不同的结果，难以找到一个具有统计学意义的结果。

Dell'Anno 和 Solomon（2008）认为，税收负担是隐性经济的主要原因，税率越高，官方经济中的劳动力成本与税后薪酬的差别越大。结果，高税率将会提高隐性经济中的劳动力需求，差别将会进一步加大。在德国和奥地利，税前收益与税后收益的差额可以和工人的工资同样多。因为这种差别基于社会保障缴款和总税负，这些都是导致隐性经济增加的重要因素。Johnson et al.（1998a，1998b）发现，税收对隐性经济有着明显的影响。其他研究认为，边际税率将增长劳动选择对隐性经济中劳动供给的增长的替代效应。在美国，边际个人所得税增加 1%，隐性经济增加 1.4%（Cebula，1997）。

（二）政府管制

Brehm（1966，1972）认为，政府监管强度的增加和法律数量的增加是隐性经济存在的另一个重要的原因，因为它减少了官方经济的个人选择的自由性。例如，对外国人的劳动力市场法规、贸易障碍、劳动限制等。Johnson 等（1998b）研究发现，劳动法规影响隐性经济的证据：它使得官方经济中的劳动力成本大幅度增加，但是因为这些成本大部分都可以转嫁到员工身上，使得员工不得不去从事地下经济工作而避免这些成本。Johnson et al.（1997）认为，劳动法规越严格的国家隐性经济占 GDP 的比重就越大，在其他条件不变的情况下，增加 1 个单位的政府监管指数将会使得隐性经济的份额增加 8.1%

（Johnson et al.，1998b）。他们认为比起没有强度的法规，具有强制性与高强度的规章更是造成公司与个人负担并使得其进入隐性经济的主要因素。

Friedman et al.（2000）也得出同样的结论。在他们的研究中每一个监管措施都是同隐性经济有着明显比例关系的，更强的监管与更大规模的隐性经济的产生密切相关。他们的研究中，有效的规章数量与隐性经济的规模是显著相关的，且相关性的导向非常清晰：加强监管将导致更大的隐性经济规模。对于70%的发达国家而言，Friedman et al.（2000）的研究结果表明：监管指数（范围：1~5点）每增加1点，隐性经济就增加10%。由此可见，政府应该更为看重改变对法律法规的执行，而不是一味地增加法律法规数量。此外，这些研究还发现隐性经济的存在会干扰政府政策的执行，并建议政府要提供更多的激励措施来代替各种规制和处罚，使人们远离隐性经济（Giles，1999a）。然而，一些政府却偏向于使用更多的法律法规来减少隐性经济，因为这种做法会增加官员的权利，提高公共部门就业。

Aigner et al.（1998）认为，提高公共部门规模、提高经济系统的监管程度会刺激人们从事隐性经济。Johnson et al.（1997）、Johnson et al.（1998）以及 Zoido-Lobaton（1998），认为监管和自由裁量权是地下经济活动的关键因素。Frey 和 Hanneman（1984）和 Giles 和 Tedds（2002）认为，监管负担与隐性经济间存在显著的关系。考虑到这一点，实际政府采购将会成为一国所有活动的代理，这个系数的最终正相关性也证明了市场上更多的政府采购与更严格的监管将会导致更大规模的隐性经济。Eilat 和 Zinnes（2000）认为，假设一个低效率的司法系统可以减少官方经济带来的好处，会使得从事地下经济变得相对更有吸引力。假设刑事司法系统的功效是与财政审计的功效相同的，那么这些变量与隐性经济间的关系将变得消极。

（三）公共部门服务

隐性经济规模的增加会减少国家财政收入，进而减少公共产品和服务的数量与质量。最终，将会导致官方经济中税率上升，并伴随公共产品的提供与政府行为的恶化，甚至引起更大规模的隐性经济。Johnson et al.（1998a，1998b）呈现了这种关系的简单模型，研究结果表示，如果降低税率、减少法律法规的数量、减少贿赂情况数量，那么较小的隐性经济与高税收收入将会同时出现。一个国家如果拥有更好的法律法规，也同样会存在较小规模的隐性经济。转型中国家有更为严格的法律法规，导致贿赂增加、税率提高，因此存在较大规模的隐性经济。总体结论认为，无论是 OECD 国家还是东欧国家都发现他们处于相对较低的税率与监管负担、可观的收入动员、良好的法制、较低的腐败发生率与相对较小的隐性经济的较好均衡之中。相反，拉丁美洲与苏联则是处于一个较坏的均衡之中，税负与对企业的监管力度越来越大、法治薄弱、贿赂发生率高、相对较高的隐性经济活动（Johnson et al.，1998a）。在许多国家，公共部门面临的最大挑战是从实质上改善社会保障体系和税收体系来避免由于高税负和监管负担所导致的隐性经济的增长所造成的福利的缺失，并且给公共财政带来极大压力，导致更高的税率，因此引发更大规模的隐性经济，形成一个恶性循环。在一个不断累积的过程中，现存的规章制度将逐渐失信于社会，而采取民主投票来设立新的规章制度远远不如退出策略更有吸引力，即进入隐性经济。

（四）劳动力市场

Schneider 和 Enste（2000）认为，官方劳动力市场中过度的劳动力成本将推动隐性经济。有两个方面的原因，一是减少官方工作时间将会致使其失业。在很多 OECD 国家，高劳动力成本是导致失业的主要原因。因此会增加隐性经济的规模。纵观 1998 年以来 OECD 国家的规章政策，政策背后均是数量有限且会被重新分配的工作。但这种观点忽视了一个重要因素：被迫减少的工作时间与员工愿意在隐性经济活动中增加的潜在工作时间是相反的。Hunt（1999）认为，提前退休与兼职也给人们从事隐性经济活动提供了机会。Giles（1999a）认为只有当再分配的工作符合员工的喜欢或者员工无力工作时，这种再分配才是成功有效的，否则，人们可能将选择去从事地下经济。他通过在加拿大魁北克市的微观调查数据认为地下经济的劳动力需求决定能反映很多细节信息，研究结果表明，隐性经济中的工作时间会影响正规部门的净工资变化。Schneider 和 Enste（2000）实证研究显示动参与率与工作时间在地下经济部门与正规部门是呈反比的。他们的结果强调：在地下经济部门的工作时间与在正规经济部门的工资率呈现负弹性。进一步减少工作时间，可以导致隐性经济规模的增加，在德国，最近几乎所有实证调查显示，大多数员工都不希望进一步减少工作时间。因此，一个合理的经济政策建议是按照员工的偏好，采用更加灵活的工作时间制度，因为这将减少扭曲的个人决定，防止人们纷纷进入隐性经济中。

劳动力结构也将影响隐性经济，尤其是将失业率和自由职业者的数量考虑到劳动力的百分比中。自由职业者更为容易逃税，他们通常都有一个更大数量的可扣除费用，来自于他们的税基和个人所得税的税单。他们可以与他们的客户在逃税中密切勾结，并且他们发现相对于大公司来说，雇用非正规工人比较容易且成本低。

（五）失业率与自我雇用

Giles 和 Tedds（2002）认为，两种对立的因素决定了失业率与隐性经济的关系：一方面增加失业率将会减少隐性经济，因为隐性经济与 GDP 增长率正相关，而 GDP 的增长率与失业率负相关。另一方面，官方经济中的失业者将会花费一定时间从事隐性经济工作，因此，失业率与隐性经济又呈正相关。Tanzi（1999）认为，隐性经济与失业率之间的关系是模糊的，能力不均匀的工人构成了隐性经济的劳动力市场，而那些被归为失业的一部分，之前都是作为官方劳动力的组件，另一部分被隐藏的工人是由退休人员、非法移民、未成年人、家庭主妇构成。此外，还有一部分人同时在官方经济与隐性经济中工作。从这个意义上来说，官方的失业率与隐性经济呈现弱相关。

可以看出，人们选择从事隐性经济活动是因为正式部门雇用一个工人的成本越来越高。这高额的成本是来自于税负和政府对经济活动的监管和限制。Schneider 和 Enste（2000）认为，人们选择从事隐性经济工作是一种对过重的税负和严格的国家监管的一种反应，所以他们宁愿选择退出也不愿选择抗议。众所周知，在 OECD 国家，失业率主要是由高额劳动力成本导致。在讨论隐性经济规模增长时，经验证据表明有两个重要因素，一是减少官方工作时间。二是失业率的影响。而兼职工作给在隐性经济中从事无缴税无监管的工作提供一个绝佳的机会。

在 Schneider 和 Enste（2000）对 OECD 国家劳动力在官方经济和隐性经济中的规模的研究报告中发现：在法国，1975～1982 年，隐性劳动力从 3% 增长至 6%，1997～1998 年，从 6% 增长至 12%。与同时期隐性经济的增长（6.9%～14.9%）同步。在德国，1974～1982 年，隐性劳动力保持在 8%～12%，而到了 1997～1998 年，这一比例增长至 19%～23%。同期，德国隐性经济由 10.6% 增长至 14.7%，这也解释了德国失业率持续高居不下的原因。在西班牙，1979～1980 年，隐性经济劳动力的增长率由 9.6% 增长到 26.5%，1997～1998 年，则由 11.5% 增长到 32.3%。1997～1998 年，西班牙的隐性经济增长率由 19% 增长到 23.1%。

Buehn 和 Schneider（2008）认为，失业率越高，人们将会有越高的动机去从事隐性经济活动。失业者缺少钱财来购买生活必需品和享受基本服务，因此将会被迫从事地下经济活动。此外，地下经济活动可能提高失业者的自尊心，进而进一步刺激地下经济活动。

Dell'Anno 和 Solomon（2008）认为，自主创业比例高意味着更大规模的隐性经济。自我雇用率是隐性经济的重要决定因素，小型企业的重要扩散和大量专业人士与自由职业者是意大利生产系统区别于西欧其他经济体的重要特征。因此，存在大部分专业人员和自由职业者将意味着费用从消费转向了生产（从税收中扣除），转向更为简化的会计和与客户更加便捷的沟通方式，因此自我雇用率的增加会提高隐性经济规模。

（六）其他原因

1. 社会转移支付。社会福利体系对人们从事官方经济造成负面影响，因为其边际税率几乎达到 100%。在 Schneider 和 Enste（2000）的新古典闲暇与收入的模型中，每个从事官方经济的人必须接受转移支付致使他们如果转移到地下经济容易获得更高的收入，而这种情况不利于经济发展。

2. 平均时薪与可支配收入。Buehn 和 Schneider（2008）认为，很明显官方小贸易部门的平均时薪越高，人们对这些服务的需求成本也就越高。鉴于人们有足够能力来从事这些活动，在其他条件不变的情况下，平均时薪的提高会导致隐性经济规模的扩大。在一般情况下，对商品和服务的需求与实际可支配收入呈正相关。实际可支配收入越高，不论是在官方经济还是在隐性经济中的需求都越大。

3. 违法行为指数。Dell'Anno（2003）认为，一个潜在的因素是犯罪率的增长，这个指数具有双重意义：这个指标代表了社会违法行为。犯罪率的上升将会导致降低人们对国家的公平态度，从而降低社会声誉成本。它衡量了警方打击犯罪的效用，通过这种相关性的变量，Eilat 和 Zinnes（2000）认为，警方保护力度将是衡量参与地下经济成本的一个基本元素。以下两点可以作为隐性经济的决定因素：一是税收司法体系的作用可以近似于刑事司法系统。这个观点是以意大利管理和打击刑事犯罪及税收犯罪一致。二是更多的违法行为导致个人大量、迅速地进入地下经济市场来躲避这些行为。

4. 实际国内生产总值。Dell'Anno（2003）认为，低迷的官方经济活动导致失业，刺激更多的人进入隐性经济，相反，GDP 的萎缩，将减少人们对地下产品的需求，从而会从一定程度上抵消第一种的效果。在金融危机中，隐性经济对于企业和个人来说就是救生衣，隐性经济增加 GDP 减少时，意味着将有更多的机会逃避。

5. 银行之外的流通中的货币。Dell'Anno（2003）认为，货币的方法来估计隐性经济是基于假设：不规范的交易只以现金作为交易媒介，而不是支票和信用卡。因此，如果这种假设被接受，将可以通过比较现金的需求与没有隐性经济的情况下现金的需求来估计隐性经济的规模。

三、隐性经济导致的后果

隐性经济所导致的后果，长期以来的研究主要集中在隐性经济对官方经济的影响方面。且一直存在争议。一方面，隐性经济使国家或地区之间的竞争发生扭曲，导致商品和劳动力市场效率低下；也会使官方宏观经济统计数据（如税收、个人收入、劳动力、失业率、消费等）失真，而根据不可靠的数据所制定的政策和措施很可能不切实际。显然，隐性经济对经济体制具有负面影响；然而，另一方面，隐性经济能为官方经济带来额外的增加值。有研究表明，隐性经济中 2/3 的收入会立即花费在官方经济中，因此，在一定程度上，隐性经济对官方经济也能产生积极影响，进而提高总的经济增长。

（一）隐性经济对官方经济的影响

一般来说，非正规部门的隐性经济预期将会影响税收系统的结构、部门间资源配置效率，以及动态的官方经济。为了研究地下经济带来的后果，应该将地下经济的理论与实证宏观经济模型融合起来研究。Houston（1987）在税收与货币政策下建立一个与隐性经济相关的理论经济周期模型，认为隐性经济的存在将导致通货膨胀效应的扩大，刺激货币政策或者财政政策。在 Adam 和 Ginsburgh（1985）的实证研究中，重点研究隐性经济对官方经济的增长的影响与在一定条件下隐性经济与官方经济之间的积极关系（因为执法的低效率导致较低的隐性经济进入成本）。他们认为扩张性财政政策不论对于正规经济还是非正规经济都是一个积极的刺激。

隐性经济的大量减少将会增加税收收入、提高公共产品的数量和质量，从而刺激经济增长。Loayza（1996）提出一个简单的宏观内生增长模型来证明生产技术取决于充分的公共服务，政府强加的过度的税收与征管无法达到完全合规。他认为，在法定税负高于最优税负时以及在政府无法到达合规执行法律时，非正规经济的规模增长将会减少官方经济的增长，这是因为非正规部门与公共基础部门之间显著的负相关指数导致，而公共基础设施是经济增长的关键因素。Loayza（1996）通过对拉丁美洲国家的实证研究发现，如果隐性经济占GDP比重提高1%，官方GDP的增长率将下降1.22%。但是这种非正式部门活动对经济增长的负面影响并没有被广泛接受（Asea，1996）。

此外，新古典主义认为，地下经济在经济环境对城市服务和小规模制造业需求下是可取的。非正式部门给经济提供动态的创业精神，能够导致更大的竞争、更高的效率、更强的界限以及限制政府活动。非正式部门可以帮助创造市场、增加金融资源、增强创业、促进经济体制的社会化法律化（Asea，1996）。在正式部门与非正式部门之间的自由选择将会增强经济增长潜力，并在非正式部门与经济增长之间建立和谐关系。

隐性经济对官方经济的影响具有两面性。一方面在高收入、高税负、严监管的国家隐性经济的增加将会创造隐性经济的额外收入来，刺激官方经济。另一方面，在低收入国家，隐性经济将会侵蚀税收，造成公共产品与基本公共服务的缺乏（如一个有效的司法体系），最终抑制GDP。

Schneider（2005）用1990~2000年的110个国家构建面板数据，以此来发现隐性经济对官方经济的影响。设置的解释变量有隐性经济规模、资本积累、劳动力和人口增长、通货膨胀率、国外直接投资数据、贪污感知指数、政府支出、人均GDP。得到以下结论：并不是所有的相对增长经济变量对110个国家都是有效的（如研发支出、人力资本指标、入学率等），因此将数据减少至104个国家。建立回归模型显示：低收入国家的隐性经济与其官方经济增长率呈负相关，而工业化国家隐性经济与其官方经济增长率呈正相关。在工业化国家，隐性经济占GDP比重增长1%，官方经济将增长7.1%；相反，在发展中国家，隐性经济占GDP比重增长1%，官方经济将降低4.9%。对于更为开放的国家，有着更高的经济增长，当通货膨胀率提高1%，官方经济将降低2.1%。同时对于OECD国家，笔者用同样的办法集中研究了21个OECD国家（澳大利亚，奥地利，比利时，加拿大，丹麦，德国，芬兰，法国，希腊，英国，爱尔兰，意大利，日本，荷兰，新西兰，挪威，葡萄牙，瑞典，瑞士，西班牙，美国），得出相似的结论。结论隐性经济对转型中国家呈现显著的积极影响而对发展中国家呈现负面影响。在转型中国家，隐性经济规模增加1%，官方经济增加9.9%，而在发展中国家则减少4.5%。

（二）隐性经济对失业率的影响

Hall（1979）预测了隐性经济与失业率之间的关系。从经济直觉的角度来看：人们在正式部门失去工作的概率越高，失业率就越高，结果隐性经济劳动力的份额就增大。Bajada（2005）在他的研究中展示了澳大利亚失业率与隐性经济的关系，他的结果表明，自动稳定器的作用是有限的，因为收入效应主导着替代效应。在美国，我们找不到收入效应的证据，因此隐性经济会减少商业周期的波动，Bajada（2005）认为，通过分析官方数据得出他们的政策在隐性经济产生的商业周期变动下是模糊的。假设隐性经济与失业率之间的关系将会减少失业率在产出增长中的变化所带来的影响，奥肯定律的经验法则告诉我们，当失业率减少时 GDP 将会增加。结论显示当官方经济的增长和失业率之间关系稳定持续时，失业率与隐性经济的增长间存在直接关系。失业率增长 1% 将使得官方经济降低 1.54%。如果将隐性经济考虑在内的话，将会使得官方经济降低 1.5%。

Dell'Anno 和 Solomon（2008）发现隐性经济在失业率对官方经济的影响上是起到积极作用的。因为它吸收了额外的劳动力。因此，隐性经济是推动官方经济增长的有利因素。隐性经济创造了额外的价值可以运用在官方经济中，因此其对官方经济有着积极影响。此外，在人们参与非正式生产活动时，通常会因为个人收入水平较低，因此，地下生产将会刺激社会收入的增加。隐性经济的特点是较低的劳动成本，此外，出入隐性经济活动也更加自由。这样将会提升劳动市场的竞争力，使得劳动力市场更为自由灵活，更自如应对劳动力供求变动。因此，相比之下，隐性经济非常关心政策制定者的想法。政府应当着力于将经济活动从隐性经济中转移到官方经济中而不是消除它们。减少隐性经济将会扭曲失业率、增长率等经济指标、扭曲政府的规范政策。

（三）隐性经济对腐败的影响

Johnson et al.（1998b）发现腐败与 GDP 增长之间存在显著的关系，但是腐败与隐性经济间却不存在显著的关系。Bardhan（1997）则认为，经济增长到一定程度时，都能有足够能力自身减少腐败现象。因此，贸易自由化、进入壁垒的消除、工业技术增长竞争等都能有效减少腐败的滋生，同样也能够鼓励个人与企业从隐性经济中转移到官方经济中来。Rose-Ackermann（1997）认为，走向隐性经济其实是腐败的替代品，大部分公司都极力避免在官方经济中贿赂官员。Johnson 等（1998a）对拉丁美洲、OECD 国家、东欧等共 49 个国家进行实证研究，发现对付贿赂和腐败的措施种类与隐性经济之间存在一个显著性关系：其他条件不变，1% 的 ICRG 腐败指数的改变将会导致隐性经济下降 8% ~11%。Friedman 等（1999）认为，隐性经济的份额与腐败的数量有着非常明显的关系，高腐败的国家必然有着大规模的隐性经济。

（四）隐性经济对经济决策者的影响

Buehn 和 Schneider（2008）发现地下经济的存在会影响国家政府预算文件中的会计数据与财务数据报告的质量。不仅是因为其导致个人和企业参与隐性经济从而造成税收收入偏低，而且它还影响了官方经济的质量和社会信息，误导决策者来评估其经济政策。Buehn 和 Schneider（2008）所估测的 17 个亚太地区国家隐性经济的规模在 1989 ~ 1990 年大幅增长，表明平均数据被大大低估了。结果显示更加如此：许多国家打击地下经济活动的手段效率低下。于是不得不对关于经济增长、通货膨胀、经济周期规模大小、失业率、储蓄量、生产力等级等数据产生了怀疑，尤其对于发展中国家，这些数据的失真情况更为严重。然而在当今政府监管措施与税收征管系统的审查更为严格时，文中的国际经验清楚地表明全球隐性经济规模将会增大。各国政府应该严肃对待与隐性经济有关的规章制度、税收、工资薪金方面的法律法规，防止其刺激人们参与隐性经济活动，并积极打击这些违规行为。

第二节　腐败产生的原因与后果

一、腐败的定义及分类

（一）腐败的定义

研究腐败问题，首先应对它的内涵和外延给出一个确切的界定。然而，目前不管是理论界还是实践中都很难对腐败行为做出统一的界定。政治制度、文化、历史、传统、价值观等的不同都会造成不同的国家或地区形成不同的腐败标准。

1. 腐败的本义。腐败原指事物由最初的纯粹状态到变质和腐烂，是物质的一种化学运动状态。《辞海》将"腐败"解释为腐烂；思想陈旧，行为堕落；制度、组织、机构措施等混乱、黑暗。而后则泛指社会风气或道德行为败坏、堕落。

在《布莱克维尔政治学百科全书》列出了政治腐败（Political Corruption）词条，指政治活动家、政治家或官方决策过程中的官员，利用他们担任公职而掌握的资源和便利，为另外一些人谋取利益，以作为一些已允诺的或实际的好处的报偿①。

在《牛津英语词典》中列举了关于腐败（Corruption）的九种解释，只有一种与政治相关，即"由贿赂或恩惠引出放弃公共义务，正直变质或被破坏，腐败活动的采用和存在主要与公共机构等有关联"②。

2. 学术界对腐败的不同定义。由于各国文化差异致使人们对腐败的理解存在较大不同，因而如何定义腐败成了学术界的一大难题。其中一个较为简洁且被广泛使用的定义为美国国际开发署（The United States Agency for International Development，USAID）所提出的：腐败是指为私人利益而滥用公共权力③。目前世界银行也使用这一定义。而 Tanzi 则认为，腐败是"通过关系而有意地违反规则，以期从该行为中为私人或相关利益人谋取利益"④。腐败还包括任人唯亲、滥用职权等方面。另外，瑞士国际发展合作局（The Swedish International Development Cooperation Agency，SIDA）认为，当个人或者组织在某个行为中依靠其特殊地位而不正当获利，且对他人或组织造成损失时，该行为即为腐败行为⑤。

还有一些学者认为，腐败产生于权力的质变，即政府工作者非法利用自己的权限，牟取私利的行为，从腐败的主体、目的、手段和性质来定义腐败。同样，吴敬琏也认为，腐败是权力与货币的交换，将腐败看成是一种设租和寻租活动⑥。

《牛津英语词典》中对于腐败的定义，从本质上将腐败行为与政府部门的职权相联系，因此被大多数学者采用。白利则认为，腐败代表不当使用权力以得到私人利益，这种利益包括但不仅限于金钱。许多学者使用"公共利益"

---

① 姜向红：《近年来我国反腐败理论观点综述》，中国方正出版社 1998 年版。

② 王沪宁：《腐败与反腐败》，上海人民出版社 1989 年版，第 16 页。

③ Shleifer, Andrei & Robert W. Vishny, 1993, "Corruption", Quarterly Journal of Economics, Vol. 108, pp. 599–618.

④ 引自胡鞍钢主编：《中国：挑战腐败》，浙江人民出版社 2001 年版，第 7 页。

⑤ 徐静：《腐败对公共支出的影响极其治理对策研究》，中国社会科学出版社 2012 年版，第 27 页。

⑥ 陈可雄：《反腐败必须釜底抽薪——访著名经济学家吴敬琏教授》，《新华文摘》，1994 年第 1 期，第 25 页。

一词来解释腐败的概念，即腐败是为私人利益而侵犯共同利益的行为①。在经济学中，可以将腐败看成是寻租行为，即不管是否合法，使用各种手段以牟取经济租金的政治和经济活动。但也有许多学者认为腐败并不等价于寻租，两者之间存在一定交集。腐败与寻租行为的主体都是公共权力的享有者，但前者都是当权者，而后者则包括有钱者、有权者、有人脉者等。其中无权者的寻租、合法的寻租活动则都不是腐败行为。

3. 本书对腐败的界定。由于各国文化差异致使人们对腐败的理解存在较大不同，因而如何定义腐败成了学术界的一大难题。

考虑到中国各地区腐败现象的主要特点，本书采用腐败的传统定义：腐败是利用委托权力获取自身利益的行为，并将腐败主体限定于公职人员。

在《中华人民共和国刑法》中规定，贪污贿赂罪的犯罪主体为"国家工作人员"，具体指受国家机关、国有公司及企业、事业单位、人民团体委托经营、管理国有财产的公务人员。依据《中华人民共和国公务员法》中的规定，公务员是指"依法履行公职、纳入国家行政编制、由国家财政负担工资福利的工作人员"②。本书中的腐败主体所指公职人员以《公务员法》中所界定的公务员范畴为准。

（二）腐败的分类

腐败作为一种社会现象以各种不同的形态、方式和规模出现，理论界根据不同的研究需要，将腐败划分为不同的类型。下面简要介绍一些国际专家与组织对腐败的几种分类。

1. 根据腐败行为主体的多寡，可以将腐败分为个体腐败与集体腐败。个体腐败主要是指个人的腐败现象，而集体腐败则是集体成员或一部分人共同利用其所在机构或所拥有的公共权力为本机构或部门成员谋取私利的行为。集体腐败的参与者涉及机构内众多甚至有时是全体成员，且其所获得的私利也由集体成员所共享。

2. 根据腐败的历史形态，可以分为传统腐败和现代腐败。传统腐败常见于前现代社会中，它主要是由传统的政治制度以及政府自身所造成的，整个腐败行为的周期较短，且进行方式和手段较为简单，具有一定程度的合法性，受

---

① 王沪宁：《腐败与反腐败：当代国外腐败问题研究》，上海人民出版社1990年版。

② 《中华人民共和国公务员法》第一章第二条。

民众和政府的容忍度和认可度较高。从严格意义上来说，这种腐败不属于本书所讨论的腐败行为。而现代腐败则出现于商品经济时代，它是权力与利益相交换的行为，其表现形式多样化，且不属于法律许可范围之内。

3. 根据腐败不同特性，可以划分为 6 种不同类型的腐败：官僚主义的或政府性腐败；减少成本或提高收入的腐败；威逼型或合谋型腐败；集中型或零散型腐败；可预见型或随机型腐败；涉现或不涉现腐败。

4. 根据政府内部腐败形式的不同，可以将腐败分为 4 种类型：第一种为盗取式统治，主要是指政府为达到寻租可能最大化而将其政治系统组织化，从而获取私人利益。第二种为双边垄断，指政府领导者为寻求保护而与黑社会（或黑手党）达成联盟，进而共同分享由此得到的利益。第三种为黑手党统治，这类政府官员主要靠受贿为生，从根本上来说已失去了对国家的统治权。第四种为竞争性受贿，主要表现为当政府内部存在大量腐败官员时，会鼓励其余官员收受贿赂，进而加重腐败规模。

5. 根据民众对腐败行为的不同忍受度，可以把腐败分为以下 3 种类型：第一种为白色腐败，它在普通民众及上层阶级能容忍的腐败程度之内，对该类型腐败行为的惩罚意愿不高。第二种为灰色腐败，对于这种类型的腐败，普通民众的态度可能是模棱两可的，而另一些人，特别是上层阶级则希望对其进行惩罚。第三种为黑色腐败，对这种类型的腐败大部分上层阶级和普通民众都希望对其采取惩罚的措施，谴责该项行为。

6. 根据腐败的发生阶层，可以将腐败分为下层腐败、高层腐败以及影响介入型腐败。下层腐败主要发生在非选举的政府公务员，尤其是低阶层的政府官僚和私人部门之间，通常与税收、执照发放、税利分配等事项相关。高层腐败通常是发生在政治领导人与私人部门之间的较大的腐败行为。而影响介入型腐败一般在官员选举时发生，私人部门发生贿赂行为，而官员接受贿赂。

7. 根据政治和经济机会的不均等性可以将腐败分为利益集团竞争型腐败、精英统治型腐败、半施舍型腐败以及施舍型腐败四种类型。第二种与第三种腐败同时为黑社会（或黑手党）和政治精英利益所服务，容易威胁到政治的主体性，一旦失去控制则会致使道德败落、社会失稳及政治分离。

8. 根据中国目前的腐败现象，可以将造成重大经济损失的各种腐败行为划分为以下 4 种类型：第一种是寻租性腐败，主要是指为获取由纯粹转移所花费的稀缺资源跟垄断、关税管制及其他相关制度的实施造成的传统净损失。第二种是地下经济腐败，指在政府管制之外的未向政府申报和纳税的行为，且其产值并未纳入国民生产总值之内。地下经济腐败是腐败和地下经济相互影响的结果。第三种是税收流失性腐败，主要指违反公平竞争的各种合法的税收减免，以及通过勾结、贿赂、收买等方式偷漏税。第四种是公共支出与公共投资性腐败，主要涉及政府采购合同及其他公共支出造成的腐败损失、由政府投资或资助的公共投资中的腐败损失等。

二、腐败理论

对于多种多样的腐败行为，学者们从不同的视角提出了不同的腐败理论加以解释，包括从政治、经济、心理、法律、社会及行为学角度。我们重点介绍两种较为代表性的腐败理论，即寻租理论、委托—代理理论。

（一）寻租理论

寻租是指行为主体利用或者刻意创造制度缺口来获取非法经济租金的非生产性活动。从经济目的与内涵来看，腐败是符合寻租结构的。寻租理论认为，在市场经济环境中，作为经济人的行为主体，其经济目标都是收益最大化，若为了降低生产性要素以外的成本来取得收益，腐败行为就应运而生。根据寻租理论，腐败行为中租金的来源主要可以分为政府无意创租、政府主动创租和信息不完全三种类型。

1. 政府无意创租。政府无意创租是由于市场准入及准出制度的存在导致的，政府通过介入市场以权力来干预社会资源分配，从而产生了新的利益点，即经济人寻租行为。在市场准入及准出制度下，政府提供的有限的许可证、配额或者特许等权力可以对经济生活进行干预与管制，这种特许权的短缺就为寻租者们提供了动机。

2. 政府主动创租。在寻租理论中，政府部门同样也属于理性经济人，预期通过他部门寻租行为为其带来收益。所以政府会通过政策与制度来干预经济，主动创造寻租可能，那么总会有一部分社会资源用于追逐政府活动并产生租金。如此一来，只要政府存在对经济的介入或者管制，政府创租的行为就不会消失，寻租活动也不会减少。

3. 信息不完全。不完全市场经济中存在信息不对称，因而会存在经济特权与垄断机制，从而必然形成机会不均等和不公平竞争。在微观领域中，如果市场信息不完全程度过高，就会扭曲价格，形成双轨制价格，虽然随着市场化程度的提高，商品价格趋于单轨化，且由国家直接控制形成的价格所占的比重变小，然而依然存在寻租的空间。

（二）委托—代理理论

在民主制度中，公民将管理和统治的权力交给政府，这样就出现了民主政治中的委托—代理关系，即代议民主制。代议民主制中民众与政府、官员间存在多层委托—代理关系，委托—代理链层层交错十分复杂，就容易导致民众与官员之间的公共权力委托—代理失效，从而发生腐败行为。此类弊端主要包括以下四点。

1. 利益不一致。委托—代理理论假设委托人和代理人都会追求各自利益的最大化。而事实上，政府官员具有公职人员和利益个体的双重身份。一般而言，如果从业者同时代表着他人或公共利益，而不仅仅代表自己的利益时，就容易引发代理人侵犯公共利益以谋取私利的行为。因为决策人的个人收益最大化与公共利益最大化并不总是一致的。另外，由于所有权与管理权的分离，决策人并不一定对公共决策的后果承担完全责任。因此，在缺乏有效监管的情况下，决策人就有可能牺牲公共利益而实现个人利益最大化的目标。

2. 公共权力的垄断。委托—代理关系事实上是一种契约关系，政府一旦被授予权力，就容易产生权力的异化。凭借国家政权的权威性和对公共产品供给的垄断性，政府官员可以随意制定公共商品的供给价格，以公利为名而谋取一己之私。另一方面，公众监督由于群体分散的弊端，效果十分有限，难以制约腐败行为的发生。

3. 契约不完全。由于未来的不确定性因素较多，契约通常都是不完备的。契约的不完备使得代理人获得了较大的自由裁夺权，因此代理人可以在不违反委托—代理契约的前提下，利用信息优势、采取机会主义，为谋取私利而做出一些损害委托人利益的行为，如此一来，腐败行为变得更加防不胜防。

4. 监督乏力。为保证公职人员执行公共权力符合民众的意愿，就必须对公职人员的行为进行监督。但在实践中，委托人对代理人的监督并没有取得很好的效果，主要是因为信息不对称、监督成本过大、权力不对等以及监督者存在机会主义。

三、腐败产生的原因

腐败产生的原因有很多，这方面的研究成果也非常丰富。Tanzi（1998）将腐败产生的原因归纳为直接原因和间接原因，其中直接原因包括政府管制与授权、税收、公共支出决策、政府以低于市场价格提供的商品与服务、自由裁量权、为政党融资等，间接原因包括官僚机构的质量、公共部门的工资水平、惩罚机制、制度性管制、规章、法律和程序的透明度、领导的榜样等。Dreher et al.（2007）、Del Monte 和 Papagn（2007）从政治、经济、社会文化、历史等方面分析了腐败产生的原因，并认为缺少开放的国家会限制贸易并控制资本流动，出现寻租并激励人们从事腐败活动。Treisman（2000）认为，宗教传统、殖民继承与法律体系、种族分离、原材料及租金、经济发展、联邦结构、民主、贸易开放度以及公务员工资是腐败的影响因素。Ades 和 Di Tella（1999）的研究表明，提高竞争会减少腐败、经济越开放，腐败程度越低。总之，造成腐败的原因十分复杂，并不能简单地通过某一因素来解释腐败的存在，若要将反腐败进行得更为彻底，就必须了解腐败产生的各种原因。具体来说，可以分为以下几个方面来分析。

1. 政府管制和授权。在许多国家，尤其是发展中国家，政府对国家的管理通常是通过各种管制条例以及授权制度来实现的，如许可证、执照、凭证文件等。随着管制力度的加强，掌管授权和审查的官员所赋予的授信权力也就越大。当政府对经济的管制和干预增加时，政府官员的寻租空间就不断扩大，于是会出现官商勾结，贪污受贿等各种现象，从而恶化收入分配，加剧不平等程度。Tanzi（1998）指出，当经济中的公共部门给予一些政府官员不同程度的商品和服务分配决定权时，就会增加腐败的可能性。例如，拥有自然资源出口分配权的官员可以通过腐败来获得更大利益。另外，政府管制也会显著地提高腐败行为的发生概率。例如，在有些国家，由于管制的不透明，且只能从某些制定部门或官员处获得授权，就使得部分官员享有十分庞大的权力与受贿的机会。

由于上述管制的存在，使得民众与政府之间频繁地往来，并且加大了民众获取许可和授权等的难度。调查表明，在许多国家中，尤其是发展中国家和转型国家，企业经理特别是小企业经理的大部分时间都被用于和政府官员交涉。

我国的政府管制从计划经济时期到现阶段虽有所放松，但仍属于政府主导型市场经济，即政府对经济的干预程度较深。政府行政干预过度会造成官商勾结，容易滋生腐败行为。例如，政府以行政手段干预银行的日常经营；官员和企业领导人之间形成的不正常关系等。这不仅严重削弱了政府的调节作用，还会导致权钱交易、人情贷款泛滥、官员腐败现象。近年来，此类官员丑闻不绝于耳。在日本，由于从利率水平到金融商品开发均需大藏省等政府主管部门的审批认可，连大藏省内小小的课级官员对金融机构都有生杀予夺的大权。因此各个金融机构莫不讨好和迎合大藏省等政府主管部门。韩国官员也直接参与贷款活动，当企业与官员发生非法利益勾结或利益输送时，官员通过明示或暗示的方式引导金融机构通过对该企业的贷款审批。因此可以认为，由于缺乏自身的监督与管制，政府管制，尤其是政府对经济的干预会助长腐败行为。

2. 社会和文化因素。这组因素包含了一国中可能对其腐败的普遍性产生影响的社会和文化特征。例如，宗教会对社会等级、家庭价值观等造成影响，从而影响社会对腐败行为的可接受性。在等级更加分明的宗教中（例如，天主教、东正教和伊斯兰教），反抗现状发生的频率要小于平等主义或个人主义宗教。例如，新基督教传统会使感知到的腐败有一定程度的降低，这与其宗教理念在民众中的传播是有关的。同时宗教也会对法律制度的质量造成影响。例如，天主教徒或穆斯林人口比例较高的国家，其政府质量就会有所下降，从而降低腐败的震慑力。宗教同样也会对腐败及其他与政府质量相关特征产生影响。

一个社会的种族和语言的不同也可能助长一国腐败的普遍性，尤其是在民族语言多样化的国家，通常都具有高腐败。这是因为，民族与语言的多样化，通常会带来区域性的地方特色管理，就会给公职人员带来不同程度的授权，从而给腐败的发生提供了更多空间。

另外，一个国家民众的文化水平也会不同程度的影响一国的腐败现象。民众受教育程度越高，则对政府腐败行为的容忍程度会越低，且其对政府的监督意识、反腐败意识等相关方面会有所加强，从而抑制腐败活动的发生，Dreher et al.（2007）的研究结果也证明了这一论点。若民众受教育程度低下，则不容易感知到政府的腐败行为，且有效反抗能力也越弱。

3. 政府公共支出。政府公共支出往往是腐败的多发性领域。政府支出行为往往与民众意愿相关性不高，尤其是腐败官员常常希望将支出花费在能为他们带来更多寻租效应的公共资源或者那些难以分辨其真实价值的产品上。容易发生腐败活动的政府公共支出行为主要包括政府公共投资和政府采购。

首先，各种类型的投资项目，尤其是基础建设项目非常容易诱发腐败，更甚至一些公共项目的出现即是某些个人或政治组织的有意行为，以便从中获取贿赂。而例如教师工资、学生课本等方面则对于腐败官员来说没有太大吸引力。在国际贸易中诸如军事装备及各种高新科技产品等由寡头企业生产的产品领域易引发腐败。

其次，政府官员作为政府采购行为的采购者，在与供货商之间的任何一个采购环节都可能导致腐败行为。例如，在得到采购合同前，采购者可以通过：指定特殊的规范来指定特定的供货商；限制投标机会相关信息的发布；以紧急状态为由来避免竞争从而签订特定合同；破坏供货商供货的机密性；故意以不恰当的资格审查使潜在供货商丧失资格；受贿等。与此同时，供货商可以通过：串谋以确定价格；在评估人员的工作中进行不合适的干涉；支持歧视性的技术标准；行贿等。

另外，政府公共支出伴随的预算外账户，由于其不透明性，且管制性差，其所包含的资金容易被挪用于非法用途，从而滋生腐败。

4. 公务员相对工资。腐败是政府官员滥用权力以获取私利的行为，那么作为官员合法收入——工资性收入的高低也就在很大程度上决定了是否会发生腐败行为。相对工资表示公务员工资与机会成本之比，是公务员的相对收入。腐败行为一旦被查处，腐败官员极有可能要被革职，所以当公务员的相对工资越高，其损失也就越大，不仅包括所拥有的高工资，甚至包括住房、医疗保险和养老金，这样一来腐败的成本会大大提高，进而其腐败动力也就越小。而若公务员工资越低，无法通过合法收入来获得体面的生活，则会促使公务员寻求不法途径来贴补自己的微薄收入，例如，以权谋私、官商勾结等。当然，这与该国的管制力度也有关，若查处率低下，则相对工资与腐败行为之间的关系越不显著。对于大多数发展中国家来说，由于经济发展水平较低、政府财政收入不高，与腐败可能获得的非法收入相比工资收入是十分微小的，那么提高工资水平对于控制腐败的效果就会十分微弱。在不考虑其他因素的情况下，多数学者认为公务员工资与腐败之间存在显著的负效应，在一定范围之内，随着公务员工资的提高，腐败程度会慢慢降低，即"高薪养廉"，这一观点也得到了不少学者的论证，例如，Van Rijckeghem 和 Weder（2001）、胡鞍钢和过勇（2002）、吴一平（2008）等人。从实践的角度看，高薪养廉的有效性在新加坡和中国香港等地也得到了实证。根据世界银行的一项跨国调查显示，公务员相对于制造业工人的工资水平越高，其腐败程度越低。

5. 司法制度。显然，一国的司法制度对腐败问题存在一定的影响，从一定程度上来说，司法制度完善与否是决定腐败产生的根源所在。例如，实行普通法的国家通常拥有更好的执法力度，因此这些国家拥有更低的腐败程度。如果司法制度越完善，腐败的机会将越少，并可以对腐败人员产生威慑力，对腐败交易形成威胁。

司法制度包括两方面，制定法律和实施法律，即立法和执法。立法是执法的前提，没有立法，将会无法可依。若执法力度保持不变，立法越完善则对腐败的抑制效果越强。另外，立法会使公职人员在进行腐败行为前后考虑犯罪的代价以及被发现的概率，使得腐败成本有所提高进而抑制腐败案件的发生。而在我国，对于各地区来说立法因素是基本一致的，那么执法力度的不同就会对腐败产生不同的影响。执法力度越强，则对腐败行为发生的威慑力就越强，就能产生抑制腐败发生的效果。近年来，政府加大了对腐败行为的查处，公职人员贪污渎职行为曝光率加大，也在一定程度上产生了反腐败的效果。司法制度的执法力也可以从公检法支出的多少来侧面反映，若一国的公检法支出越高，则执法力度相对较大，可以通过对腐败案件的发现与惩处来遏制腐败的滋生。

四、腐败导致的后果

大量研究表明，腐败对经济增长、收入分配、税收流失、外国直接投资、财政支出结构、政府投资效率都具有显著的影响。这里重点关注腐败对经济增长、收入分配差距以及公共投资规模的影响。

1. 经济增长。腐败对经济的抑制性可以体现在以下几个方面：首先，腐败的存在会给经济活动带来额外的寻租性成本，从而会降低经济活动参与者的积极性；其次，腐败会通过遏制私人投资，降低公共投资的效率进而阻碍经济增长，同时扩大收入差距；最后，腐败会使部分官方经济向隐性经济转移，也会降低官方经济增长。根据现有的实证、区域和跨国研究，我们认为，腐败将会阻碍地方经济发展，而各地区反腐败力度的差异也会对经济增长造成不同的影响。

2. 公共投资和私人投资。政府公共支出政策不但会影响腐败的规模，同时腐败还会反过来影响政府的公共投资。一些高层官员往往拥有公共投资项目的决策权，它在诱发腐败的同时，也受腐败行为的影响。腐败往往会扭曲投资项目的支出数量与结构，并降低公共投资的效率。

另外，由于腐败的存在，政府采购分配合同会降低公共服务与基础设施的质量。而有些国家为了尽可能减少腐败的发生，制定了一系列复杂且高成本的程序，然而它在减少腐败的同时也会造成其所购买的商品和服务的价格上涨。

而腐败对私人投资的影响包括两个部分：国内投资和外商直接投资。一方面，由于腐败会增加政府公共投资，从而会增加私人投资的成本，对私人投资造成挤出现象，因此会降低国内投资。这一观点也得到了不少学者的研究证实。

另一方面，腐败也抑制了一国的外商直接投资。这是因为许多腐败官员将外国投资者作为勒索的对象，甚至有时刻意刁难以达目的，使得外商望而却步。因此，腐败的存在会降低一国对吸引外商直接投资所做的努力，即降低外商直接投资的吸引力。

3. 收入不平等。不少学者发现，高腐败规模总是伴随着相当大程度的收入不平等，例如，Tanzi 认为，腐败扭曲了政府的再分配职能，当腐败的相关收益被那些与政府官员联系紧密的群体所占有时，则这些群体大多是属于高收入阶层[①]；吴敬琏（2006）也认为，目前中国收入的不平等主要是因为机会不平等，其中首要因素就是腐败。腐败会扭曲政府的再分配职能，在腐败的环境中，高收入居民可以通过向腐败官员行贿来逃避税收，政府税收的减少弱化了其再分配职能，进而意味着穷人获得的转移支付也相应降低了，如此一来，高收入居民与穷人间的收入差距将高于非腐败环境中的收入差距。同时，腐败会通过多种方式导致收入不平等和贫困的加重，包括经济过度增长，有偏的税收制度，针对穷人的社会福利计划，资产所有权，人力资本形成，教育机会的不平等以及生产要素积累的不确定因素。

理论上而言，腐败同样会给居民合法收入的分配产生影响。例如，那些具有更多行贿资源或更擅长于行贿的利益集团可能会通过向腐败官员行贿的方式来影响政府收入再分配政策的制定和执行，从而增加他们在收入再分配中的获益。此时，腐败的收入分配效应显然就不仅仅局限于受贿官员与行贿者之间贿赂资金的转移，还影响到了行贿者与非行贿者之间合法收入的分配。就中国目前情况来说，造成收入不平等的主要原因是机会不平等，其中首要因素就是腐败。

本 章 小 结

在本章的研究中，一方面，在界定隐性经济活动的基础上，对隐性经济活动进行了分类，从税收负担、社会保障缴款、政府管制、公共部门服务、劳动

---

① Tanzi, V., Fiscal federalism and efficiency: a review of some efficiency and macroeconomic aspects. In: Bruno, M., Pleskovic, B. (Eds.), Annual World Bank Conference on Development Economics 1995. World Bank, Washington, D. C.

力市场、失业、自我雇用等方面深入分析了隐性经济产生的原因，并分析了隐性经济对官方经济、对劳动力参与率、对腐败的影响。另一方面，通过对腐败的定义及分类，深入分析了政府管制和授权、社会和文化因素、政府公共支出、公务员相对工资、司法制度对腐败的影响，并进一步分析了腐败对经济增长、收入不平等和投资的影响。

第二章　隐性经济与腐败的度量方法

由于隐性经济和腐败的复杂性和隐蔽性，尽管我们能感受到它们的存在，但却不能直接观测和直接度量。而要研究隐性经济和腐败，对它们进行科学准确地度量则不可或缺，且这项工作非常重要并具有挑战性。本章在梳理已有研究的基础上，提出采用结构方程模型来度量隐性经济和腐败方法。

第一节　隐性经济的度量方法

隐性经济的度量方法主要有两类，一是直接度量方法，二是间接度量方法，根据现有文献资料，对度量隐性经济的主要方法进行总结和梳理，并分析这些度量方法的优势与不足。

一、直接度量方法

直接度量方法基于通过税收审计或直接调查等方式，收集个人或企业未申报收入等直接信息来进行测算。

1. 直接调查法。直接调查法被许多研究者用来估计隐形经济的规模，如果被调查的样本具有代表性，且问卷的设计能克服被调查者不如实回答等问题，则有可能推算出地下经济总的规模（杨缅昆和宋建彪，1996）。但直接调查法有其固有的缺陷，即地下经济的隐蔽性与逃税特征使被调查者一般倾向于回避与其地下经济活动的问题（周国富，1999），因此该方法的精度和结果受被调查人合作意愿影响的程度较大，这样就难以估计未申报收入的真实货币价值，因此需要使用多种调查方法，且应当注意以下四个方面：一是要根据隐性收入的来源分别进行调查。二是应将对个人隐性收入的调查作为重点和核心。三是应该通过对"小金库"和"公款私存"两项内容进行调查，从而推算出企事业单位隐性收入的规模。四是应该分地区进行调查（隐性收入研究课题组，1995）。

　　直接调查法的优势在于可以具体呈现隐性经济的结构，但调查结果受问卷设计方式的影响非常大。当然，可以采取随机化回答技术来进行调查，通过某种特殊的问卷设计方式，让被调查者对所调查的问题随机作答，而调查人员无法从被调查者的回答中得知其是否具有某种特征，从而消除被调查者的顾虑，使之积极配合调查工作并提供有关的真实情况（周国富，1999）。徐蔼婷和李金昌（2004）认为，用从事地下经济劳动人口的比例来估算参与地下经济劳动者总人数，会造成对地下经济规模的低估且不能保证样本的准确性。程风和张迎春（2007）认为，当研究任务是调查某种单一类型地下经济时直接调查法可以适用。

　　2. 审计法。直接估计法的另一种较常用的方法是审计法，它通过衡量一国居民实际开具的支票总额与纳税人申报的应税收入总额间的差额，以此推算出隐性收入的规模。这种方法所需的数据可以从一国的统计当局获得，但审计法存在着以下缺陷。

　　（1）审计法汇总的支票数据仅反映了日常交易中使用支票的那部分经济活动，因此即使在因税收入总额真实的条件下，对地下经济的规模也会相应地产生低估（郭滔，尹晓波，2006）。在一般情况下，纳税人的税务审计不是随机选择的，而是根据其提交的税务申报是否存在骗税可能而选取的。因此，基于这样的样本估计是不准确的。

　　（2）税务审计所反映的仅是当局已成功发现的隐性经济活动，而这很可能只是隐性经济的一小部分。

　　（3）税务审计把隐性经济仅限于逃税，显然不是地下经济的全部（杨缅昆和宋建彪，1996）。

　　（4）税务审计很容易受到调查方法、税收结构与税法变化的影响（徐蔼婷和李金昌，2004）。

　　另外，上述直接调查法和税务审计法都存在一个共同的缺点，即它们只能得出点估计，无法对隐性经济在一段时间内的发展和增长做出估计，容易产生较大的误差（郭滔和尹晓波，2006）。并且，这两种方法都不可能获取所有隐性经济的数据，都存在低估，因此，一般将直接估计法的结果作为一国隐性经济规模估计的下界。但这两种方法至少有一个相当大的优势，即它们可以提供有关隐性经济活动的结构以及参与人员的详细信息。

二、间接度量方法

间接度量法，也称指标法，是根据在官方宏观经济统计资料中留下的痕迹来确定隐性经济规模。目前，主要有 6 种指标可以反映隐性经济活动所留下的痕迹。

1. 国民收入和支出差额法。这种方法是基于对统计收支差额来进行度量。在国民经济核算中，按收入法核算的 GNP 应该与按支出法核算的 GDP 相等。地下经济活动出于逃税和逃避管制的目的一般会谎报收入，但较少谎报支出（程风和张迎春，2007）。因此，如果一个国家可以独立核算支出，则其收入与支出的差额即可作为隐性经济。由于国民经济的核算人员倾向于缩小上述差额，因此初始核算结果比已发布的结果更能作为隐性经济的估计结果。只要国民支出的核算不出现错误，那么国民收入和支出差额法就可以很好地估计隐性经济的规模。

朱小斌和杨缅昆（2000）认为，可将地下经济分解为浮现地下经济与流通地下经济，流通地下经济可通过现金比率法计算，浮现地下经济则适合用国民收入和支出差额法计算，具体步骤如下：

$$地下 GDP = 浮现地下 GDP + 流通地下 GDP$$
$$浮现地下 GDP = 居民消费支出总额 + 居民储蓄年增量 - （城镇居民人均生活费收入$$
$$\times 城镇总人口 + 农村居民人均纯收入 \times 农村总人口）$$

使用此方法需要满足如下假设：（1）同时同地的国民总收入与国民总支出相等。（2）收支两方分别独立核算。（3）地下经济活动的收入完全反映在支出方。（4）收入方和支出方的统计范围一致（徐蔼婷和李金昌，2004）。

差额法既能在宏观层次上执行，也能在微观层次上执行，但均具有局限性。宏观上的局限性表现为：地下经济活动的单位出于逃税或逃避管制的目的而不会向政府统计部门申报自己的收入，所以权责发生制原则在这里就失去了实施的环境（程风和张迎春，2007）。微观层面上局限性表现为：调查得到的收入支出数据不准确，地下经济活动的收入不会完全表现在支出方。假设某人用从事地下经济的收入赌博，将不会被支出法统计出来（徐蔼婷和李金昌，2004）。此外，收入和支出差额不仅包括了隐性经济，还存在国民经济核算统计中的遗漏和错误。因此，国民收入和支出差额法只能粗略的估计隐性经济的规模，其可靠性还存在一定的问题。如果能够得到相应收入与支出的精确数

据，用差异法估测地下经济规模是非常可取的，但对该方法进行修正的艰难性
又是不能轻易逾越的（程风和张迎春，2007）。

2. 官方统计和实际劳动力差额法。失业人员为了冒领失业救济金可能会
隐瞒地下经济的就业，地下经济的从业人员也不会申报就业状况，因此政府无
法统计到这部分人的就业人数，但这部分人数的就业会反映到其他专门调研或
者其他资料中（周国富，1999），因此从官方经济中劳动力参与率的下降，可
以看出隐性经济活动增加的迹象。如果总劳动人口是恒定的，那么在其他条件
不变的情况下，官方经济中劳动参与率的下降可以作为反映隐性经济活动增加
的指标。这种方法的缺点是，劳动力参与率的变化有可能存在其他原因。此
外，人们也可以同时在隐性经济和官方经济中工作，而它测算的地下经济从业
人数仅限于全日制从业人员，兼职从事地下经济的人数反映不出（周国富，
1999）。此外，它没有考虑到近年来劳动力从农村到城市的转移会引起两者偏
差的问题（徐蔼婷和李金昌，2004）。因此，劳动力差额法只能作为度量隐性
经济规模和发展的一个补充指标。

3. 货币交易法。货币交易法优势比较明显：一是它把支票的交易包括在
内。二是它不要求假设地下经济只使用现金作为唯一交易媒介，也不需要对地
上地下部门相对收入周转率做任何假设。三是它把地下经济活动记录在总交易
中，没有记录在总收入中，使得交易收入比率的变化可以反映地下经济相对规
模的变化（徐斌和万义平，2008）。货币交易法由 Feige（1986）进行了充分
的完善。其假设条件是：

（1）货币交易量与官方 GNP 之间存在恒定的关系，如 Fisherian 数量方程
所述的 $M \times V = p \times T$（M 为货币供给；V 为货币流通速度；p 为物价指数；T
为总交易量）。

（2）货币流通速度为常数且它与货币供给的乘积等于名义 GNP，包括官
方经济和非官方经济。

将名义 GNP 与总交易量相联系后，则隐性经济占 GNP 的规模可以通过从
总 GNP 减除官方 GNP 来得到。然而，必须假设一个不含隐性经济的基准年份
才能保证货币交易价值与总名义 GNP 存在恒定关系，只有这样才能衡量出后
续隐性经济。为了准确估计隐性经济，必须获得总交易量的准确数据，而获得
其中的现金交易量则尤为困难，且还必须假设总交易价值分别与名义 GNP 和
官方统计的 GNP 比例的差额全部来自隐性经济。这就意味着需要进行大量的
数据采集工作，以消除金融交易中与隐性经济活动无关的合法的单纯交叉付

款。通常来说，虽然这种方法在理论上有明显的优势：首先，它将支票交易包括其中。其次，它不要求地下经济只以现金为唯一的交易媒介，也不需要对相对收入周转率做出假设。最后，交易法将地下经济活动记录在总交易中而不是总收入中（徐斌和万义平，2008）。但在实际操作中，必须要有丰富的经验才可能得出可靠的估计结果，主要存在三个方面的困难：一是受到现存金融统计与会计数据资料的限制。二是交易法确定地下经济的存在及其增长取决于交易总量与最终交易量之比的增长，不过这一比例的增长也可能是由于在支票和储蓄账户之间的转移、财产转让等纯粹的金融交易的结果。三是总交易量与总收入之间存在的比例关系不一定正确（徐斌和万义平，2008）。

4. 货币需求法。Cagan（1958）最早提出使用货币需求法研究美国 1919 ～ 1955 年货币需求与税收压力（隐性经济的产生原因之一）之间的关系。20 多年后 Gutmann（1977）也使用了同样的方法进行研究。这个方法建立在三个假设基础上：（1）地下经济活动都使用现金作为交易媒介。（2）在正常时期（即不存在地下经济），人们对现金和活期存款的相对需求固定不变（梁鹏和梁云，1999）。（3）地下经济和正常经济的货币流通速度和现金购买力是一样的（杨缅昆和宋建彪，1996）。

随后 Tanzi（1980，1983）对 Cagan（1958）提出的货币需求法进行了完善，并计算美国 1929 ～ 1980 年隐性经济规模。他首先假设隐性经济活动都以现金结算的方式进行交易（以防留下供监管当局追查的线索），则货币需求量的增加就能反映出隐性经济规模的上升。为了将隐性经济增长引起的货币需求量增加分离出来以用于计算隐性经济规模，需构建一个跨期的货币需求方程。该方程将常规的影响货币需求量的因素如收入的增长、支付习惯的变化、利率水平的变化等都作为控制变量纳入到货币需求函数中，同时在计算时考虑了直接税与间接税的比例、政府对劳动力市场的监管以及税制复杂程度等因素。Tanzi（1983）提出的货币需求回归方程如下：

$$\ln(C/M_2)_t = \beta_0 + \beta_1 \ln(1+TW)_t + \beta_2 \ln(WS/Y)_t + \beta_3 \ln R_t \\ + \beta_4 \ln(Y/N)_t + \mu_t \tag{2.1}$$

其中，$\beta_1 > 0$，$\beta_2 > 0$，$\beta_3 > 0$，$\beta_4 > 0$。

（2.1）式中的各变量均取自然对数。其中，C 为现金持有量；TW 为加权平均税率；WS 表示工资薪金；Y 为国民收入，用 GDP 表示；R 为一年期平均存款利率；N 为人口数；μ 为随机误差项，表示任何不能被上述几个常规因素解释的货币需求量的增加的因素都可以归结为是由那些导致地下经济增长的因素的变化所引起的。采用货币需求方法有几个严格的假定，即需要确定一个不存在隐性经济的基期，隐性经济活动中的所有交易均使用现金完成，税收负担是导致隐性经济的唯一原因，且货币流通速度在官方经济与隐性经济中相同。在这几个假设的基础上，隐性经济总额及隐性经济相对规模就可以测算得到。

徐蔼婷（2005）认为，应该将 Tanzi（1983）方程中国化，在变量的选择上应考虑在以下三个方面进行调整：

（1）税收因素。因为我国税制并不完善，税种多且不同税种的重要程度也不尽相同，加权税率的权数衡量非常困难。因此，应该选取税收总收入或者是税收总收入与 GDP 之比来衡量税收因素。

（2）收入水平。应当以人均社会消费品零售总额和社会消费品零售总额占 GDP 的比重来代替 W 和 TW/GDP。一是因为购买力由收入决定，而居民的正常工资收入与隐性经济收入都会在一定程度上转化为商品购买额，人均收入与人均商品购买额成正比。二是因为人均社会消费品零售总额的统计资料真实易得。三是城市与农村居民虽然商品购买力有差异，但衡量指标一致可比。

（3）利率水平和通货膨胀。应当用 GDP 平减指数来代替 CPI，因为 GDP 平减指数涉及的商品范围最广，与 GDP 核算范围呼应，涵盖了所有计入 GDP 全部服务产品，还具有测度通货膨胀的综合价格指数的功能。

李朝洪和程黎黎（2008）认为应当从我国货币供给与需求情况入手，来建立新的地下经济估算模型。

货币需求方法是目前使用广泛的方法之一，并已被许多 OECD 国家采用，但仍然因为种种理由而备受非议。货币需求法最受非议的几点如下。

（1）并不是所有隐性经济中的交易都是通过现金进行结算的。随着工资支付方式越来越多的经济活动都由现金支付向账户支付转移，人们也越来越多地使用信用卡、支票等，所以这一假设从长远来看难以成立（徐斌和万义平，2008）。Isachsen 和 Strom（1985）通过调查法发现，1980 年，挪威隐性部门交易中仅 80% 是通过现金结算的，因此隐性经济的规模会被低估。

（2）多数研究只将税收作为导致隐性经济发展的因素，而未考虑其他因素（如政府管制影响，纳税人对政府的态度，纳税意愿等），当然这主要也是因为多数国家的相关数据无法获得。如果这些因素对隐性经济规模会产生影响，这也会使隐性经济的规模产生低估。

（3）正如 Garcia（1978），Park（1979）和 Feige（1996）所讨论的那样，

对活期存款货币需求的上升更多的是由于活期存款的减少而不是由于隐性经济活动的增加导致的需求上升，通货膨胀率、利息率、税率、交易费用以及银行体系的完善和结算制度的改进也会影响这种需求（梁朋和梁云，1999），至少这在美国已被印证。

（4）Blades（1982）和Feige（1986，1996）指出Tanzi的研究应该考虑到美元作为国际货币并以现金方式为外国所持有的实际情况。Frey和Pommerehne（1984）以及Thomas（1986，1992，1999）等人指出Tanzi的参数估计并不稳定。

（5）多数研究都假设隐性经济和官方经济的货币流通速度相同。而由Hill和Kabir（1996）对加拿大的研究以及Klovland（1984）的研究结果中发现，在官方经济中的货币流通速度具有相当大的不确定性，而在隐性经济部门的货币流通速度更是难以测量。因而流通速度相等这一假设并没有理论依据或数据支持。

（6）Ahumada et al.（2004）表明货币需求法以及关于货币流通速度相等的假设只有当收入弹性为1才能成立并得出正确结论。

（7）这种方法实际没有对地下经济范围给出合理的界定（杨缅昆和宋建彪，1996）。如果地下经济多数集中在服务性行业，且要求较少的中介性交易，货币需求法可能把未申报收入低估，如果地下经济存在较低的消费倾向，则将高估未申报收入（夏南新，2000）。

（8）假设一个"零地下经济"的基期是不现实的，而放宽这一假定会导致隐性经济规模估计值进行上调修正。

5. 通货——存款比率法。该方法假设通货对活期存款的比率在正规经济部门固定不变，而所有非正规经济活动只使用通货作为交易的手段。当以通货方式持有的货币量相对于活期存款的比例上升时，即可认为非正规经济活动相对增加。某一时期非正规经济主体所持有的通货量，可用该时期实际流通的通货量减去这一时期按"基期固定通货——存款比率"测算的正规经济部门持有的通货量求得。通过进一步假定非正规经济的货币流通速度与正规经济相同，用非正规经济主体所持有的通货量与货币流通速度相乘，所得之积就是非正规经济规模的估计值（周国富，1999）。

6. 实际投入法（电力消耗法）。

（1）Kaufmann-Kaliberda方法。为测量一个经济体中的所有经济活动（包括官方和非官方），Kaufmannt和Kaliberda（1996）提出电力消耗是衡量整体经济活动最好的单一指标。根据世界各地的经验观察证明，整体经济活动和电力消耗与"电力消耗—GDP"弹性趋于一致。这就意味着，总用电量的增长是 GDP（包括官方和非官方）增长的一个指标。Kaufmann 和 Kaliberda（1996）通过从电力消费增长量中减除官方 GDP 增长量，从而得出隐性经济的规模与增长。这个方法非常简单且具有吸引力，但是依然受到不少批评：不是所有的隐性经济活动都需要电力投入（如个人服务），有时需要其他资源（如天然气、石油、煤炭等）。因此电力消耗法只是部分统计了隐性经济；随着技术的进步，电力的生产和使用都比从前更加高效，官方经济和非官方经济都会从中受益；不同国家不同时间"电力消耗—GDP"弹性可能会有极大的变化；此方法把技术变化和生产结构的改变对电力需求影响的因素引入模型中，但因为生产结构改变以产量组合变量解释电力消费变化，因此在统计上意义不大（夏南新，2002）。因此，此方法只适合用来测定使用了特定能源的地下经济规模（郭滔和尹晓波，2006）。

（2）Lacko 方法。Lacko（1996，1998，2000）假设相当大比例的隐性经济与家庭的电力消费有关。这部分包括所谓的家庭产出，DIY 行为，以及其他未申报产出和服务。Lacko 进一步假定与家庭电力消费相关的隐性经济较高的国家，其剩余部分的隐性经济（或者说 Lacko 没有测量到的部分）也会较高。Lacko 假定每个国家有一部分的家庭电力消费用于隐性经济。Lacko 方法可以用以下两个方程描述：

$$\ln E_i = \alpha_1 \ln C_i + \alpha_2 \ln PR_i + \alpha_3 G_i + \alpha_4 Q_i + \alpha_5 H_i + u_i \qquad (2.2)$$

其中，$\alpha_1 > 0$，$\alpha_2 < 0$，$\alpha_3 > 0$，$\alpha_4 < 0$，$\alpha_5 > 0$。

$$H_i = \beta_1 T_i + \beta_2 (S_i - T_i) + \beta_3 D_i \qquad (2.3)$$

其中，$\beta_1 > 0$，$\beta_2 < 0$，$\beta_3 > 0$。

（2.2）式和（2.3）式中变量的含义为：i 为第 i 个国家；E_i 为 i 国平均家庭用电量；C_i 为 i 国平均的家庭电力消费之外的消费额（以按购买力评价换算的美元表示）；PR_i 为 i 国每度电的居民价格（以按购买力评价换算的美元表示）；G_i 为 i 国需要使用电力取暖的月份的相对频率；Q_i 为 i 国电力以外的能源在家庭能源消费中的比例；H_i 为 i 国隐性经济的人均产出；T_i 为 i 国个人工资及薪水、公司利润、商品及劳务税收之和与官方 GDP 之比；S_i 为 i 国公共福利支出与官方 GDP 之比；D_i 为 i 国每 100 个有工作收入者负担的无收入者数。

在一个跨国研究项目中，Lacko 首先对（2.2）式进行了估计，得出 H_i 值后代入（2.3）式。为了计算隐性经济的实际规模，Lacko 必须进一步了解单个国家隐性经济中每单位电力产生的 GDP 有多少。由于这些数据无法获得，Lacko 首先用其他办法估计 90 年代某市场经济国家的隐性经济规模，并将该结果推广至其他国家。Lacko 将美国隐性经济作为基数（隐性经济占 GDP 的比重为 10.5%，数据来源于 Morris（1993）），然后计算其他国家隐性经济规模。Lacko 的方法也受到了许多研究者的批评：如不是所有的隐性经济活动都需要电力投入，有时需要其他资源的投入；隐性经济活动不一定在家庭范围内进行；社会福利支出与 GDP 的比例对隐性经济的影响程度难以确定，尤其是在经济转型国家和发展中国家。另外，确定一个计算隐性经济规模的基础国家并推广至其他国家是非常困难的，尤其是对转型国家和发展中国家来说。

第二节　腐败的度量方法

一、主观度量方法

腐败的主观度量法主要是采用问卷调查、实地访谈等方法收集民众、企业或专家对腐败的感知、态度、评价等信息，随后通过将调查对象对腐败的主观评分进行标准化处理形成腐败指数。根据腐败指数建立的基础，可以将国外现存的腐败主观度量指数分为基于调查报告的腐败指数、基于专家和"知情人士"评估的腐败指数以及基于综合性调查报告的腐败指数等三大类[1]。

（一）基于调查报告的腐败指数

这一类指数通常是基于各种针对普通民众或企业的调查报告而建立的，通过设计能够反映腐败程度的一系列问卷，以普通民众和一些代表性企业（如跨国企业）作为调查对象，最后根据问卷结果得到腐败指数，主要有以下几种类型。

1. 商业环境与企业绩效调查报告（BEEPS）公布的行政腐败指数（ACI）。商业环境与企业绩效调查报告是由世界银行和欧洲复兴和发展银行（EBRD）发起的一项针对东欧和中亚（ECA）地区代表性企业的调查报告，

---

[1] 徐静：《国内外腐败指数及其对比研究》，《中国行政管理》，2012 年第 5 期。

评估企业在商业活动中面临的腐败及其他问题，其在 1999 年、2002 年和 2005 年、2009 年的四次调查几乎涵盖了 ECA 地区的所有国家。ACI 所提供的是一种相对狭义的腐败规模，它主要评估了公共部门与私人企业之间的腐败交易行为，即在现有法规下，官员为谋取私利而不执行或变相执行法规的行为。但是 ACI 的优点在于它能对某些腐败行为提供更为具体的指数，例如，税收征管行为和商业许可中的行贿支出等，它还提供了企业层次分析，例如，哪种类型的企业需要承担更多的行贿支出。

2. 全球竞争力报告（GCR）公布的腐败指数。20 世纪 90 年代中期，哈佛国际发展学会（HIID）与众多企业合作，组成世界经济论坛（WEF），并对参加该论坛的全球著名公司的董事长进行了一项关于东道国竞争力的调查，其中包括对各国制度、基础设施、经济环境、教育与卫生、创新等 12 种因素的调查，最后形成"高管意见调查报告"（Executive Opinion Survey）。在整合各因素的主观评分后，通过分析各因素与国家竞争力之间的相关关系，从而赋予它们不同的权重，最后测算出各国的竞争力指数。在这项"高管意见调查报告"中，涵盖了几个反映腐败程度的调查，将受调查者的回答进行简单的处理后，就得到了一个 1～7 级的腐败指数。

3. 世界竞争力年鉴（WCY）公布的腐败指数。自 1989 年以来，瑞士国际管理发展学院（IMD）的世界竞争力研究中心每年都会对世界多国或地区的企业进行一项"高管意见调查"，调查内容涉及经济效益、政府效率、企业效率和基础建设等方面，最后经过统计形成一份关于世界各国竞争力的统计年鉴。在其公布的各种指标中，包括各国的行贿和腐败指数，以反映该国腐败等级。

4. 世界银行公布的国家俘获指数（SCI）。国家俘获是指个人、企业或者组织通过影响政策和法规的制定，进而导致官员进行非法或暗箱操作的行为，最终达到谋取私利的目的的现象。Hellman et al.（2000）针对议会选举权、总统法令颁发权、民事司法权、中央银行资金使用权、刑事司法权以及政党金融这六个方面的权力买卖现象，对苏联和东欧的 22 个转型国家的 3600 多家企业进行调查研究，进而编制国家俘获指数。

5. 透明国际公布的全球腐败晴雨表（GCB）。从 2003 年开始，透明国际在盖洛普的国际网络调查的协助下，最早将世界各地的普通民众作为调查对象，对其日常见到或经历的各种腐败行为进行统计分析，根据这些行为的普遍性和严重性划分程度，进而编制腐败指数。

6. 国际商务组织（BI）公布的腐败指数。BI 指数是由经济学家智囊团基于国际商务组织 1980~1983 年发起的调查得出的。它根据商业交易涉及腐败或受怀疑支出的程度将国家按 1~10 进行排列，数值越高则表示腐败程度越低。

除了上述介绍的几种腐败指数以外，世界价值观调查、盖洛普的"民众之声"调查报告、国际犯罪被害调查及其他一些组织公布的腐败指数都是基于调查问卷而得出的。

（二）基于专家和"知情人士"评估的腐败指数

这种类型的腐败指数是建立在对特定的"知情者"和专家进行问卷调查的基础之上的，它已被广泛应用于各种横向或纵向比较腐败状况及变化的研究中。目前，已有越来越多的组织机构提供这一类型的腐败指数，而他们的评估方法则多有不同。根据评估者认知情况的不同，可以分为基于专家评估的腐败指数和基于"知情人士"评估的腐败指数。

1. 基于专家评估的腐败指数。

(1) "转型中的国家"（NIT）：加斯蒂尔自由屋公布的腐败指数。NIT 根据学术顾问小组对 28 个转型中的国家和地区的评估，提供了一个从 1~7 级的包括腐败与其他 6 个指标在内的 NIT 腐败指数，数值越高，腐败水平越低。该指数通过下述四个步骤综合得出。

步骤 1：由曾对单个国家包括腐败在内的 7 个类型的现象进行过研究报告的作者进行初步评级。

步骤 2：由美国、中欧和东欧新独立国家的学者对该指标进行评估并做出修改。

步骤 3：对于修改超过 0.5 分的指数，原报告作者可以对该项修改提出异议。

步骤 4：加斯蒂尔自由屋对存在争议的指数进行审核并做出进一步调整，最后以加斯蒂尔自由屋公布的指数为准。

然而，NIT 公布的腐败指数最大的缺点在于，该指标不仅反映的是腐败水平，同时还包含了另外 6 个指标，即国家民主治理程度，选举方式、社会公民状况、媒体独立性、地方民主治理程度与司法完整性和独立性。因此，它对腐败程度的准确反应非常有限。

(2) 国际国家风险集团（ICRG）公布的腐败指数。1980 年以来，国际国家风险集团每月对参与国际经济活动的国家进行有关政治、经济以及金融方面的指数评级。而自 1982 年开始，ICRG 将各国官员在各种商业活动中收受贿赂的频率与程度纳入评估，从而形成一个 0 ~ 6 级的腐败指数，数值越大则表示腐败程度越低。

（3）国家政策和制度评估（CPIA）公布的腐败指数。自 2005 年起，世界银行根据分成四组的 16 个标准，对参与调查的 77 个国际开发协会成员国进行了评级。这四组标准覆盖经济管理、促进社会包容和公平的政策、结构性政策、公共部门管理和制度四个方面。其中囊括的公共部门透明度、问责性和腐败指标是用于评估选民、立法和司法机构促使行政部门对资金使用和对其行动所造成的后果负责的程度，以及要求行政部门内的公职人员对行政决策、资源使用和行动后果负责的程度。该项评估主要包括三个方面：公职人员对其表现负责和行政部门对监督机构负责，民间团体对公共事务信息的获取，以及狭隘既得利益被国家所俘获的程度。该指数波动范围从 1 ~ 6，数值越高则表明腐败程度越低。

此外，经济学家智囊团（Economic Intelligence Unit，EIU）、世界市场研究中心（World Market Research Center，WMRC）等都建立了基于专家评估的腐败主观度量指数。

2. 基于"知情人士"评估的腐败指数。

（1）世界治理评估（WGA）公布的腐败指数。WGA 于 2000 年底与 2001 年初设立，共涵盖了俄罗斯、保加利亚和吉尔吉斯斯坦等 22 个发展中国家。对于各国的调查中，35 位"知情人士"会被问及 3 个与腐败相关的问题，即司法公正性、商业执照的发放情况以及在法规的运用中徇私舞弊的程度或频率。根据上述 3 个问题的不同回答，即可构建腐败指数。

（2）非洲治理指标（AGI）中的腐败指数。AGI 是由联合国非洲经济委员会（U. N. Economic Commission for Africa，UNECA）公布的。2002 ~ 2003 年公布的 AGI 指数来源于对 28 个国家的精英阶层的调查，涵盖了腐败及其他政府管理问题，平均每个国家约有 70 ~ 120 名"知情者"参与调查。在问卷的 83 个问题中，有 7 个问题是与腐败直接相关的，根据精英们的不同回答即可构建各国腐败控制指数。

（三）基于综合性调查报告的腐败指数
综合性腐败指数建立在多种不同类型的腐败指数之上，它相较于单个简单腐败指标，主要有以下三个优点：第一，单个指标或者来源相同的几个指标，例如 BEEPS，出于特定目的，其定义过于狭窄。如此一来，不管从 BEEPS 收集了多少腐败的不同指标，其结果都只是反映了公共部门与私人企业之间的腐败交易行为；第二，综合性腐败指数可以减小测量误差。由于测量腐败存在较大困难，任何机构的腐败指数都可能是高度不准确的。然而，如果不同指数的测量误差相互独立，那么集结多指数的综合性腐败指数即可大大减小或消除该测量误差；第三，将多个指标综合后，可以涵盖更多国家。目前，较为代表性的综合性指数主要有以下几种。

1. 世界银行研究所（WBI）公布的腐败控制指数（CCI）。世界银行在1997 年《世界发展报告：变革世界中的政府》中，列举了四个与腐败控制指数相关的因素，分别为公务员工资占制造业工人工资的比率、司法可预见程度、招聘中以人才为导向的程度、政策扭曲程度。综合这四个相关因素得出的腐败控制指数将世界各国划分为较为廉洁的绿灯国家，需要控制腐败规模的黄灯国家，以及腐败规模严重的红灯国家。腐败控制指数主要包括两类信息：调查问卷与专家评估。前者反映了普通民众和企业等对腐败状况的感知情况；后者则反映了商业风险评估组织、机构等对各国政府治理水平的评价。腐败控制指数的数据主要来自于商业环境风险情报（Business Environment Risk Intelligence, BERI）出版的《商业风险服务》，盖洛普有的《50 周年纪念调查》，瑞士国际管理发展学院发布的《世界竞争力年鉴》以及世界经济论坛发布的《全球竞争力报告》等共 14 项研究成果。

2. 透明国际公布的腐败感知指数（CPI）。1995 年以来，透明国际每年发布一份关于各国（地区）的腐败感知水平的报告，并对各国腐败程度进行排名，以全面反映腐败状况。CPI 是一个综合性腐败指数，它是通过加权整合约10 个覆盖不同领域的调查报告得出的，旨在衡量腐败总体上的规模，或者说贿赂行为发生的频率高低。CPI 是目前最为广泛使用的腐败衡量指标，反映的是世界各国各领域人士对腐败状况的主观感知程度，CPI 已获得了国际社会各界的认可。CPI 的数据来源于各种权威的专业调查机构的民意调查与测评结果，如国际民意测验组织发布的《年度调查报告》、世界银行发布的《世界发展报告》、世界经济论坛发布的《全球竞争力报告》及政治与风险组织发布的《亚洲情报专辑》等。最后，透明国际在这些测评报告的基础上，建立腐败感知指数。CPI 指数的取值范围为 0～10（自 2012 年改为 100 分制，为便于统计比较，以下统一采用 10 分制），小数点后保留一位，数值越大则表示腐败水平越低。除了 1995 年开始每年发布的 CPI 指数以外，透明国际还对 1980～

1995 年各国腐败感知指数做了一个估计，以做参考。

CPI 引领了人们对腐败问题的关注和研究，它的发布在腐败研究领域具有极其重大的意义。由于数据的连续性、权威性和稳定性，CPI 自发布起就被各国学者、政府和跨国企业等广泛使用。然而，CPI 指数在概念和使用上还是存在不少缺陷：首先，CPI 衡量仅是人们对腐败的主观感知印象，与真实的腐败存在较大不一致，不能反映腐败的客观状况。其次，不同受访者理解的腐败不同，难以标准化处理；此外，考虑到指标的连续性，各年的数据一般要结合往年的评分，这样一来历史因素和感知误差就会扩大 CPI 的误差。

3. 透明国际公布的行贿指数（BPI）。1999 年以来，透明国际开始关注腐败问题产生的供给方，调查各国出口企业在境外的行贿意愿，进而形成行贿指数。BPI 的受访对象主要分布于全球主要的新兴市场经济体中，通过与大型企业、商业银行、法律事务所等的高级主管人员进行访谈，以获得企业在境外贿赂官员的情况。类似于 CPI，BPI 的取值范围为 0 ~ 10，数值越高则表示各国企业在海外行贿的意愿越小。

BPI 与 CPI 的区别在于：BPI 反映的是出口企业在境外进行商业活动时的行贿意愿，是腐败的供给方；CPI 反映的是政府官员在商业活动中收受贿赂的频率，是腐败的需求方。在一定程度上来说，BPI 是对 CPI 所反映的腐败状况的补充。

二、客观度量方法

腐败的客观度量法是将腐败分解为一系列可以量化的子指标，再根据各子指标与腐败之间的关系而赋予其不同的权重，进而计算出的腐败指数。由于主观度量法无法避免由于主观感受与真实状况之间的差异带来的调查误差，因而许多学者开始转而使用客观度量法衡量腐败规模。其中较为代表性的腐败客观度量指数有以下四种。

1. 腐败频率和腐败曝光率。腐败频率是由历年来各种反腐败机关查处的腐败行为主体或涉案人员的层级分布和数量分布反映的，即涉案的各级官员人数分别占各级官员总数的比重。腐败曝光率是指贪污、受贿及渎职案件数量占当年人民法院立案总数的比重。这两组指标能客观上反映一国腐败程度的变化趋势。然而，已查处的腐败案件和涉案人数与实际发生的腐败案件和涉案人数之间是存在差距的，即存在"腐败黑数"。因此这两组指标会对真实的腐败水平造成一定程度的低估。

2. 渎职指数。渎职指数（Index of Graft）是由 Kaufmann 和 Zoido - Lobato（1999）提出的，主要反映的是政府管理效率水平。根据他们提出的 31 个相关子指标，在"不可观测子指标"模型的基础上，假定政府管理效率服从正态分布，并把渎职指数作为附有随机干扰项的政府管理的线性方程。通过该方法即可计算出渎职指数。然而，考虑到假设的严格性和方法的复杂性，渎职指数的连续性受到较大限制。

3. 不透明贴水。不透明贴水（Opacity Premium）是由 Hall 和 Yago 提出的反映腐败对国际融资成本影响的指标。Hall 和 Yago 通过计算 35 个国家的渎职贴水、腐败贴水和制度贴水后，进而计算出由于不透明政策而引发的额外融资成本，从而形成各国不透明贴水。

4. 中国金融腐败指数。中国金融腐败指数是由谢平和陆磊（2003）建立的衡量金融业腐败的指标体系。该指数由银行业腐败指数、证券业腐败指数和金融腐败认知与反腐败信心指数三部分组成，通过简单的算术平均法形成了 10 分制的腐败指数，分数越高则腐败越为严重。

第三节　结构方程模型度量方法

一、方法的提出

要准确度量腐败，首先应对腐败的内涵和外延给出一个明确的界定。然而，目前不管是理论界还是在实践中都很难对腐败行为做出统一的界定。政治制度、文化、历史、传统、价值观等的不同都会造成不同的国家或地区的人们产生对腐败不同的认识。Shleifer 和 Vishny（1993）认为，腐败是指为谋取私人利益而滥用公共权力，透明国际组织和国际货币基金组织将腐败定义为滥用委托权力谋取私利。在本书的研究中，考虑到中国各地区腐败现象的主要特点，采用腐败的传统定义：腐败是利用公共权力获取自身利益的行为，并将腐败主体限定于公职人员。

由于腐败具有隐蔽性，很难直接观察，参与腐败的各方也都竭尽所能掩盖其腐败行为，这为我们准确度量腐败带来了很大的难度。而腐败的主观度量和客观度量均存在缺陷，因此，迫切需要提出一种更为科学的腐败度量方法。故在本书中采用结构方程模型来度量腐败。这样做的好处是充分考虑了腐败产生的原因及所导致的后果，所度量的结果既不受对腐败的主观感受影响，也不受不同时期反腐力度的影响。且所度量出来的各地区的腐败可以进行横向或纵向比较，非常有利于制定具有较强针对性的预防和惩治腐败的措施。

二、MIMIC 模型

隐性收入和腐败都是不可直接观测到的，但采用结构方程模型则可以实现对它们的度量。我们通过深入剖析并确定隐性收入和腐败产生的原因（原因变量）及影响（指标变量），初步确定隐性收入的原因变量包括税收负担、居民收入、政府管制、自我雇用率、失业率等因素；指标变量包括经济增长率、劳动力参与率等指标。腐败的原因变量包括民主与法制、文化与教育、政府消费等因素；腐败的指标变量包括人均 GDP、金融发展等指标。

目前，采用结构方程模型在估计隐性经济方面得到了较多应用（Schneider，2005；Dell'Anno，2007），但是，用它来度量一个国家各地区的隐性经济规模和腐败程度其研究成果甚少。在本书的研究中，采用结构方程模型的特殊形式，即多指标多因素模型（MIMIC）来度量隐性经济规模和腐败规模。

根据 Frey 和 Weck-Hannemann（1984）和 Giles（1999a），按照结构方程模型的构成，将隐性经济和腐败产生原因的方程称为结构模型，隐性经济与腐败所导致后果的方程称为测量模型。为了度量隐性收入和腐败，我们建立结构方程模型的一种特殊形式，即多指标多原因模型（MIMIC）。MIMIC 模型由测量模型和结构模型两部分构成：

测量模型：

$$y_1 = \lambda_1 \eta + \varepsilon_1, y_2 = \lambda_2 \eta + \varepsilon_2, \cdots, y_q = \lambda_q \eta + \varepsilon_q \qquad (2.4)$$

其中，y_1，y_2，$\cdots$，y_q 分别表示与隐性收入或与腐败有关的一组可观测的指标变量；η 为不可观测变量，分别表示隐性收入或腐败；λ_1，λ_2，$\cdots$，λ_q 为测量模型的结构参数；ε 为测量误差向量。

结构模型：

$$\eta = \gamma_1 x_1 + \gamma_2 x_2 + \gamma_3 x_3 + \cdots + \gamma_p x_p + \xi \qquad (2.5)$$

其中，η 为隐性经济或腐败；x_1，x_2，$\cdots$，x_p 分别表示与隐性收入或与腐败有关的一组可观测的原因变量；γ_1，γ_2，$\cdots$，γ_p 表示结构模型的参数；ξ 表示随机扰动项。

将（2.4）式和（2.5）式重新写为：

$$y = \lambda \eta + \varepsilon \qquad (2.6)$$

$$\eta = \gamma' x + \xi \tag{2.7}$$

这里假定测量误差 ε 和随机扰动项 ξ 的均值为 0，且相互独立，ε 与 η 之间不相关。即：$E(\xi\varepsilon') = 0'$，并定义 $E(\xi\xi) = \sigma^2$，$E(\varepsilon\varepsilon') = \Theta^2$，这里 Θ 为测量误差的协方差对角矩阵。

为了求解模型，将结构模型（2.7）式代入测量模型（2.6）式，则 MIMIC 模型可表示为以下多元回归方程形式：

$$y = \lambda(\gamma' x + \xi) + \varepsilon = \Pi x + \nu \tag{2.8}$$

其中，$\Pi = \lambda\gamma'$ 为系数矩阵；$\nu = \lambda\xi + \varepsilon$ 为扰动向量。

因此，得到下面的误差协方差矩阵：

$$\hat{\sum} = E(\nu\nu') = E\left[(\lambda\xi + \varepsilon)(\lambda\xi + \varepsilon)'\right] = \sigma^2\lambda\lambda' + \Theta^2$$

（2.8）式的 q 阶多元回归方程的系数矩阵 Π 的秩为 1，且误差协方差矩阵 $\text{cov}(\nu)$ 也是受限的。因此，在对（2.8）式估计之前需要事先将向量 λ 的某一个元素预设一个值后进行标准化。即 MIMIC 模型的估计需要构建一个尺度指标，如设 $\lambda_i = 1$[①]，则有 $y_i = \eta_i + \varepsilon_i$。在大多数的研究中通常将产出指标作为尺度指标。如果模型正确，且能被识别，采用最大似然比方法估计系数矩阵 Π，可以得到参数向量 λ 和 γ'。接下来，设随机扰动项 ξ 的均值为 0，则由（2.7）式计算得到隐变量 η 的序数值，从而得到我们所需要的隐性收入与腐败指数。然而，所获得的 η 的序数值必须转换为基数值，故需要以某个样本点的基数值作为 η 的参考值，这一点非常重要。通常的做法是采用其他估计方法来得到 η 的基数值或基准值。

结构方程模型 χ^2 统计量的原假设是：$H_0: S = \hat{\sum}$。当采用极大似然法估计模型时，其 χ^2 值和 F 值的计算公式为：

$$\chi^2 = (n-1)F(S; \hat{\sum})$$

$$F(S; \hat{\sum}) = tr(S\hat{\sum}^{-1}) + \lg|\hat{\sum}| - \lg|S| - \rho \tag{2.9}$$

---

① 在对模型进行估计时，在非标准化的估计值中，要设置 1 个指标变量作为解释的基准，设置原则是将与潜变量为正向关系的指标变量为准，如设 $\gamma_i = 1$，则有 $y_i = \eta + \varepsilon_i$。如果将估计系数进行标准化，则不存在基准的问题（荣泰生，2009）。

其中，$\rho = p + q$ 为可观测变量的个数；$\hat{\sum}$ 为估计样本的协方差矩阵，当假设模型隐含的协方差矩阵 $\hat{\sum}$ 与观察数据的 S 矩阵完全契合时，$\hat{\sum}$ 矩阵的对数值与 S 矩阵的对数值相减等于 0，而 $tr(S\hat{\sum}^{-1})$ 则为 $tr(I)$，解开后其值等于 ρ，因此 $tr(S\hat{\sum}^{-1}) - \rho$ 的值也等于 0，从而使得 $F(S;\hat{\sum}) = 0$（吴明隆，2010）。

本章小结

在本章的研究中，分析了目前度量隐性经济和腐败的方法。其中，针对隐性经济的度量，主要介绍了直接度量方法和间接度量方法，分析它们各自的优缺点；腐败的度量主要介绍了主观度量方法和客观度量方法，并分析这两种方法各自的优势和不足。在此基础上，为了科学度量隐性经济和腐败的规模，我们提出了采用结构方程模型中的多指标多原因模型（MIMIC）度量隐性经济和腐败的方法。

第三章　隐性经济规模的度量及其影响

本章的研究目的主要有两个：一是采用改进后的货币需求方法度量全国的隐性经济规模，并在此基础上分析隐性经济对收入不平等的影响；二是采用结构方程模型度量中国 30 个省市区（不含西藏及港澳台地区）的隐性经济规模，并在此基础上分析隐性经济对经济增长的影响。

第一节　引　　言

隐性经济活动在我们生活的周围无处不在，且它的存在由来已久。影响隐性经济的原因是多方面的，既有制度的原因，也有经济的原因。在制度层面上，它与国家法律、政府管制、税制、收入分配制度等密切相关；在经济层面上，则与经济发展水平紧密相关。至于隐性经济对官方经济的影响，长期以来一直是有争议的。一方面，隐性经济使国家或地区之间的竞争发生扭曲，导致商品和劳动力市场效率低下；也会使官方宏观经济统计数据（如税收、个人收入、劳动力、失业率、消费等）失真，而根据不可靠的数据所制定的政策和措施很可能不切实际。显然，隐性经济对经济体制具有负面影响；然而，另一方面，隐性经济能为官方经济带来额外的增加值。有研究表明，隐性经济中2/3 的收入会立即花费在官方经济中，因此，在一定程度上，隐性经济对官方经济也能产生积极影响，进而提高总的经济增长。

由于隐性经济活动的参与者总是不希望让人知晓，更不希望让人知道其从中所获得的收入，于是，对于官方统计部门和研究人员，要获取隐性经济活动的准确信息以及它们对商品和劳动力市场的影响程度是非常困难的。尽管度量隐性经济规模是困难的，但仍有很多学者在这方面做出了不懈努力，通过采用不同的度量方法，取得了很多有价值的成果。

度量隐性经济规模的方法通常可分为直接方法和间接方法。直接方法基于收集个人或企业未申报收入等直接信息来进行测算，信息的收集方式主要有税收审计和直接调查两类。间接方法则是根据在官方宏观经济统计资料中留下的痕迹来确定隐性经济规模，这些方法大致可归纳为六大类型：国民收入和支出差异法、官方统计和实际劳动力差异法、货币交易法、货币需求方法、物量投入或电力消耗法、结构方程模型方法或 MIMIC 方法（Dell'Anno et al.，2007）。它们各有其优缺点，Schneider 和 Enste（2000）以及 Schneider（2005）对这些方法做了一个非常全面的评论，在此不再赘述。目前，在间接方法中的货币需求方法和结构方程模型方法是最常用的两种。

度量隐性经济规模广泛采用的货币需求法，它最早由 Cagan（1958）提出，并认为地下经济活动的提高将提高对货币的需求，并估算了美国 1919~1955 年的地下经济。Tanzi（1983）进一步发展了 Cagan（1958）的方法。这种方法通常假设隐性经济仅通过现金交易，因为现金不会给监管部门留下任何踪迹。另外，他还假定税收负担是人们参与隐性交易的主要原因，因为这样人们至少可以在一定程度上逃避税收。因此，如果税基给定，税率提高或降低，将导致更多或更少的隐性经济活动，从而提高或减少对货币的需求（Pickhardt and Pons，2006）。

尽管采用货币需求法测算隐性经济规模在世界各国得到了广泛的应用，但也有不少研究者对该方法的假设提出了批评。（1）税收是引致隐性经济的唯一原因。（2）隐性经济活动中只使用现金支付。（3）货币的流通速度在官方经济和隐性经济中是相等的。（4）在基准年份不存在隐性经济，如果放松这个假设，则意味着隐性经济规模要向上调整（Schneider，2005）。

针对上述批评不少研究者通过经验分析进行了证实。Schneider 和 Enste（2000）以及 Dell'Anno et al.（2007）认为，毫无疑问，税收负担是隐性经济活动存在的重要原因，但不是唯一原因。除此之外，政府规章、自我雇用、失业率等因素也会对隐性经济产生影响；Isachsen 和 Strom（1985）的调查结果表明，1980 年在挪威的隐性经济中采用现金支付的比例大约是 80%；Ahumada 等（2007）认为，只有当货币需求的收入弹性等于 1 的时候，官方经济和隐性经济中的货币流通速度才会相等。Frey 和 Pommerehne（1984）以及 Thomas（1986）则认为 Tanzi（1983）的参数估计不稳定。

结构方程模型常被用于发现不可观测变量与可观察的指标和原因变量之间的关系，这类模型被广泛地用于几乎所有与社会学、市场销售和经济学等社会学科相关的研究。尽管 Zellner（1970）早已开始探讨结构方程模型，但 MIMIC 模型直到 Jöreskog 和 Goldberger（1975）的文章发表后才被人们接受。

Frey 和 Weck-Hannemann（1984）第一个应用该模型将隐性经济作为一个不可观测的变量来估计隐性经济规模，在随后的研究中，有许多经济学家采用这种方法对隐性经济进行统计分析。代表性的研究有：Loayza（1996）对拉丁美洲国家的研究，Giles（1999a）对新西兰的研究，Bajada 和 Schneider（2005）对亚太国家的研究，Alanon 和 Gomez-Antonio（2005）对西班牙的研究，Dell'Anno（2007）对葡萄牙的研究，Dell'Anno 和 Solomon（2008）对美国的研究，Schneider（2005）对 110 个国家的研究，Chaudhuri et al.（2006）对印度的研究，Dell'Anno 等（2007）对法国、希腊和西班牙三个地中海国家的研究。

由于不同研究者对问题的侧重不同，从而采用的方法也不同。Schneider 和 Enste（2000）及 Schneider（2005）对各种测算方法的优劣进行了详细地说明，因此，在判定一个国家的隐性经济规模到底有多大的时候，决策者应该采取谨慎的态度，可以多采用几种方法来进行测算并比较。

在早期，Giles（1999a）结合货币需求方法和结构方程模型的一种特殊形式，即多指标多原因模型方法（Multiple Indicator Multiple Causes，MIMIC），估算了新西兰 1968～1994 年的隐性经济规模，研究发现，在此期间新西兰的隐性经济占 GDP 的比重在 6.8%～11.3%。

在近期的研究中，Schneider（2005）采用货币需求方法和 MIMIC 方法度量了 110 个国家 1999～2000 年的隐性经济规模，结果表明，隐性经济规模在发展中国家为 41%、转型经济国家为 38%、OECD 国家为 17%，其中，中国在 1999～2000 年的隐性经济规模为 13.1%。Bajada 和 Schneider（2005）对亚太地区 17 个国家的研究表明，这些国家的隐性经济规模呈不断上升的态势，17 个国家的平均隐性经济规模从 1989～1990 年的 21.2% 上升到 1994～1995 年的 23.1%，到 2000～2001 年为 26.3%。其中，中国的隐性经济规模从 1994～1995 年的 10.2% 上升到 2000～2001 年为 13.4%。

Dell'Anno 和 Solomon（2008）利用结构方程模型，针对美国 1970～2004 年的季度数据，估计了美国的隐性经济，结果显示期隐性经济占 GDP 的比重在 1970～1983 年为 14%～19%，随后持续稳定下降到 2004 年的 7%，研究发现，在美国，社会保障缴款占 GDP 的比重、失业率、自我就业率是隐性经济的主要决定因素，并且还得到一个不寻常的发现，即税收负担对隐性经济没有显著的影响。并通过对奥肯法则的扩展，估计了经济增长、隐性经济与失业率之间的关系，发现隐性经济与失业率之间的关系是显著正相关的。Dell'Anno

等（2007）采用 MIMIC 方法研究了法国、西班牙和希腊三个地中海国家
1968 ~ 2002 年的隐性经济，发现失业率、税收负担以及自我就业率是这些国
家隐性经济的主要原因。其中，法国的隐性经济占 GDP 的比重从 1968 年的
36%下降到 2002 年的 9%，而希腊的隐性经济占 GDP 的比重则从 1980 年的
8%上升到 2002 年的 28%，西班牙的隐性经济在 1977 年以前不显著，随后从
9%上升到 2002 年的 26%。Dell'Anno（2007）用结构方程方法研究了葡萄牙
1977 ~ 2004 年的隐性经济，发现隐性经济规模从 1978 年的 29.6% 下降到 2004
年的 17.6%。

很多学者以货币需求模型为基础来度量隐性经济规模，取得了很多有价值
的成果。在早期，Tanzi（1983）采用货币需求方法，测算了美国 1930 ~ 1980
年的地下经济，发现 1980 年美国的地下经济占 GNP 的比重介于 4.5% ~
6.1%。Schneider（1986）对丹麦的研究表明，税率对货币需求有显著的影
响，利用不同的货币需求计算了丹麦 1952 ~ 1982 年的隐性经济规模，发现在
1977 年以前，隐性经济占 GNP 的比重为 10%，1978 ~ 1982 年，隐性经济规模
在 7% ~ 10%。Bhattachary（1990）在 Tanzi（1983）的基础上，提出了另一种
形式的货币需求方程，采用英国 1960 ~ 1984 的季度数据，估算并检验了英国
的隐性经济规模，研究结果显示，英国的隐性经济规模由 1960 年的 7.4% 逐
年上升到 1977 年的 11.1%，随后逐年开始下降到 1984 年的 7.6%。

Pickhardt 和 Pons（2006）分别利用货币需求方法和结构方程方法以及两
者相结合的新方法，研究了德国 1980 ~ 2001 年的地下经济规模，结果表明，
无论采用何种方法，所估计的地下经济规模基本相近，且呈逐年上升的趋势，
从 1980 年的 9.4% 上升至 2001 年的 15.27%。

Hill 和 Kabir（2000）在货币需求方程的基础上，通过采用向量自回归、
协整分析、误差修正机制等方法分析了 1978 ~ 1990 年的数据，在考虑了边际
直接税率的变化后，预测加拿大 1991 ~ 1995 年的地下经济占 GDP 的比重在
0.1% ~ 0.7%。Mauleon 和 Sarda（2000）则根据货币需求方程，在引入税收
变量后，提出了一个非常简洁的地下经济估算模型，该方法不需要假设基准年
份的隐性经济规模为零，也无须假设货币在地下经济与官方经济中流通速度相
同。Pickhardt 和 Pons（2006）采用 Mauleon 和 Sarda（2000）所提出的方法，
估算出德国 1980 ~ 2001 年的地下经济规模在 9.4% ~ 15.7%。

Chaudhuri et al.（2006）采用结构方程方法研究了印度 1974 ~ 1996 年 14
个州的隐性经济规模，结果表明，在此期间其平均隐性经济规模从 13.1% 上

升到 26.3%。Orviska 等（2006）利用斯洛伐克和捷克 2002 年的截面调查数据，研究的结果表明，斯洛伐克和捷克 2002 年的隐性经济规模分别为 23.2% 和 21.8%。Schneider 和 Savasan（2007）采用动态 MIMIC 模型估计了土耳其 1999～2005 年的隐性经济规模，发现直接税、间接税、人均 GDP、失业率等与隐性经济显著正相关，其隐性经济规模从 1999 年的 31.1% 上升到 2005 年的 35.1%。Dobre 和 Alexandru（2009）对日本的研究发现，在 1980～2008 年，日本的隐性经济规模为 8%～11%，且税收负担对隐性经济具有显著的影响。

Wang et al.（2006）采用 MIMIC 方法测算了中国台湾 1961～2003 年地下经济规模，研究结果表明，在 1998 年以前，中国台湾的地下经济规模在 11%～13.1%，1989～2003 年，其地下经济规模在 10.6%～11.8%。并发现实际政府消费支出的对数与通货膨胀对地下经济有显著正的影响，但税收负担在 5% 显著性水平下对地下经济具有负的影响，而失业率与犯罪率与地下经济之间的关系不显著。

国内有不少研究者采用不同的度量方法估算了我国未观测经济的规模，如徐蔼婷和李金昌（2007）以 2004 年我国首次经济普查的实际数据为依据估算了 1985 年以来未观测经济规模与 GDP 的比率；李建军（2008）采用基于国民账户均衡模型测算了我国未观测经济规模，结果表明，通过储蓄、信贷与国际收支之间的均衡关系模型，得到了两种口径的未观测经济规模占 GDP 比重介于 10%～49%。夏南新（2004）采用货币需求方法，估测了我国 1995～2001 年地下经济规模在 11%～17%。王小鲁（2007）在 2005～2006 年通过对全国几十个城市和县两千多名不同收入阶层的居民家庭收支调查，推算出全国城镇居民收入中没有统计到的隐性收入达到了 4.8 万亿元。

关于隐性经济与官方 GDP 之间的关系，Schneider 和 Klingmair（2004）根据不同国家经济发展水平的不同阶段，发现在发达国家隐性经济与官方经济之间的关系是顺周期的，而在发展中国家则是反周期的。Schneider 和 Enste（2000）的研究表明，隐性经济中 2/3 的收入会立即花费在官方经济中，因此，在一定程度上，隐性经济对官方经济也能产生积极影响，进而提高总的经济增长水平。

Schneider（2005）的实证结果表明，在发展中国家，隐性经济规模每提高 1 个百分点，官方 GDP 增长率下降 4.5%～5.7%，而在发达国家和转型经济国家，隐性经济规模每提高 1 个百分点，发达的工业化国家的经济增长率提高 7.7%，转型经济国家则提高 9.9%。

研究隐性经济规模对收入不平等影响的文献甚少，Rosser et al. （2000，2003）通过对转型经济国家的隐性经济与收入不平等关系的研究，发现隐性经济规模与收入不平等之间的关系是显著正相关的。一方面，由于隐性经济规模的提高将使税收减少，税收减少则削弱了政府在社会保障等方面的再分配的能力，进而导致不平等程度的提高；另一方面，收入不平等则进一步加剧了隐性经济活动。Ahmed et al. （2004）对 66 个国家的研究表明，隐性经济规模每提高 10%，将使基尼系数提高 2%；反过来，基尼系数提高 10 个百分点，隐性经济规模则提高了 6 个百分点。Valentini （2009）研究了意大利 1995~1998年隐性经济对工资收入的影响，其结果表明，未观测经济规模与工资收入是负相关的。陆铭、陈钊和万广华（2005）的研究发现，经济增长、政府用于支持农业生产的财政支出比重和城市化显著地缩小了城乡收入差距，而经济开放则扩大城乡收入差距。

第二节　隐性经济对收入不平等的影响

一、全国隐性经济规模的度量

（一）改进后的货币需求方法

为了度量 1978~2010 年全国总的隐性经济规模，样本数只有 33 个，用结构方程模型方法来估算并不十分合适。因为，在采用结构方程模型分析时，如果样本数低于 100 个，则参数估计结果不可靠（Kline，2004）。因此，我们采用货币需求方法来估算中国 1978~2010 年的隐性经济规模。

通过对已有研究的分析，我们发现，利用 Tanzi （1983）模型测算隐性经济规模，大多数研究都是基于前述假设开展的，针对中国的研究更是如此；此外，尽管国内对收入不平等的研究很多，但针对隐性经济对收入不平等影响的研究却甚少。因此，在本章的研究中，试图尝试放松货币流通速度在官方经济和隐性经济中相等以及在基准年份不存在隐性经济这两个假设，对 Tanzi （1983）的货币需求方程加以改进，提出一个改进后的货币需求模型，并希望所测算的中国的隐性经济规模更为真实。在此基础上，利用所测算的隐性经济规模来分析其对收入不平等的影响。

首先，从基本的货币需求方程开始，在模型中除了常规的收入、价格水平、利率等指标外，还引入了税收负担和政府管制等因素。根据 Mauleon 和

Sarda（2000）及 Giles（1999a）的做法，给出如（3.1）式所示的经改进后的货币需求方程：[①]

$$Ln(M_t) = \beta_0 + \beta_1 Ln(Y_{Rt}) + \beta_2 Ln(P_t) + \beta_3 Ln(R_t) \\ + \beta_4 TaxSize_t + \beta_5 GovSize_t + \varepsilon_t \tag{3.1}$$

这里，M 为货币需求；Y_R 为可观测经济，用 GDP 来表示；P 为价格水平，用环比商品零售价格指数来表示；R 为一年期定期存款利率；$Tax-Size$ 为税收规模，[①]用税收总额占 GDP 的比重来表示；$GovSize$ 为政府规模，用政府消费占 GDP 的比重来表示，用来度量政府对市场的干预程度以及对货币需求的影响；$\beta_0 \sim \beta_5$ 为待估计的参数；ε 为误差项。求（3.1）式的反函数，得到：

$$M_t = \beta_0' \cdot Y_{Rt}^{\beta_1} \cdot P_t^{\beta_2} \cdot R_t^{\beta_3} \cdot \exp(\beta_4 TaxSize_t + \beta_5 GovSize_t + \varepsilon_t) \tag{3.2}$$

由于税率变化是导致隐性经济对货币需求波动的原因，因而可断定对货币的需求可归咎于总收入，包括可观察经济 Y_R 收入和隐性经济 Y_H 收入。假设在不存在税收的情况下，货币需求方程为：

$$M_t = \beta_0' \cdot (Y_{Rt} + Y_{Ht})\beta_1 \cdot P_t^{\beta_2} \cdot R_t^{\beta_3} \cdot \exp(\beta_5 GovSize_t + \varepsilon_t) \tag{3.3}$$

将（3.2）式除以（3.1）式，得到：

$$Y_{Rt}^{\beta_1} \cdot \exp(\beta_4 TaxSize_t) = (Y_{Rt} + Y_{Ht})\beta_1 \tag{3.4}$$

由（3.4）式，得到隐性经济 Y_H 占官方经济 Y_R 的比重，即隐性经济规模为：

$$\frac{Y_{Ht}}{Y_{Rt}} = \exp\left(\frac{\beta_4 TaxSize_t}{\beta_1}\right) - 1 \tag{3.5}$$

（3.5）式表明，隐性经济是税收总额占 GDP 比重的函数。通过对（3.1）式的估计，可以由（3.5）式计算出全国的隐性经济规模。

通过对货币需求方程的推导，得到了一个改进后的货币需求方程。（3.5）式表明，在测算隐性经济规模时，不再要求货币在隐性经济部门与正规经济部门具有相同的流通速度，也不需要假定基准年份的隐性经济规模为零。此外，

---

① 在 Mauleon 和 Sarda（2000）的研究中，采用的是税收总额，而不是税收占 GDP 的比重，也没有考虑政府对市场的干预。

如果在货币需求模型中还引入其他控制变量，也不必假定这些变量对隐性经济和官方经济有相同的影响。通过放松这些假设，我们认为，所测算出的隐性经济规模应该更为真实，这也是我们提出对货币需求方法进行改进以更真实的度量出全国隐性经济规模的出发点。

（二）全国隐性经济规模度量结果

为了测量全国的隐性经济规模，在（3.1）式的基础上，还引入了一个反映税制改革的虚拟变量 $Dum94$，最后我们所建立的回归方程如（3.6）式所示：

$$Ln(M_t) = \beta_0 + \beta_1 Ln(GDP_t) + \beta_2 Ln(RPI_t) + \beta_3 Ln(Rate_t)$$
$$+ \beta_4 TaxSize_t + \beta_5 GovSize_t + \beta_6 Dum94_t + \varepsilon_t \quad\quad (3.6)$$

在（3.6）式中，M 为货币需求，分别用 M_0、M_1 和 M_2 表示；GDP 为名义国内生产总值；RPI 为环比商品零售价格指数；$Rate$ 为居民一年期存款年均利率；$TaxSize$ 为税收总额占 GDP 的比重；$GovSize$ 为政府消费占 GDP 的比重；$Dum94$ 用来刻画分税制改革以来对货币需求的影响。以上变量所需数据均来自于《中国统计年鉴》相关年份，其中，1978~1989 年的 M_0 来自《中国金融年鉴》相关年份、1978~1989 年的 M_1 和 M_2 引自王曦（2001）。

分别以 M_0、M_1 和 M_2 的自然对数作为被解释变量，根据（3.6）式的回归结果如表 3-1 所示。

表 3-1　　　　　　　　　货币需求方程的回归结果

变量	被解释变量分别为 M_0、M_1 和 M_2 的自然对数			
	LnM_0	LnM_1	LnM_2	LnM_1
	模型 1	模型 2	模型 3	模型 4
$LnGDP$	1.228 (28.85)***	1.174 (54.01)***	1.392 (56.67)***	1.133 (88.61)***
$LnRPI$	0.547 (0.85)	0.163 (0.50)	-0.496 (1.34)	-0.092 (0.23)
$LnRate$	0.229 (2.90)***	-0.068 (1.68)	0.097 (2.14)**	-0.055 (1.16)

变量	被解释变量分别为 M_0、M_1 和 M_2 的自然对数			
	LnM_0	LnM_1	LnM_2	LnM_1
	模型 1	模型 2	模型 3	模型 4
TaxSize	0.674 (0.56)	1.220 (1.99)*	0.875 (1.26)	1.017 (1.78)*
GovSize	15.260 (4.44)***	6.409 (3.65)***	9.389 (4.74)***	
Dum94	−0.201 (1.46)	−0.108 (1.54)	−0.097 (1.22)	
常数项	−8.586 (2.66)**	−4.667 (2.82)***	−3.049 (1.63)	−2.104 (1.10)
观测值	33	33	33	33
Adj. R^2	0.993	0.998	0.998	0.997
F 统计值	734.19***	3048.86***	3241.08***	2930.43***

注：***、**、*分别表示1%、5%、10%显著性水平，圆括号的数字为 t 统计值的绝对值。

从表3-2可以看出，在模型1~模型3中，当控制了政府管制以及税制改革的因素后，经济发展显著提高了对货币的需求，M_0、M_1 和 M_2 的GDP弹性系数分别为1.23、1.17和1.39；在模型2中，税收规模在5%的水平下对 M_1 有显著正的影响，但在模型1和模型3中，税收规模对 M_0 和 M_2 的影响均不显著；政府规模在1%的水平下对 M_0、M_1 和 M_2 的影响均显著为正；价格变动和利率变化对不同货币的影响不尽相同；Dum 94 显著负。

进一步，在回归中我们不考虑政府管制和分税制改革对货币需求的影响，回归结果如表3-2的模型4所示。在模型4中，M_1 的GDP弹性系数为1.13，税收规模在10%的水平下对 M_1 显著正相关。根据回归结果，我们选择模型2和模型4作为货币需求方程，分别利用（3.5）式计算出的全国隐性规模结果如表3-2所示。

表 3 - 2   1978 ~ 2010 年全国隐性经济规模   单位:%

年份	模型 2 测算结果	模型 4 测算结果	年份	模型 2 测算结果	模型 4 测算结果
1978	15.96	14.93	1995	10.87	10.19
1979	14.75	13.81	1996	10.61	9.95
1980	13.96	13.08	1997	11.44	10.72
1981	14.32	13.41	1998	12.08	11.32
1982	14.64	13.71	1999	13.18	12.34
1983	14.47	13.55	2000	14.09	13.19
1984	14.63	13.70	2001	15.60	14.61
1985	26.52	24.75	2002	16.45	15.40
1986	23.55	21.99	2003	16.55	15.49
1987	20.26	18.94	2004	17.01	15.91
1988	17.96	16.80	2005	17.55	16.42
1989	18.15	16.98	2006	18.20	17.02
1990	17.01	15.92	2007	19.53	18.26
1991	15.33	14.35	2008	19.65	18.38
1992	13.57	12.71	2009	19.89	18.60
1993	13.33	12.49	2010	20.88	19.52
1994	11.69	10.95			

　　表 3 - 2 中模型 2 的测算结果表明，我国的隐性经济规模介于 10.61% ~ 26.52%。其中，在 1978 年为 15.96%，在随后的几年略微有所下降，到 1984 年为 14.63%；在 1985 年隐性经济规模急剧上升到 26.52%，从 1986 年开始，隐性经济规模从 23.55% 下降到 1996 年的最低点 10.61%，10 年下降了近 13 个百分点；随后隐性经济规模从 1997 年的 11.44% 逐年稳步上升，在 2010 年达到 20.88%，13 年上升了 9 个百分点。模型 4 测算的隐性经济规模与模型 2 的测算结果具有一致的变化趋势，通过比较发现，当不考虑政府管制和分税制改革这两个因素后，隐性经济规模有所下降，其下降幅度在 1 个百分点左右。

　　图 3 - 1 比较了三种代表性方法所测算的隐性经济规模。其中，徐蔼婷和李金昌（2007）采用 MIMIC 模型方法测算的未观测经济规模在 1985 ~ 2005 年介于 13.45% ~ 17.53%，李建军（2008）采用基于国民账户均衡模型测算我

国小口径未观测经济规模在 1985～2006 年介于 8.31%～24.27%，本章采用改进的货币需求方法测算的隐性经济规模在 1978～2010 年介于 10.61%～26.52%。三种不同方法测算的结果存在一定差异，但不是很大。这里要说明的是，尽管测算隐性经济的方法很多，但不存在所谓"最佳"的测算方法，且无论哪种方法都不可能精确地度量隐性经济的真实规模。

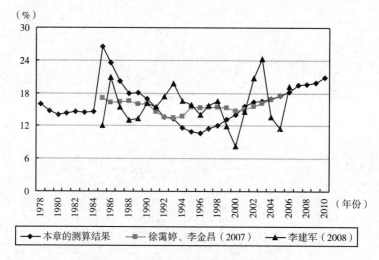

图 3-1　不同方法测算的隐性经济规模

二、隐性经济对收入不平等的影响

研究隐性经济规模对收入不平等影响的文献甚少，Rosser et al.（2000，2003）通过对转型经济国家的隐性经济与收入不平等关系的研究，发现隐性经济规模与收入不平等之间的关系是显著正相关的。由于隐性经济规模的提高将使税收减少，税收减少则削弱了政府在社会保障等方面的再分配的能力，进而导致不平等程度的提高；另外，收入不平等则进一步加剧了隐性经济活动。Ahmed et al.（2004）对 66 个国家的研究表明，隐性经济规模每提高 10%，将使基尼系数提高 2%；反过来，基尼系数提高 10 个百分点，隐性经济规模则提高了 6 个百分点。Valentini（2009）研究了意大利 1995～1998 年隐性经济对工资收入的影响，其结果表明，未观测经济规模与工资收入是负相关的。陆铭、陈钊和万广华（2005）的研究发现，经济增长、政府用于支持农业生产的财政支出比重和城市化显著地缩小了城乡收入差距，而经济开放则扩大城乡收入差距。

改革开放以来，我国经济高速增长，个人收入大幅提高，同时也伴随着收入差距的不断扩大和收入不平等程度的不断上升。我们采用调查数据计算出我国 2008 年的基尼系数为 0.456，这一结果从国际比较来看，已达到一个相对较高的水平。不断扩大的收入分配差距引起了社会各界的广泛关注，对经济的持续增长、社会公正与稳定都提出了挑战。我们认为，影响收入分配不平等的原因有很多，不仅与经济发展、所有制结构、市场结构、地域环境等因素密切相关，还与隐形经济规模紧密相关。对中国收入分配及不平等的研究文献甚多，中国的经济体制改革在为经济高速增长提供有效制度保障的同时，也意味着激励机制和分配制度的改变，其结果是中国居民收入分配格局的演变和收入差距的扩大。

为了分析隐性经济规模对收入不平等的影响，建立（3.7）式所示的回归方程：

$$Inequality_t = Inequality_{t-1} + HeSize_{t-1} + IncomeGDP_t$$
$$+ UnempRate_t + ArgExp_t + Open_t + Urban_t + Reform_t + \varepsilon_t$$

$$(3.7)$$

在（3.7）式中，*Inequality* 表示收入不平等，是被解释变量。解释变量包括滞后一期的收入不平等指标、滞后一期的隐性经济规模（*HeSize*）、居民收入占 GDP 的比重（*IncomeGDP*）、城镇登记失业率（*UnempRate*）、财政支农支出占财政支出的比重（*ArgExp*）、对外开放程度（*Open*）、城市化水平（*Urban*）、非国有化程度（*Reform*），ε 为随机误差项。

由于不能获得 1978 ~ 2010 年完整的全国总体的基尼系数，故本章采用城镇实际人均可支配收入与农村实际人均纯收入（1978 年为基年）之比来度量中国收入的不平等。

由于隐性经济的发展在一定程度上将导致税收减少，而税收的减少则会降低公共产品和服务的提供能力，从而影响收入的再分配，在此，我们推断隐性经济将会扩大收入差距。

随着经济的发展，居民收入总额[①]占国内生产总值份额提高（*IncomeGDP*），则会缩小收入差距；而失业率（*UnempRate*）的提高则会使收入差距扩

———————————

① 居民收入总额＝城镇居民人均可支配收入×城镇人口＋农村居民人均纯收入×乡村人口。

大；政府通过加大对农业（*ArgExp*）的支持力度，增加农民收入，则会缩小城乡差距。

为了进一步分析收入差距的影响因素，在我们的回归方程中，还考虑了反映中国经济结构变革的三个变量，分别是用城镇人口占全部人口比重的城市化水平（*Urban*）、用进出口贸易总额占 GDP 比重的对外开放程度（*Open*）、用非国有经济职工人数占职工总人数比重表示的非国有化程度（*Reform*）。至于这三个变量对收入差距的影响，我们认为，通过提高城市化水平，有利于改善农村劳动力结构并使农民收入提高，进而缩小收入差距；由于大部分进出口贸易的加工、生产、运输、销售等多个环节大多发生在城市，城镇居民从中受益更多，故对外开放程度将使收入差距扩大；至于非国有化程度对收入差距的影响，我们认为，由于城镇国有企业的改制、重组，提高了企业效率，增加了工人收入。而在这个产权变迁过程中，也导致了部分工人的失业、下岗，给他们的生活带来了困难。同时，乡镇企业的迅速发展，吸纳了部分农村劳动力，使农民收入提高。陆铭和陈钊（2004）认为，非国有化导致城乡劳动力市场的配置重构，因此，非国有化对收入差距的影响是不确定的。在此，将通过实证来进行估计。

回归方程（3.7）式中隐性经济规模（HeSize）数据来自本章表 3 - 2，其他各变量所需数据来自《中国统计年鉴》相关年份，（3.7）式的估计结果如表 3 - 3 所示。

表 3 - 3 　　　　隐性经济对收入差距影响的估计结果（1978 ~ 2010 年）

变量	被解释变量为城乡居民人均收入比				
	(1)	(2)	(3)	(4)	(5)
Inequality $_{-1}$	0.815 (17.12) ***	0.640 (6.56) ***	0.833 (18.91) ***	0.694 (7.38) ***	0.627 (7.15) ***
HeSize $_{-1}$	0.678 (1.63)	0.911 (2.22) **	0.920 (2.35) **	1.070 (2.75) **	0.875 (2.82) ***
IncomeGDP	− 1.649 (5.22) ***	− 1.647 (5.49) ***	− 1.711 (5.91) ***	− 1.701 (6.06) ***	− 0.982 (2.47) **
UnempRate		0.075 (2.02) *		0.059 (1.66)	0.055 (1.53)

续表

变量	被解释变量为城乡居民人均收入比				
	（1）	（2）	（3）	（4）	（5）
ArgExp			−3.495 (2.56)**	−3.037 (2.25)**	
Urban					−1.344 (1.97)*
Open					0.155 (0.89)
Reform					4.083 (2.90)***
常数项	1.097 (4.71)***	1.171 (5.23)***	1.272 (5.69)***	1.306 (6.01)***	−2.190 (2.32)**
观测值	32	32	32	32	32
Adj. R^2	0.953	0.958	0.961	0.963	0.978
F 统计值	210.95***	176.62***	191.25***	163.52***	201.47***

注：***、**、*分别表示1%、5%、10%显著性水平，圆括号的数字为 t 统计值的绝对值。

从表3~3可以得出以下估计结果：首先，隐性经济规模对收入差距的影响是显著正相关的，隐性经济规模提高10%，不平等程度则提高7%~10%，即隐性经济扩大了收入差距。其次，而随着经济的发展，居民收入占GDP比重的提高、城市化水平的提高、财政支农支出比重的提高，将显著缩小收入差距。最后，失业率、对外开放以及非国有化程度的提高则扩大了收入差距。

第三节 隐性经济的规模、原因与后果

一、隐性经济的原因变量

理论和实证研究的结果表明，采用结构方程模型估算隐性经济规模，其中非常关键的一点是如何正确地选择影响隐性经济的原因变量以及相应的指标变量。在大多数的研究中，采用的原因变量有税收负担、政府管制、失业率、自我就业率等。而对于税收负担，为了反映不同税种对隐性经济的影响，通常将税收总额分为直接税、间接税。指标变量通常选用经济发展水平、劳动力参与

率以及货币数据①等指标。

结合第二章第三节的结构方程模型以及涉及影响隐性经济的原因变量和指标变量，给出本章的 MIMIC 模型的路径，如图 3 - 2 所示。

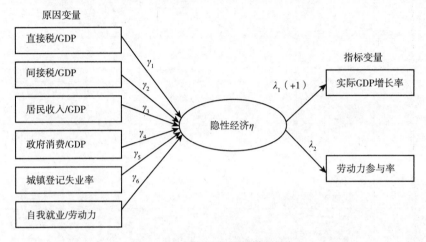

图 3 - 2   多指标多原因模型路径

（一）税收负担

Schneider（2005）、Dell'Anno 和 Schneider（2003）、Johnson et al.（1998）研究了税收负担对隐性经济的影响，他们发现税收对隐性经济的影响是非常显著的，如奥地利隐性经济的主要推动力是直接税（包括社会保障缴款），其次是监管和复杂的税制。Schneider（1986）对北欧三个国家（丹麦、挪威和瑞典）的研究也得到了类似的结果，即平均直接税率、平均总税率（包括直接税和间接税）、边际税率对隐性经济具有显著正的影响。

几乎在所有关于隐性经济的研究中，都把税收负担和社会保障缴款作为影响隐性经济的最重要的决定因素。通常认为，税收影响劳动和休闲的选择，也影响成本和效益。如果在正规经济中劳动力总成本与税后所得存在较大差额，这为劳动者进入非正规经济部门工作提供了强有力的激励，其目的是通过逃避税收使这个差额得到补偿。因此，较高的税率或税负，提高了劳动力在隐性经济中的供给，从而导致隐性经济增长。

---

① 由于我国没有公布各省市区的货币数据（M_0，M_1，M_2），因此，本章没有考虑货币指标。

　　在计量分析时，税收负担用税收总额占 GDP 的比重来表示，为了衡量不同税种对隐性经济的影响，通常将税收总额分解成直接税和间接税，并用它们分别占 GDP 的比重来进行测算。我们预期税收负担对隐性经济具有正的影响。提出假设：

　　假设 1：税收负担越重，隐性经济规模越大。

（二）居民收入

　　新中国成立后，我国实行的是计划经济体制，并选择了重工业优先发展的战略。与此相适应，政府采用了偏低的收入分配模式，包括初次分配中劳动收入的比重偏低和国民收入分配中居民收入的比重偏低。即使是改革开放以后，尽管我国的经济增长取得了举世瞩目的成就，人们的收入水平有了较大的提高，但"两个比重"偏低的问题依然存在。在由计划经济向市场经济转型的过程中，我国的社会经济迅速发展，市场供应日渐丰富，而同时鼓励一部分人先富起来，人们的消费理念也发生变化，大都有着增加收入的强烈冲动。于是，在希望增加更多的收入与现实中偏低的收入（包括初次分配收入和再分配收入）水平之间就产生了差距。为了缩小或弥补希望与现实之间的收入差距，部分组织、企业和个人于是采取诸如寻租、权钱交易、偷税漏税、从事第二职业等各种不同的方式来获取额外收入，即隐性收入。这其中既有"合法"部分，也有非法部分，且它们都有一个共同的特征，就是逃避政府法律和规章的监管、逃避税收，且这些收入都没有包含在官方的统计数字中。

　　本章用城镇居民人均可支配收入与城镇人口数或非农业人口数的乘积加上农村居民人均可支配收入与农村人口数或农业人口数的乘积占 GDP 的比重来表示居民收入份额，并以此来分析居民收入对隐性经济的影响。提出假设：

　　假设 2：居民收入的份额越低，隐性经济规模越高。

（三）失业率

　　隐性经济中劳动力的构成是多种多样的，一部分来自于官方经济中的从业人员，他们利用业余时间或工作时间的一部分来从事隐性经济活动；另一部分则是由部分退休人员、非法移民、未成年者或家庭妇女构成（Tanzi，1999）。Tanzi（1999），Giles 和 Tedds（2002）认为，由于失业人数的上升，致使他们有更多的时间从事隐性经济工作。Bajada（2005）对澳大利亚的研究表明，失业率与隐性经济之间的关系是正相关的。Dell'Anno 和 Solomon（2008）的研究结果表明，在 1970～2004 年，美国的失业率与隐性经济之间的关系也是显著正相关的。

在我国由计划经济向市场经济转型的过程中，出现了大量的下岗失业人员，他们在国家政策的鼓励下，采取不同的方式自谋生路，自主就业。因此，我们认为，隐性经济的从业者还有部分来自于失业人员，既隐性就业。

本章采用城镇登记失业率作为失业率的衡量指标，提出假设：

假设 3：失业率越高，隐性经济规模越大。

(四) 自我雇用

自我就业者存在较大的逃避税收的可能性，从而导致税基减少并少报个人所得。此外，由于私营企业的内部管理和外部监督机制不完善，因此，它们比大公司更容易雇用非正规工人。这意味着自我就业率越高，隐性经济规模越大，反之亦然。Dell'Anno 和 Schneider（2003），Dell'Anno 和 Gómez-Antonio（2007）的研究发现，自我就业率与隐性经济显著正相关。随着个体和私营就业人数占总的劳动力人数比率的增长，提高了隐性收入的潜在机会。几项研究表明，自我就业所获取的收入在总收入中占有较高的比率，如英国为 35%（Pissarides and Weber，1989），加拿大为 12%～24%（Schuetze，2002），且这些收入均未报告。Schneider 和 Enste（2000）对一些 OECD 国家的隐性经济劳动力规模以及隐性经济占 GDP 比重的研究进行了回顾。结果表明，在奥地利、丹麦、法国、德国和西班牙等国家的隐性劳动力规模与隐性经济规模是正相关的。

自我就业人数占劳动力比率被认为是影响隐性经济的一个重要因素。从已有的研究结果来看，我们发现，随着参与到隐性经济中的劳动力增加，隐性经济规模相应提高。改革开放以来，我国的私营和个体经济得到了很大的发展，一方面活跃了经济，提供了就业机会；另一方面也为从事隐性经济活动提供了较大的空间。本章用城乡私营和个体就业人数之和占就业总人数的比率来度量自我就业率。提出假设：

假设 4：自我就业率越高，隐性经济规模越大。

(五) 政府管制与公共服务

Schneider 和 Enste（2000）认为，影响隐性经济的原因是多方面的，其中税收与政府管制是两个主要的因素。Aigner et al.（1998）认为，政府管制对隐性经济有很大的影响，Johnson 等（1998）则认为，政府管制是测量隐性经济的关键因素，Ihrig 和 Moe（2004）的研究结果表明，税率和政府管制会影响隐性经济规模，Giles 和 Tedds（2002）证实政府管制与隐性经济是正相关的关系，Friedman 等（2000）的研究结果表明，监管指数（范围：1~5 点）每增加 1 点，隐性经济就增加 10%。此外，这些研究还发现隐性经济的存在会干扰政府政策的执行，并建议政府要提供更多的激励措施来代替各种规制和处罚，使人们远离隐性经济（Giles，1999a）。

从理论角度来看，政府管制是隐性经济存在的原因之一，但政府管制与隐性经济规模之间的关系是不确定的。一方面，由于过度的监管（如许可证制度、贸易壁垒等）提高了准入成本，再加上公共服务水平的低效率、烦琐的审批程序等，提高了投资者公开登记的交易费用，从而使部分企业和个人由原来寄希望从事的正规经济转而进入地下经济，进而推升隐性经济规模；另一方面，如果政府在某些特定领域加强监管并完善法律法规，则能避免腐败行为，同时，对偷逃税动机和行为起到威慑作用；此外，通过提高服务效率和办事水平，降低交易成本，在一定程度上可以降低隐性经济水平。

我国的政府管制由计划经济时期的过度管制到现阶段的逐步放松，给隐性经济的发展提供了一定的空间。但政府也在不断提高办事效率和管理水平，在某些领域加强监管，对隐性经济的发展起到了疏导和抑制作用。人们试图采用某种指标来度量政府管制的程度，如公务员人数占总就业人数的比值，或政府消费占 GDP 的比重等。在本章采用政府消费占 GDP 的比重来度量政府管制程度。提出假设：

假设 5：政府管制越多，隐性经济规模越小。

二、隐性经济的指标变量

（一）经济增长

关于隐性经济与官方 GDP 之间的关系，Schneider 和 Klingmair（2004）根据不同国家经济发展水平的不同阶段，发现在发达国家隐性经济与官方经济之间的关系是顺周期的，而在发展中国家则是反周期的。Schneider 和 Enste（2000）的研究表明，隐性经济中 2/3 的收入会立即花费在官方经济中，因此，在一定程度上，隐性经济对官方经济也能产生积极影响，进而提高总的经济增长水平。

Schneider（2005）的实证结果表明，在发展中国家，隐性经济规模每提高 1 个百分点，官方 GDP 增长率下降 4.5% ~ 5.7%，而在发达国家和转型经济国家，隐性经济规模每提高 1 个百分点，发达的工业化国家的经济增长率提高 7.7%，转型经济国家则提高 9.9%。

隐性经济与官方经济之间的关系是不确定的。一方面，由于隐性经济规模的提高可能导致生产要素（如劳动力和资本）从官方经济向隐性经济转移，从而使官方 GDP 增长率下降。因此，隐性经济规模与官方经济之间的关系是负相关的。另一方面，一些研究者认为，在经济周期的扩张阶段，随着官方经济增长率的提高，隐性经济的相对规模也随之提高，因为它满足了官方经济不能涉及的部分商品和服务需求。而在经济的衰退期，由于官方经济增长率的降低，导致了隐性经济规模的降低。

在由计划经济向市场经济转型的过程中，我国经济快速增长，与此同时，我国的隐性经济规模也呈现增长的趋势。因此，本章用实际 GDP 增长率来衡量经济增长率，结合中国的实际情况，提出假设：

假设 6：隐性经济规模与经济增长正相关。

（二）劳动力参与率

隐性经济相对规模的提高通常反映了官方劳动力参与率①的降低，随着在隐性经济部门工作的人数增多，在官方经济中工作的人数就会减少，且还会减少在正规经济中的工作时间。本章用就业总人数占经济活动人口数（15 ~ 64 岁的人口数）的比率来度量劳动力参与率，提出假设：

假设 7：隐性经济规模越大，官方劳动力参与率越低。

三、数据来源及度量结果

（一）数据及变量说明

我们将隐性经济规模（隐性经济占 GDP 的比重）作为隐变量，并充分考虑影响隐性经济的原因变量，如税收负担（直接税和间接税）、居民收入、政府管制、失业率、自我就业率等因素；并以实际 GDP 增长率、劳动力参与率作为指标变量，建立 MIMIC 模型，通过计量方法测算隐性经济的规模。

---

① 由于各年《中国统计年鉴》没有公布各省市区的经济活动人口数，但公布了 15 ~ 64 岁的抽样调查数据的劳动人口数（人）。因此，本章的劳动力参与率 = 就业人数（万人）/［抽样调查样本数据中 15 ~ 64 岁的劳动人口数（人）/人口数（人）×年底总人数（万人）］。

模型中的原因变量和指标变量所需数据均来自于《中国统计年鉴》、《中国人口统计年鉴》1998~2010 年。[①]各变量的表示及含义如表 3-4 所示。

表 3-4　　　　　　　　　原因变量和指标变量描述性统计结果

变量	观测值	均值	标准差	最小值	最大值	变量说明
ttaxgdp	360	0.0611	0.0248	0.0186	0.1683	税收总额/GDP
itaxgdp	360	0.0379	0.0140	0.0112	0.0918	间接税/GDP
dtaxgdp	360	0.0232	0.0120	0.0074	0.0811	直接税/GDP
incomegdp	360	0.4267	0.0905	0.2416	0.7540	居民收入/GDP
unemprate	360	0.0359	0.0078	0.0060	0.0650	城镇登记失业率
gcongdp	360	0.1516	0.0397	0.0821	0.3027	政府消费/GDP
selfrate	360	0.1128	0.0646	0.0326	0.3913	自我就业率
gdprate	360	0.1067	0.0223	0.0497	0.2135	实际 GDP 增长率
labrate	360	0.7089	0.1058	0.4971	0.9836	劳动力参与率

在检验时，为了区分不同税种对隐性经济的不同影响，我们将税收总额分为直接税和间接税两部分，由于各省市区的增值税和营业税从 1998 年才开始公布，因此，我们所选取的数据区间为 1998~2009 年。此外，由于各省没有关税和消费税，故各省市区的间接税为增值税、营业税、资源税与城市建设维护税之和（国家税务总局税收科学研究所课题组，2005），直接税则由税收总额减去间接税得到；政府管制采用政府消费占 GDP 的比重来表示；自我就业率用城乡私营和个体就业人数之和与劳动力之比来表示。

指标变量包括反映生产市场的实际 GDP 年度增长率和反映劳动力市场的劳动力参与率两个变量。

（二）MIMIC 模型的估计结果

模型的识别和选取的依据是：从模型的最一般形式开始，逐步剔除统计不显著的结构变量，并根据卡方检验的概率值，近似误差均方根（*RMSEA*），调

---

① 截至 2011 年年末，无论是 2011 年的《中国统计年鉴》、还是各省市区 2011 年的统计年鉴，以及第六次全国人口普查数据，我们都不能从中获得完整的各省市区的城镇和农村人口数据，从而难以算出各省市区城乡居民收入占 GDP 的比重。因此，本章所测算的是 1998~2009 年各省市区的隐性经济规模。

整后的拟合优度指标（*AGFI*）、标准化残差均方根（*SRMR*）等检验值，综合考虑并确定模型。此外，还可以通过增删原因变量来调整模型并比较模型的拟合度，如果简单模型与复杂模型的拟合度差不多，则选用简单模型，而不是参数越多越好。

① 卡方值越小，p 值越大，说明模型的拟合程度越高。一般认为，如果结构方程模型正确，则样本协方差矩阵 S 与假设模型隐含的协方差矩阵 $\sum(\theta)$ 之差很小，表示假设模型与实际数据有较好的拟合度。

② AGFI 为调整后的拟合优度指数，其取值在 0~1，通常要求 AGFI > 0.9。

③ RMSEA 为近似误差均方根，其取值在 0~1，一般认为，RMSEA 在 0.05~0.08，模型拟合不错。

④ SRMR 为标准化残差均方根，其取值在 0~1，一般认为，SRMR < 0.05，模型拟合效果可以接受。

表 3-5 是利用 Amos7.0 软件所估计的 MIMIC 模型的结果。结果表明，无论采用哪种估计形式，表中各变量的估计系数都具有统计显著性，且符合理论预期。税收负担、失业率与隐性经济显著正相关，居民收入、政府管制、自我就业率与隐性经济显著负相关，这证实了前面提出的假设 1~假设 4，但假设 5 不成立。从估计结果还可以看出，隐性经济与劳动力参与率显著负相关，这表明随着隐性经济增长，劳动力参与率显著下降，证实了前面的假设 7。

表 3-5　　　　　　结构方程模型 MIMIC 估计结果（样本数 = 300）

	M6-1-2	M5-1-2A	M5-1-2B	M4-1-2A	M4-1-2B	M3-1-2A	M3-1-2B
原因变量							
uuxgdp							0.123 *** (2.743)
itaxgdp	0.279 *** (2.999)	0.218 ** (2.506)	0.277 *** (2.758)	0.248 *** (2.756)	0.230 ** (2.453)	0.261 *** (2.704)	
dtaxgdp	-0.340 *** (-3.131)	-0.300 *** (-2.826)	-0.532 *** (-4.729)	-0.461 *** (-4.243)	-0.493 *** (-4.533)	-0.617 *** (-5.547)	
incomegdp	-0.142 *** (-11.621)	-0.143 *** (-11.549)	-0.128 *** (-11.795)	-0.136 *** (-10.338)	-0.130 *** (-12.015)	-0.128 *** (-11.081)	

续表

	M 6 - 1 - 2	M 5 - 1 - 2A	M 5 - 1 - 2B	M 4 - 1 - 2A	M 4 - 1 - 2B	M 3 - 1 - 2A	M 3 - 1 - 2B
unemprate	0.623 *** (6.456)	0.601 *** (6.262)	0.602 *** (5.988)		0.588 *** (5.945)		0.910 *** (6.231)
gcongdp	−0.035 ** (−1.941)		−0.027 (0.163)				−0.078 *** (−2.861)
selfrate	−0.070 *** (−4.407)	−0.065 *** (−4.211)		−0.051 *** (−3.241)			
指标变量							
gdprate	1.000	1.000	1.000	1.000	1.000	1.000	1.000
labrate	−3.674 *** (−6.723)	−3.774 *** (−6.735)	−3.084 *** (−6.195)	−4.063 *** (−6.322)	−3.173 *** (−6.189)	−3.469 *** (−5.988)	−1.251 * (−1.669)
模型拟合度指标							
卡方[1] (χ^2)	36.421 $p = 0.000$	26.184 $p = 0.000$	9.304 $p = 0.232$	24.383 $p = 0.000$	14.154 $p = 0.015$	0.042 $p = 0.979$	6.565 $p = 0.161$
df（自由度）	10	6	7	3	5	2	4
AGFI[2]	0.914	0.908	0.972	0.850	0.947	1.000	0.972
RMSEA[3]	0.086	0.097	0.030	0.141	0.071	0.000	0.042
SRMR[4]	0.0484	0.0411	0.0282	0.0434	0.0535	0.0027	0.0333

注：圆括号中的数据是 z 统计值，＊、＊＊、＊＊＊分别表示10%，5%，1%的显著性水平。

按照前述的模型识别以及选取依据，并比较检验结果中的拟合度指标，本章选取 M3 - 1 - 2B 模型，该模型的卡方值 χ^2 为 6.565（$p = 0.161$）、RMSEA 为 0.042、SRMR 为 0.0333、AGFI 为 0.972，这表明，样本协方差矩阵 S 与假设模型隐含的协方差矩阵 $\sum (\theta)$ 的拟合效果非常理想。在该模型中，包含税收总额占 GDP 的比重（*ttaxgdp*）、政府消费占 GDP 的比重（*gcongdp*）、失业率（*unemprate*）三个原因变量，以及实际 GDP 增长率和劳动力参与率等两个指标变量。根据原因变量的估计系数，得到（3.8）式所示的结构方程：

$$\hat{\eta}_{i,t} = 0.123 * ttaxgdp_{i,t} - 0.078 * gcongdp_{i,t} + 0.910 * unemprate_{i,t} \quad (3.8)$$

由（3.8）式，可以计算出各省市区 1998～2009 年的隐性经济指数。

（三）计算隐性经济规模

由于采用 MIMIC 模型计算出来的只是隐性经济指数，我们需要通过某种方法来校准，将它转换为隐性经济占 GDP 的比率。通常的做法是以某年为基准年份，并通过其他估算方法（如货币需求法）来得到基准年份的隐性经济规模。但由于我国各省市区的货币数据（如 M_0、M_1 和 M_2）不可得，故不能采用货币需求方法来求得。如果利用我国 2004 年经济普查前后各省市区 GDP 的差额与普查前 GDP 的比值作为基准年份的隐性经济规模，是否可行呢？通过比较普查前后的数据，我们发现有些省份①普查后的 GDP 与普查前的 GDP 差额为负。很显然，隐性经济不可能为负，因此，不能通过普查前后的 GDP 数据来获得基准年份的隐性经济规模。

为了得到基准年份各省市的隐性经济规模，本章借鉴了李金昌和徐蔼婷（2005）所提出的居民消费储蓄边际倾向—弹性系数估算法，计算出各省市区（不含西藏）以 2000 年为基准年份的隐性经济规模（见表 3 - 6 中的第 4 列）。

表 3 - 6					1998 ~ 2009 年各地区隐性经济规模						单位:%	
省份	1998年	1999年	2000年	2001年	2002年	2003年	2004年	2005年	2006年	2007年	2008年	2009年
北　京	14.92	15.03	15.99	20.27	20.25	18.97	18.68	25.16	23.77	22.91	21.74	16.84
天　津	5.44	11.18	12.50	14.61	15.13	14.36	14.81	14.81	14.50	14.87	15.09	14.97
河　北	7.36	8.22	8.99	10.40	11.56	12.37	12.82	12.53	12.10	12.23	13.01	13.34
辽　宁	10.07	10.72	11.17	9.41	21.02	21.22	21.85	18.89	17.44	15.53	14.32	14.28
上　海	9.21	11.24	11.48	13.65	15.40	15.94	15.22	14.73	14.37	14.56	14.22	14.25
江　苏	8.93	9.86	11.53	13.06	15.04	14.72	13.42	13.09	12.40	11.74	11.91	11.66
浙　江	13.56	14.76	14.76	15.68	18.10	18.38	18.52	16.99	16.20	15.44	16.83	16.24
福　建	8.91	9.97	12.47	19.86	21.28	20.48	20.14	21.33	21.79	22.52	22.41	22.83
山　东	10.38	10.81	11.28	11.65	12.21	11.81	10.84	11.08	11.09	10.69	12.52	12.65
广　东	9.04	10.25	9.96	11.83	12.16	10.81	10.52	11.37	11.75	11.92	12.08	12.68
海　南	17.13	17.53	17.11	18.22	16.00	17.92	17.68	18.41	18.68	18.42	20.53	20.49

---

① 这些省份包括河北、黑龙江、江苏、安徽、福建、山东、河南、湖北、四川。参见《中国经济普查年鉴》2004 年。

续表

省份	1998年	1999年	2000年	2001年	2002年	2003年	2004年	2005年	2006年	2007年	2008年	2009年
东　部	10.45	11.78	12.48	14.42	16.2	16.09	15.86	16.22	15.82	15.53	15.88	15.47
山　西	8.72	7.30	7.77	10.22	15.09	13.10	14.81	14.48	15.92	16.79	17.33	19.60
吉　林	6.94	7.50	7.89	5.87	7.13	8.98	8.88	9.10	9.22	8.42	8.56	8.59
黑龙江	3.85	4.31	6.15	9.07	9.35	7.72	8.21	8.50	8.11	7.74	7.47	7.15
安　徽	11.36	11.36	11.54	12.97	13.72	14.03	14.70	15.51	15.17	15.04	14.70	15.05
江　西	10.26	11.17	14.30	16.90	17.37	19.52	20.15	19.12	19.84	18.20	19.98	20.77
河　南	10.92	11.00	10.75	11.15	11.18	12.41	14.28	14.45	14.75	15.27	15.64	16.07
湖　北	13.68	14.03	14.81	17.04	17.92	17.55	17.26	17.94	16.70	17.28	16.96	17.13
湖　南	10.13	10.14	9.23	10.13	9.83	9.16	11.35	11.81	12.00	11.94	11.89	12.34
中　部	9.48	9.6	10.31	11.67	12.7	12.81	13.7	13.86	13.96	13.84	14.07	14.59
内蒙古	12.71	13.29	14.08	14.92	17.99	20.04	21.03	18.43	18.09	17.47	18.19	16.96
广　西	6.28	7.09	6.31	7.03	7.70	7.38	9.15	10.21	10.07	9.33	9.83	10.07
重　庆	4.68	4.70	6.33	5.36	5.35	5.30	5.54	5.85	5.74	5.94	5.84	6.16
四　川	8.83	9.11	8.79	10.18	10.60	10.39	10.38	11.11	11.04	10.57	11.50	11.36
贵　州	15.56	17.33	16.20	16.23	16.65	16.31	16.69	17.31	17.16	17.07	17.99	17.45
云　南	6.21	7.68	6.28	7.89	10.73	11.43	12.25	11.90	12.07	12.60	13.81	13.64
陕　西	14.46	13.64	15.26	19.41	20.36	21.91	24.44	26.32	25.99	26.26	25.37	22.49
甘　肃	17.27	15.09	14.38	12.57	17.65	19.02	17.73	15.86	17.77	15.88	13.54	13.70
青　海	17.17	17.68	15.43	23.51	23.47	24.91	22.82	23.47	21.20	20.10	23.70	27.82
宁　夏	18.07	17.03	16.01	13.01	12.86	13.76	15.21	15.81	15.20	15.73	17.32	19.24
新　疆	10.90	10.19	9.05	9.45	9.44	8.40	8.50	10.78	9.39	8.94	8.69	10.13
西　部	12.01	12.08	11.65	12.69	13.89	14.44	14.89	15.19	14.88	14.54	15.07	15.36
全　国	10.65	11.15	11.48	12.93	14.26	14.45	14.82	15.09	14.89	14.64	15.01	15.14

　　在得到了基准年份各省市区的隐性经济规模后，利用 Giles 和 Tedds（2002）提出的方法，计算出各省市区 1998～2009 年的隐性经济规模。

$$\frac{\eta_{i,t}}{GDP_{i,t}} = hesize_{i,2000}^{*} \times \left(\frac{\hat{\eta}_{i,t}}{\hat{\eta}_{i,2000}}\right) \qquad (3.9)$$

这里，$\eta_{i,t}/GDP_{i,t}$ 为第 i 个省份第 t 年隐性经济占 GDP 的比重；$hesize^{*}_{i,2000}$ 是采用居民消费储蓄边际倾向——弹性系数估算法计算得到的各省市区 2000 年的隐性经济规模，$\hat{\eta}_{i,t}$ 是根据（3.8）式计算得到的第 i 个省份第 t 年的隐性经济规模的指数。

结合（3.8）式和（3.9）式，计算出 1998~2009 年 30 个省市区的隐性经济规模，如表 3-6 所示。

由表 3-6 可知，1998~2009 年全国平均隐性经济规模介于 10.65%~15.14%[①]，且呈现逐年缓慢上升的趋势。此外，为了比较不同地区隐性经济规模的差异，表 3-7 还给出了东、中、西部地区的平均隐性经济规模，可以发现，东部地区的隐性经济规模在 10.45%~16.22%，中部地区的隐性经济规模在 9.48%~14.59%，西部地区的隐性经济规模在 11.65%~15.36%；且东中西部地区隐性经济规模呈现相同的变化趋势，如图 3-3 所示。

表 3-7　　　隐性经济对经济增长的影响检验结果（1998~2009 年）

变量	全国样本	东部地区	中部地区	西部地区
	(1)	(2)	(3)	(4)
hesize	0.292 (5.63)***	0.217 (3.09)***	0.471 (3.75)***	0.233 (2.90)***
invrate	0.134 (9.50)***	0.103 (3.81)***	0.086 (3.27)***	0.170 (7.53)***
labrate	0.137 (4.38)***	0.051 (1.24)	0.243 (2.71)***	0.167 (3.84)***
dum04	0.016 (3.74)***	0.018 (2.82)***	0.018 (2.08)**	0.012 (1.75)*
常数项	-0.095 (4.22)***	-0.011 (0.34)	-0.156 (2.50)**	-0.138 (4.10)***

---

① 由于各地区代中央征收的关税和消费税没有体现在各地区的税收收入中，因此，我们所测算的各地区隐性经济规模可能比实际水平会有所偏低。我们认为，尽管关税和消费税属于中央税，但在各地区均实际存在偷逃关税和消费税行为，由此而产生的隐性收入必然反映在各地区实际的隐性经济规模中。

续表

变量	全国样本	东部地区	中部地区	西部地区
	（1）	（2）	（3）	（4）
观测值	360	132	96	132
截面数	30	11	8	11
R^2	0.44	0.27	0.47	0.58
Hausman 检验 χ^2 值	550.64***	9.38*	11.96**	−3.48
检验方法	FE	FE	FE	RE

注：*、**、*** 分别表示 10%、5%、1% 的显著性水平，圆括号中的数字表示 t 统计值的绝对值。FE（Fixed Effect）为固定效应模型，RE（Random Effect）为随机效应模型。

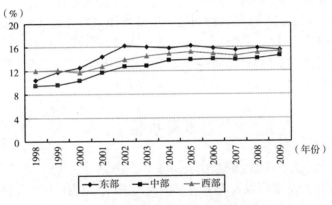

图 3 - 3　东中西部地区隐性经济规模

四、隐性经济对经济增长的影响

为了检验假设 6 是否成立，构建如（3.10）式所示的回归模型：

$$pergdprate_{i,t} = \beta_0 + \beta_1 hesize_{i,t} + \beta_2 invrate_{i,t}$$
$$+ \beta_3 labrate_{i,t} + \beta_4 dum04_{i,t} + \varepsilon_{i,t} \qquad (3.10)$$

这里，i 表示第 i 个省份、t 表示年份。$pergdprate$ 为实际人均 GDP 增长率，是被解释变量。$hesize$ 为隐性经济规模，是主要的解释变量。$invrate$ 为投资率，我们用固定资本形成总额占 GDP 的比重来表示，$labrate$ 为劳动力参与率，我们用就业人数占 15～64 岁人数的比重来表示，虚拟变量 $dum04$ 用来表示我国在2004年首次进行的经济普查，ε 为随机误差项。

表 3-7 报告了隐性经济对经济增长影响的回归结果。Hausman 检验的结果表明，全国样本、东部和中部地区的样本拒绝接受随机效应，西部地区的样本则不能拒绝接受随机效应。

投资率和劳动力参与率的回归系数无论是全国样本还是东中西部地区样本在 1% 显著性水平下均为正，符合理论预期，这说明投资和劳动力依然是全国以及各地区经济增长的主要动力。虚拟变量 dum04 回归系数的符号在 1% 水平下显著正，说明通过经济普查，使一部分原来没有在官方统计中的 GDP 得到了反映，从而使实际人均 GDP 增长率有所提高。

表 3-7 的回归结果表明，隐性经济规模 hesize 的回归系数在 1% 显著性水平下为正，这说明隐性经济对官方经济有一定的促进作用。进一步将全国样本分为东、中、西部三个区域，分别检验了隐性经济对各地区经济增长的影响，结果表明，在东、中、西部地区，hesize 的回归系数在 1% 水平下显著正。从隐性经济对经济增长的整体影响来看，我们认为隐性经济与官方经济在一定程度上是同步增长的，从而证实了假设 6 是成立的。

本章小结

本章通过改进两种度量隐性经济规模的方法，分别度量了全国 1978～2010 年的隐性经济规模以及 1998～2009 年全国 30 个省市区的隐性经济规模。

在本章的研究中，采用改进的货币需求方法，放松了原有模型的假设，不再要求货币在官方经济和隐性经济中具有相同的流通速度，也无须假定在基准年份隐性经济规模为零。在改进的模型中考虑了税制改革以及政府对市场的干预程度等因素，通过实证分析，度量出全国 1978～2010 年的隐性经济规模，并分析了隐性经济对收入不平等的影响。

通过研究发现，1978～2010 年，我国的隐性经济规模介于 10.61%～26.52%，在一个适度宽松的政策环境中，当不考虑政府管制和分税制改革这两个因素后，隐性经济规模有所下降，其下降幅度在 1 个百分点左右。税收负担是影响隐性经济的主要因素，税负水平越高，隐性经济规模越大，反之亦然；这也说明了随着税收负担的提高，企业和个人逃避税收的意愿更加强烈，进而导致隐性经济规模急剧上升。税收负担对狭义货币 M_1 有显著正的影响，但对 M_0 和 M_2 的影响不显著；由此可以推断，目前在隐性经济中的交易不完全是通过现金支付来完成的，随着银行服务的改进和互联网的迅速发展，隐性经济中的一部分交易支付是通过银行转账实现的。我们还发现，隐性经济规模对收入差距的影响显著为正，即隐性经济规模越大，收入差距越大；失业率、对外开放以及非国有化程度对收入差距具有显著正的影响。而居民收入占 GDP 比重、城市化水平以及财政支农支出占政府支出的比重则与收入差距显著负相关。

通过采用 MIMIC 模型方法，度量了中国 30 个省市区 1998～2009 年的隐性经济规模，分析了隐性经济的原因，重点分析了隐性经济对经济增长的影响。隐性经济的度量结果表明，1998～2009 年全国平均隐性经济规模介于 10.65%～15.14%，且呈现逐年缓慢上升的趋势。经过分地区的比较，还发现东部地区的隐性经济规模在 10.45%～16.22%，中部地区的隐性经济规模在 9.48%～14.59%，西部地区的隐性经济规模在 11.65%～15.36%，且东中西部地区隐性经济规模具有相同的变化趋势。

我们的研究结果表明，税收负担、居民收入、失业率、自我就业率以及政府管制是影响隐性经济的主要因素，且随着税负的增加、失业率的上升，隐性经济规模显著提高；而提高居民收入、加强政府管制，则对隐性经济规模有显著的抑制作用。我们认为，是这些因素的共同作用致使隐性经济规模逐年缓慢上升。

我们还发现，尽管影响经济增长的因素有很多，但投资和劳动力依然是经济增长的主要动力，且隐性经济对全国样本以及东部地区的经济增长也具有一定的积极作用，尽管隐性经济对中西部地区经济增长的影响尽管为正，但不显著。再就是隐性经济对官方劳动力参与率具有显著负的影响，即隐性经济的发展减少了官方经济的从业人数。

本章的研究结果对政策制定者具有重要的参考价值。首先，由于隐性经济的存在，使官方宏观经济统计数据不真实，而决策者依据不真实的数据所做出的决策，其实施结果必然会出现偏差。其次，隐性经济会使税基减少，导致税收流失，进而影响政府提供公共商品和服务的能力，使所提供的公共商品和服务的数量和质量下降。最后，过多的政府管制也会使一部分企业和个人的成本提高，如过高的进入壁垒、劳动力市场的限制等，将致使一部分企业和个人退出官方经济，进入隐性经济，以逃避税收和监管，这不利于经济的良性发展，也会影响收入分配，使收入分配差距扩大。

尽管隐性经济对官方经济增长有一定程度的积极作用，但是，为了缩小收入分配差距，我们仍然需要进一步控制隐性经济规模的扩大，提高居民收入占GDP 的比重，加快城市化建设，加大政府对农业的投入和支持力度。

因此，在经济的发展过程中，需要一个适度宽松的政策环境，通过实行结构性减税和降低税率、制定合理的货币政策和财政政策、加强银行和税务系统之间的信息共享，通过对部分隐性经济活动疏导规范，并鼓励企业和个人从隐性经济转入官方经济，以达到缩小隐性经济规模的目的，使官方宏观经济统计数据尽可能得到真实的反映。此外，由于居民收入份额与隐性经济规模显著负相关，即提高居民收入可以降低隐性经济规模。这一点也反映了当前的政策要求，通过提高居民收入占 GDP 的份额，不仅可以刺激消费，拉动经济，而且还可以在一定程度上减少腐败行为。由于总体税收负担提高了隐性经济规模，但直接税和间接税对隐性经济的影响却不同，这对优化税制结构提出了进一步的要求，而且，在现阶段，实施结构性减税是非常必要的。

在实际中，对于隐性经济中的非法活动以及由此而产生的非法收入，要进行严厉打击并取缔；而对于隐性经济中的合法活动，则要合理疏导。要通过加强税务稽查，加大对偷税漏税的处罚力度；要规范劳动力市场和就业结构，提高居民收入；要继续发展城乡个体和私营经济，创造更多的就业机会，并为失业者提供更多的工作岗位；通过制定法律法规，统一执法标准和尺度，尽可能将隐性经济活动中的合法部分引导到官方经济中来，以缩小隐性经济规模，净化市场环境，完善市场机制。

第四章 财政分权与隐性经济规模<reference>*</reference>

主流分权理论认为，通过"用脚投票"和"用手投票"两种机制，财政收支分权和财政管理分权可以发挥"效率效应"和"威慑效应"之作用，起到抑制隐性经济规模扩张之功效。为此，在本章的研究中，我们采用微观收支差异法，测算了我国各地区 1998～2013 年的隐性经济规模，在此基础上，实证分析中国式财政分权对地区隐性经济规模的影响效应。

第一节 引 言

财政分权是指一国中央政府在税收收入、支出责任、预算执行和债务安排等方面赋予地方政府的一定自主权。在当前世界范围内，不论是发达国家还是发展中国家，财政分权化趋势都越来越明显。从财政分权理论来看，Tiebout (1956)、Musgrave (1959) 和 Oates (1972) 分别从地方性公共产品的有效供给、政府三大财政职能的分工、地方政府提供地方性公共产品的比较优势等视角，论述了财政分权的合理性和必要性。但无论是强调以提高公共产品供给效率为主的第一代财政分权理论，还是强调以提高地方政府税收收入激励为主的第二代财政分权理论，都是起源并根植于西方发达的市场经济体制国家，并需要具备一定的政治经济条件才能实现的。而由于各国经济和政治制度的差异，西方国家通行的财政分权体制需要具备的基本要素，中国财政分权制度多不具备（于长革，2008），因此，无论从财政分权的初始动力、法律环境和制度框架，还是从表现形式及其后果来看，中国的财政分权与西方的财政分权理论存在着较大差异（孙开和温馨，2014）。

从我国分税制改革以来财政收支分权来看，地方财政收入占比从 1994 年的 44.3% 上升到 2013 年的 53.4%，提升了 9.1 个百分点，在事权划分没有较

* 本章内容由本人与李永海博士共同完成。

大调整的前提下，地方财政支出占比从 1994 年的 69.7% 上升到 2013 年的 85.4%，提升了 15.7 个百分点，这进一步加剧了地方财政收支的不均衡，也保持并形成了独具特色的中国式财政分权体系。关于中国式财政分权的概念，现有文献并没有统一界定。一般认为，中国式财政分权具有以下特点：一是建立在中央与地方政府委任制的基础之上，经济分权与政治集权紧密结合。二是地方政府承担了大部分财政支出责任，但财政收入权力高度集中于中央政府，地方政府对地方税种的税率和税基没有决定权，构成了中国财政分权的"非对称"。三是中国的财政分权由于是基于政绩考核下的"自上而下"的供给主导型分权，在支出结构上扭曲了地方政府的支出偏好，形成了"重基本建设，轻人力资本投资和公共服务"的财政支出结构。四是在中国长期以来一直实行限制人口流动的户籍制度和城乡区别对待的差异政策，导致政府的行为缺乏来自居民应有的约束和监督，地方居民"用手投票"选举地方官员以及根据各地不同的税收政策和公共服务水平而"用脚投票"的手段都十分有限（乔宝云等，2005；刘承礼，2011）。五是地方财政收支缺口主要由中央政府的转移支付以及地方政府的预算外收入来弥补。因此，中国式财政分权并不是严格的法律意义上的"制度性分权"，而是一种"事实性分权"，地方政府只是在财政收支方面具有事实上的部分自由处置权（傅勇和张晏，2007；周业安和章泉，2008）。

隐性经济是当前世界各国（地区）普遍存在的一种经济现象。按照《经济与管理大辞典》的解释，隐性经济活动是指不纳入国民生产总值统计，不向政府申报纳税，政府控制不到的一类经济活动。尽管隐性经济在解决居民就业、增加居民收入、补充官方经济等方面具有一定的积极作用，但也会带来税收流失规模扩大，税收管理成本增加，收入分配秩序紊乱等一系列经济社会问题。因此，各个国家不断强化政府监管，完善财政体制，加强税收征管，以打击隐性经济活动。无论是从国家官方的统计情况来看，还是从学者的研究结果来看，我国都存在着较为严重的隐性经济问题。2014 年全国第三次经济普查数据显示，2013 年修订后的 GDP 与年初核算数相比，总量和幅度分别增加了 19174 亿元和 3.4%。[1] 这一增幅，尽管低于 2008 年第二次经济普查调增的 4.4%，也显著低于 2004 年第一次经济普查调增的 16.8%，但普查结果的再次上调，也在很大程度上说明当年统计核算时，诸如隐性经济和服务业等没有

---

[1] 国家统计局. 关于修订 2013 年国内生产总值数据的公告 ［EB/OL］. http：// www. stats. gov. cn/tjsj/zxfb/ 201412/t20141219_655915. html.

得到完整的统计。王小鲁（2013）的调查结果显示，我国2011年灰色收入总量已超过6.2万亿元，占GDP比重超过12%，而且主要集中在部分高收入居民，并有向某些中高收入阶层蔓延的趋势，绝对量进一步扩大，国民收入分配格局继续存在重大扭曲。为此，在国务院《关于深化收入分配制度改革的若干意见》以及十八届三中全会公报中，都提出要规范收入分配秩序，清理规范隐性收入。因此，准确测算我国各地区隐性经济规模，分析影响隐性经济规模的具体因素，实证研究各因素对隐性经济规模的影响效应，以采取有效措施遏制隐性经济的膨胀，就具有十分重要的理论和现实意义。

由于我国各地区在经济发展水平、税收负担水平和财政分权程度等方面存在较大差异，使得我国隐性经济规模的地区分布也很不均衡。从现有文献来看，税收负担水平、税收制度、官方经济发展水平、政府管制、失业率、自我就业率、腐败和教育水平等因素被认为对隐性经济规模影响重大。而目前关于中国式财政分权的实证研究，则主要集中在财政分权对官方经济增长、经济波动、收入分配、公共服务供给和腐败等的影响方面，忽视了对隐性经济规模影响效应的研究。那么，中国式财政分权是否会影响我国地区隐性经济规模，究竟是扩大还是降低了地区隐性经济规模，不同的财政分权指标对隐性经济的影响效应是否存在差异，这些问题都需要进行深入的研究和探讨。因此，本文以1998~2013年我国30个省、市、自治区的面板数据为基础，分析了分税制改革后中国式财政分权[①]对地区隐性经济规模的影响机理和影响效应，从而为遏制地区隐性经济规模膨胀提供有效的政策建议。

要对隐性经济问题进行实证研究，首先需要测算出隐性经济规模。目前，测算隐性经济规模有多种方法，由于隐性经济的隐蔽性和复杂性等原因，其规模很难通过直接调查法获得，所以，间接测算法成为测算的主要方法。就国家层面而言，如Buehn和Schneider（2012）利用MIMIC模型方法、Alm和Embaye（2013）利用货币需求方法、Duncan和Peter（2014）使用电力消费法测算了各国的隐性经济规模；刘洪和夏帆（2004）利用要素分配法，田光宁和李建军（2008）利用国民账户均衡关系法，杨灿明和孙群力（2010b）采用改进后的货币需求法，徐蔼婷和李金昌（2007）、王永兴和景维民（2010）、余

---

① 一般认为，分权主要包括政治分权与经济分权，其中经济分权又包括行政管理分权和财政收支分权。为了尽可能展现中国式财政分权的更多内容，本文站在广义的视角，将中国式财政分权分为财政收入分权、财政支出分权和财政管理分权，亦即本文的中国式财政分权可理解为是经济分权。

长林和高宏建（2015）采用 MIMIC 模型方法，刘穷志和罗秦（2015）利用隐性收入估计法和收入分布函数优劣判别法、白重恩等（2015b）采用消费支出模型方法测算了我国的隐性经济规模。

除了国家层面的研究之外，学者们对隐性经济规模的测算也开始逐渐扩展到了地区层面：如 Chaudhari 等（2006）利用 MIMIC 模型估计了印度各州1974～1995 年的隐性经济规模平均在 13.1%～26.3%。Torgler 等（2010）利用瑞士 26 个州的数据研究了税收道德和隐性经济的关系。Buehn（2012）利用 MIMIC 模型分析了德国地区的隐性经济规模，发现富裕的南部地区规模相对较低，2006 年隐性经济规模最小的 20 个地区平均在 12.4%～13.3%，隐性经济规模最高的 20 个地区平均在 16.3%～17.2% 之间。Wiseman（2013）利用 MIMIC 模型测算了美国 50 个州 1997～2008 年的隐性经济规模，平均在7.28%～9.54% 之间，地区间差异较小。就我国地区层面的研究文献来看，杨灿明和孙群力（2010a）首次采用 MIMIC 模型度量了 1998～2007 年我国 30 个地区的隐性经济规模，发现平均规模介于 10.5%～14.6%，且东部地区相对较高，西部地区次之，中部地区最低，但均呈逐年缓慢上升的趋势。闫海波等（2012）利用要素分配法，测算了我国各省 2002～2010 年地下经济规模，发现北京、上海、天津、辽宁等地隐性经济规模较为严重，并有向西部地区迁移的趋势。王首元和王庆石（2014）利用灰色收入测算模型估算了我国各省区2002～2011 年的居民灰色收入的绝对规模平均为 4368 元，东部沿海地区灰色收入较高，中部地区处于中等水平，西部地区较低，灰色收入与合规收入正相关。王永兴和景维民（2014）利用聚类分析法研究了我国 31 个地区 2008～2012 年的地下经济分布，发现我国地下经济表现出明显的区域差别，北京是最不活跃的地区，上海、江浙、云南、贵州等 12 个地区地下经济问题比较严重，全国大部分地区地下经济发展程度处于中等水平。

就财政分权与隐性经济规模的关系而言，国内学者还未对此进行研究，国外学者近几年的研究主要集中在财政分权和管理分权对隐性经济规模的影响方面。大多学者基于财政联邦主义理论，认为财政分权降低了隐性经济规模。如Teobaldelli（2011）认为由于竞争性辖区的居民和企业个体的流动性较强，需要政策制定者采取更有效率的税收和公共产品供给政策，来增加从事正规部门活动的所得和回报，从而抑制隐性经济活动。同时，利用 73 个国家的截面数据发现隐性经济规模在联邦制国家比在单一制国家小，即联邦制和财政分权显著降低了隐性经济规模。Dell'Anno 和 Teobaldelli（2015）分析了政府分权对隐性经济和腐败的影响效应，一方面，政府分权有助于减缓政府的扭曲行为，可以限制腐败和隐性经济部门的范围，这是政府分权的直接效应；另一方面，个人可以通过迁移到其他辖区来避免腐败，而不是进入隐性经济部门，从而限制了腐败对隐性经济的影响，这是政府分权的间接效应。采用 145 个国家的不同分权指标进行实证分析，结果显示财政分权与隐性经济显著负相关，政府规模与隐性经济显著负相关。Alexeev 和 Habodaszova（2012）实证分析了财政分权对隐性经济规模的影响，分析得出中央财政收入中留给地方政府的越多，将有更多的企业家从隐性经济转向官方经济，即地方政府收入比重与隐性经济规模显著负相关。一些学者拓展了财政分权的指标，分别考虑财政分权和管理分权对隐性经济规模的影响效应。如 Buehn 和 Schneider（2012）在测算隐性经济的 MIMIC 模型中，加入了分权指标，发现各类分权指标均与隐性经济负相关。其中，财政支出分权和自主分权与隐性经济的关系为负但不显著；管理分权和规则分权与隐性经济的关系显著为负，即地方政府雇员占比越高，公职人员对规则的遵从越渴望，越有利于制止隐性经济活动。Goel 和 Saunoris（2014）进一步采用地方政府支出和收入分权两个财政分权指标，以及政府层级和地方政府雇员（管理）分权两个实体分权指标进行实证分析，结论显示财政分权和实体分权均有助于减少隐性经济规模，但实体分权和财政分权的效率存在差异，实体分权在降低普遍的隐性经济规模方面更有效率，而财政分权在抑制小范围内的隐性经济规模方面更加有效。还有学者从理论和实证两方面研究了财政分权、政治分权和管理分权对隐性经济规模的影响，Buehn 等（2013）认为在理论层面，分权降低隐性经济主要通过以下两种传导机制完成，一是分权提高了公共部门的效率，即"效率效应"；二是分权减少了官员和其经济主体之间的距离，从而增加了隐性经济活动被察觉的概率，即"威慑效应"。同时，运用国家层面的财政分权和政治分权所反映的"效率效应"以及雇员（管理）分权所反映的"威慑效应"进行实证研究，发现财政支出和收入分权与隐性经济的关系为正但不显著；政治分权与隐性经济的关系为负也不够显著；雇员（管理）分权与隐性经济的关系显著为负，并通过了稳健性检验。因此认为，相对于"效率效应"而言，"威慑效应"对隐性经济规模的抑制作用更为明显。

综合国内外的研究可以发现：第一，目前对隐性经济规模测算的研究逐渐从国家层面转向地区层面，测算方法也越来越多元化，但由于测算方法自身的机理和指标选取的差异等原因，导致对隐性经济规模的测算结果不尽一致，存在一定的差异。第二，影响地区隐性经济规模的因素众多，涉及经济、政治、社会等多个方面，要控制隐性经济规模的扩张，就要准确分析各因素对隐性经济的具体影响方向和效应，以采取有针对性的应对措施。第三，国外学者的研究文献显示，财政分权与隐性经济显著负相关，这主要是基于西方国家的财政分权理论，可以通过"用手投票"和"用脚投票"两种机制来抑制隐性经济规模，但这一机制不一定适合于中国的现实，同时，由于中国地方政府还存在一定规模的预算外收支，如果忽略预算外收支的信息，可能会导致分析结果的偏差。第四，由于财政分权的多维度特征，单一指标无法反映财政分权的全部信息，因此，除了狭义的财政分权外，学者们还同时考虑了管理分权等各类指标，以全面反映财政分权对隐性经济规模的影响效应，结果显示管理分权也有助于降低隐性经济规模。第五，现有的实证研究主要集中在使用截面数据探讨国家层面的财政分权对隐性经济的影响效应，就地区层面而言，还需采用面板数据进一步研究和探索。因此，我们将进一步改进隐性经济的测算方法，以得到更为准确的地区隐性经济规模数据，并就中国式财政分权对地区隐性经济规模的影响效应，进行理论分析和实证检验。

第二节　隐性经济规模的测算：改进的收支差异法

在系统回顾隐性经济的相关文献后，发现利用居民收入和消费支出之间的微观调查数据及其相关关系，来推测隐性经济规模，这一微观收支差异估计方法，有着坚实的理论基础，在国内外研究中被广泛接受并受到推崇（白重恩等，2015a）。Schneider（2005）认为根据家庭消费数据来估计居民真实收入，与官方部门统计收入的差额可以作为对隐性经济很好的估算值。国外一些学者也利用该方法估算了美国、英国、德国和澳大利亚的隐性经济规模。通过对我国微观层面的统计数据进行分析，发现居民家庭个人的总收入与总支出之间存在较大差异。因此，我们采用微观收支差异法，对我国各地区的隐性经济规模进行测算。

一、改进的收支差异法

微观收支差异法主要是通过对居民统计收入和支出的差异来推算隐性经济规模。居民统计收支之所以会存在差异，是因为：一方面，家庭住户个人作为理性经济人，出于保密和避税等原因的考虑，在居民收入调查中很可能存在着隐瞒其真实收入的意图和做法，但其支出数据往往会通过各种途径反映出来，一般来说是真实可信的，这就为推算居民隐性经济提供了很好的逻辑基础。另一方面，住户的收入统计也可能存在着遗漏的情况，如根据住户收入统计的堪培拉标准，居民部门的统计收入指住户在一定时期内收到的现金或实物，排除了其他非经常性和一次性所得，但这些所得也构成了居民的总收入，也是居民消费和投资支出的来源之一。因此，可以尝试利用居民部门总收入与总支出的关系，对微观收支差异法进行改进，来估算地区隐性经济规模。

首先，根据国民经济核算的基本原理，居民部门总收入与总支出之间存在以下恒等关系：

居民部门总收入 = 居民部门总支出

进一步，分解为：居民统计收入 + 居民隐性收入 = 居民消费支出 + 居民投资支出

由此得到：

居民隐性收入 = 居民消费支出 + 居民投资支出 − 居民统计收入

　　　　　 = 居民消费支出 + 居民金融资产投资支出 + 居民实物投资支出

　　　　　　 − 居民统计收入

　　　　　 = 居民消费支出 +（居民手持现金额 + 居民储蓄增加额

　　　　　　 + 居民股票债券持有增加额）+ 居民实物投资增加额 − 居民统计收入

其中，上述指标的具体计算及数据来源如下：

1. 居民消费支出 = 城镇居民人均消费支出 × 城镇居民人口 + 农村居民人均消费支出 × 农村居民人口。

2. 居民手持现金额，由于居民持有的现金余额没有完整统计，参照中国人民银行课题组（1999）的做法，以流通中现金供应量（M_0）的一定比例计算居民持有现金额，同时考虑到近些年来我国金融业及银行信用、网络等交易方式的快速发展，这里假定以 M_0 的 70% 来计算居民手持现金额[①]，由于 M_0 为当年年底的现金流量数据，所以无须计算增加额。

3. 居民储蓄增加额，根据历年城乡居民人民币储蓄存款年底余额计算增

---

① 中国人民银行课题组（1999）的调查表明，居民个人手持现金占全部流通中现金的比重，在 1978~1994 年为 76%~80%，所以流通中现金的 78% 计为居民持有现金；Bose 等（2012）利用 137 个国家 1995~2007 年的数据，检验了银行业发展和隐性经济的关系，结果表明银行业的发展进步总是与隐性经济规模的缩小相伴，此外，银行业发展的深度和效率在减少隐性经济方面也发挥着重要作用。

量得到。

4. 居民股票债券持有增加额，参照艾春荣和汪伟（2008）的做法，假定居民持有的股票和债券增加值占当年发行量的 60%（其中，股票以当年 A 股的筹资额计算得到，未考虑转配股、B 股和 H 股等；债券以当年国债、地方政府债和金融债券的发行额计算得到）①。

5. 居民实物投资增加额，包括城乡个人固定资产投资额和居民购买商品房增加额，以全社会固定资产投资中个体经济的投资额来表示。

6. 居民统计收入＝城镇居民人均可支配收入×城镇居民人口＋农村居民人均纯收入×农村居民人口②。由于无法直接获得各地区居民手持现金额和股票债券持有增加额的数据，这两个指标以各地区 GDP 为权重进行分解得到；其他指标均可直接获得。其中，居民股票债券持有增加额的数据来源于历年《中国证券期货统计年鉴》。

其余指标的数据均来源于历年《中国统计年鉴》和国家统计局数据库网站。

总体来看，改进后的微观收支差异法的测算思路，既考虑了居民部门的全部收入，包括统计收入和隐性收入；又考虑了居民部门的全部支出，包括消费支出和各类投资支出（居民持有现金、储蓄、股票和债券等金融资产投资以及实物投资），通过对两者差额的对比，可以推算出我国各地区 1998～2013 年的隐性经济规模。相比较其他方法而言，这一测算方法计算较为简便，结果也较为准确，可以避免计算结果为负值或者出现历年波动较大的情况。

二、测算结果

测算结果表明，1998～2013 年我国 30 个省市自治区隐性经济占 GDP 的比重虽有所波动，但总体规模保持在 15.55%～24.66%，16 年间平均为 20.22%，2003 年达到最高值 24.66%，2009 年开始有所回落，到 2013 年达到最低值 15.55%。其中，1998～2013 年平均隐性经济占比最大的五个省份分别是陕西（26.43%）、上海和辽宁（同为 25.83%）、北京（25.41%）和宁夏

---

① 由于无法准确获得企业债、公司债和居民保险、外币储蓄等金融资产的数据，我们未考虑这部分居民金融资产，可能会导致测算结果偏低。

② 由于无法完整获得各地区历年农村居民人均总收入的数据，为了保持城乡相对统一的口径，这里使用城镇居民人均可支配收入和农村居民人均纯收入数据，可能会导致测算结果偏高。

（25.38%）；占比最小的五个省份分别是江西（14.73%）、海南（14.92%）、广西（15.51%）、江苏（17.44%）和福建（17.83%）。

　　分三大地区[①]来看，东部地区在13.14%～25.19%，中部地区在14.20%～23.48%，西部地区在17.43%～26.18%。相对而言，西部地区隐性经济规模高于东部地区，而中部地区最低，但总体上均呈现出了相同的变化趋势地区，而中部地区最低，但总体上均呈现出了相同的变化趋势（见图4-1）。

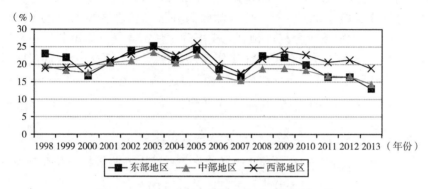

图4-1　1998～2013年我国地区隐性经济规模

　　这一测算结果，与杨灿明和孙群力（2010a）、王永兴和景维民（2010）、Alm和Embaye（2013）、刘穷志和罗秦（2015）等测算的全国隐性经济规模较为接近；低于田光宁和李建军（2006）通过发放问卷和典型案例调查的结果以及王首元和王庆石（2014）利用灰色收入模型测算的结果；高于李金昌和徐蔼婷（2005）估计的全国规模以及杨灿明和孙群力（2010b）估计的地区规模，主要原因在于当时所采用的估算方法仅考虑了居民消费和储蓄，没有考虑其他金融资产以及投资支出。从地区分布来看，与闫海波等（2012）利用要素分配法测算的结果较为相近，而与王永兴和景维民（2014）聚类测算的结果有所差异。

---

　　① 东部地区包括北京、天津、河北、辽宁、上海、江苏、浙江、福建、山东、广东、海南11个省（市），中部地区包括黑龙江、吉林、山西、安徽、江西、河南、湖北、湖南8个省，西部地区包括内蒙古、广西、重庆、四川、贵州、云南、陕西、甘肃、青海、宁夏、新疆（除西藏）11个省（市、自治区）。

第三节　财政分权对隐性经济的影响

一、理论假说

为了全面反映中国式财政分权的内容，尽可能涵盖政府间财政关系的更多信息，本文借鉴龚锋和雷欣（2010）、孙开和温馨（2014）的做法，进一步将中国式财政分权划分为三大类，即财政收入分权（预算内收入分权和预算内外收入分权）、财政支出分权（预算内支出分权和预算内外支出分权）和财政管理分权（行政管理分权和税收管理分权）。研究表明，财政分权的影响效应不仅和分权的程度有关，而且和分权所面临的制度环境有关（张晏和龚六堂，2005）。因此，结合我国的政治经济背景和具体的制度环境，我们提出以下假说。

假说1：财政收入分权导致了隐性经济规模的扩大。

较高的财政收入分权意味着中央政府将更多的财政收入权力分配到地方政府，而地方政府的主要目标并不是控制隐性经济规模，而是追求经济增长最大化和财政收入规模最大化，因此，地方政府在税收收入方面，可能存在着收取"过头税"或者腐败寻租的情形；在非税收入方面，由于我国长期以来预算管理的弱化，导致了预算外收入的无序膨胀以及近年来地方非税收入的急速扩张，而我国居民由于受到户籍制度等因素所限，"用脚投票"机制难以发挥作用，财政收入分权对隐性经济的"效率效应"也难以实现，因此，在这种情况下，过重的税收和非税负担将会迫使部分官方经济活动进入到隐性经济，即财政收入分权度越高，隐性经济规模越高。

假说2：财政支出分权导致了隐性经济规模的扩大。

较高的财政支出分权意味着中央政府将更多的支出责任分配到地方政府，就我国的情况而言，由于地方政府的主要考核指标是以 GDP 为主，提供公共产品和服务并不是中国地方政府的首要任务，加之地方政府官员主要由上级任命，为此，地方政府更有动力将财政支出投入到最能体现政绩的基础设施建设方面，而不是最能满足居民需求的民生性公共产品和服务方面。这就导致了地方政府支出结构的偏向和扭曲，无法充分满足当地居民的偏好和需求，"用手投票"的机制难以发挥作用，财政支出分权对隐性经济的"效率效应"也难以实现，从而出现了地方性公共产品和服务的有效供给不足、无效供给过多的不良现象。因此，在这种情况下，公共产品和服务供给的失效以及与税收负担的不对称性感受，也将会迫使部分官方经济活动进入到隐性经济，即财政支出分权度越高，隐性经济规模也越高。

假说3：财政管理分权有助于降低隐性经济规模。

较高的财政管理分权意味着中央政府将更多的监管职能分配到了地方政府。根据 Allingham 和 Sandmo（1972）所提出的 A－S 模型，政府官员和居民的距离越近，从事隐性经济活动被发现的概率越高，所获得的期望收益也就越低。相对于中央政府而言，我国地方政府更加接近当地居民，政府管理的成本更低，政府监管的"威慑效应"也更为显著。其中，由于税收是影响隐性经济活动的主要因素，税收管理分权的提高，将有助于提高征管效率和税收遵从，减少税收流失，从而降低隐性经济规模；而行政管理分权的提高，可以在某种程度上提高管理效能，降低交易成本，减少腐败行为，也可以抑制隐性经济规模。因此，财政管理分权度越高，隐性经济规模越低。

假说4：预算管理的加强有助于降低隐性经济规模。

政府预算制度越规范，预算执行越严格，越有利于营造一个公平透明的制度环境，也越有助于中国的财政分权由"事实性分权"向"制度性分权"转变，而财政分权制度的不断完善和健全，将有利于降低隐性经济规模。同时，由于相对于预算外管理而言，预算内管理方式更为规范透明，所以预算内财政分权对隐性经济的影响应该要低于预算内外财政分权的影响程度。另外，对政府年度收支预决算的约束越严格，年度收支预决算间的差额越小，也越有利于抑制隐性经济规模。因此，预算管理水平越高，隐性经济规模越低。

二、计量模型与数据来源

本节利用我国 1998 ~ 2013 年的省级面板数据，验证中国式财政分权与地区隐性经济规模的理论假说。

（一）计量模型

为定量研究中国式财政分权对地区隐性经济的影响效应，本文设定如下面板数据模型：

$$Shadow_{i,t} = \alpha + \beta FD_{i,t} + \gamma Control_{i,t} + \varepsilon_{i,t}$$

其中，Shadow 表示隐性经济规模，即隐性经济占 GDP 的比重；FD 表示中国式财政分权，Control 表示与隐性经济规模相关的一组控制变量，α 表示常数项，β 和 γ 表示系数矩阵，ε 表示随机扰动项，i 和 t 分别表示地区和年度。

（二）变量说明

1. 被解释变量。本书被解释变量为隐性经济规模，用地区隐性经济占 GDP 的比重（Shadow）来表示。

2. 解释变量。本书选择中国式财政分权（FD）作为解释变量，为了全面反映中国式财政分权对地区隐性经济的影响效应及影响差异，具体选择了六项财政分权指标。由于各财政分权指标的计算方法众多，这里我们借鉴沈坤荣和付文林（2005）、孙群力（2009）、龚锋和雷欣（2010）的做法，并进行了改进完善，具体指标的计算公式如下①：

（1）预算内收入分权（FD_revb）＝各省预算内人均财政收入÷全国预算内人均财政收入

（2）预算内外收入分权（FD_revbo）＝（各省预算内人均财政收入＋各省预算外人均财政收入）÷（全国预算内人均财政收入＋全国预算外人均财政收入）

（3）预算内支出分权（FD_expb）＝各省预算内人均财政支出÷全国预算内人均财政支出

（4）预算内外支出分权（FD_expbo）＝（各省预算内人均财政支出＋各省预算外人均财政支出）÷（全国预算内人均财政支出＋全国预算外人均财政支出）

（5）行政管理分权（FD_gov）＝（各省公务管理人员数／各省城镇单位就业人员数）÷（全国公务管理人员数／全国城镇单位就业人员数）

（6）税收管理分权（FD_tax）＝（各省国地税职工人数／各省公务管理人员数）÷（全国国地税职工人数／全国公务管理人员数）

我们选取的六项财政分权指标体系，分子统一为各省的数据，分母统一为全国的数据，具有一定的对应性和可比性，可以反映各省相对于全国的财政分权程度；同时，选择人均指标而非总量指标，可以剔除人口因素对财政分权的

---

① 由于按照 2010 年预算改革的要求，预算外财政收支全部纳入预算内管理，因此，2011～2013 年的预算外财政收支数据以当年纳入预算的非税收入数据来代替。公务管理人员数据：1998～2002 年为国家机关、政党机关和社会团体分行业年底职工人数，2003～2013 年为公共管理和社会组织城镇单位年底就业人员数。税收管理分权指标以国地税职工人数占公务管理人员的比重来表示，这与龚锋和雷欣（2010）采用地税部门职工占国地税职工总数的做法有所不同，原因是我国国税和地税部门只有税收征管权，区别主要在于管理模式和征管税种的不同，但无论国税还是地税部门，在减少税收流失和打击隐性经济方面的目标是一致的。

影响和干扰。根据前述假说，我们预期预算内收入分权、预算内外收入分权、预算内支出分权和预算内外支出分权与隐性经济规模正相关；而行政管理分权和税收管理分权与隐性经济负相关。

3. 控制变量。由于还存在其他影响隐性经济规模的因素，为了获得更为可靠的估计结果，本书同时引入以下控制变量：

（1）税收负担（TTAX）。一般认为，过重的税收负担是隐性经济活动产生的主要原因。大多文献研究发现，直接税负担、间接税负担和税收总负担均与隐性经济规模显著正相关（Schneider，2005；Schneider et al.，2010；Buehn & Schneider，2012；Kuehn，2014）；Torgler 等（2010）研究了瑞士 26 个州的结果显示，地区税收负担与隐性经济正相关但不显著；Wiseman（2013）发现美国 50 个州的间接税占 GDP 比重和收费规模占 GDP 比重均与隐性经济显著正相关。国内学者也研究发现，我国税收负担与隐性经济显著正相关（杨灿明和孙群力，2010b；刘国风和王永，2011；罗美娟和黄丽君，2014）。徐蔼婷和李金昌（2007）认为直接税税负与隐性经济正相关；而杨灿明和孙群力（2010a）发现间接税负担与隐性经济显著正相关。为了更加准确全面地反映地区税收负担情况①，本书选择地区税收总负担，即地区国地税部门征收的税收总收入占地区 GDP 之比来反映税收负担。为了获得更为可靠的结果以及检验不同税制结构对隐性经济的影响，本节同时采用间接税和直接税占 GDP 的比重，即间接税负担（ITAX）和直接税负担（DTAX）来反映地区税收负担情况，并进行稳健性检验。基于前述研究成果，我们假定税收总负担、间接税负担和直接税负担均与隐性经济规模正相关。

（2）人均 GDP（GDPPC）。隐性经济规模与一国（地区）的经济发展水平存在着密切关系，相关文献的研究结果显示一国（地区）的经济发展水平与隐性经济负相关，即经济发展水平越高，隐性经济规模相对越小（Schneider，2005；Remeikiene et al.，2014；Duncan & Peter，2014；Salahodjaev，2015）。Alm 和 Embaye（2013）也发现隐性经济与一国（地区）的收入水平有着重要关联，隐性经济规模在 OECD 国家占 GDP 的 17%，在非 OECD 的高

---

① 按照我国目前分税制体制，地区税收负担可以从两个层面来理解，一是指来源于该地区的全部税收收入，即各地国税局和地税局征收管理的全部税收收入占 GDP 的比重；二是指实际最终归属于地方本级的税收收入，即全部地方税与共享税中地方享有部分合计占 GDP 的比重。为了准确全面地反映地区税收负担，本书采用第一个层面的数据进行实证分析。依据各地区国地税征收的税收收入总额来分解，间接税 = 增值税 + 营业税 + 消费税 + 资源税 + "城建税"；直接税 = 总税收 - 间接税。

收入国家为24%，中等收入国家为33%，中低收入国家为37%，低收入国家为38%。我们的测算结果也显示了我国西部地区隐性经济占GDP比重相对较高。因此，假定人均GDP与隐性经济负相关。

（3）城镇化率（URR）：城镇化水平越高，区域间经济发展越均衡，政府提供的公共产品和服务就可以更为公平和均等化的由居民所共享，居民参与隐性经济活动的意愿也就越低（Alm & Embaye，2013；Dell'Anno & Teobaldelli，2015）。因此，我们以各地区城镇人口占总人口的比重来表示城镇化率，并预期符号为负。

（4）居民统计收入（INCOME）：居民为了保持其收入的连续性和稳定性，其统计收入越高，获取隐性收入的意愿就越低；公开部门提供的收入水平越高，居民参与隐性经济活动的"机会成本"也就越高，从而减少了获取隐性收入的激励。为避免内生性问题，我们以各地区滞后一期的城乡居民统计收入占GDP之比（INCOME（－1））来表示，并预期符号为负。

（5）自我就业率（SELF）：我国的自我就业人员主要是私营和个体业户等小微型主体，虽然在市场经济体制下发挥了有益的作用，但由于其财务管理不够规范，还有一部分享受核定纳税和减免税政策，可能会存在较大的逃税概率和隐匿收入的行为，也会导致统计信息的失真。国外研究结果也显示自我就业率与隐性经济显著正相关（Tafenau et al.，2010）。我们利用各地区城乡私营企业和个体就业人数占就业总人数之比来反映该指标，并预期符号为正。

（6）教育水平（SELF）：教育水平和质量的提高，一方面有助于提高居民的道德水平和自我约束能力；另一方面有助于居民获得较好的工作和较高的劳动报酬，可以起到抑制隐性经济规模的作用。Ela（2013）发现土耳其的高收入群体更愿意从事正规就业以获得高收入而不是从事隐性经济活动，教育水平是该国隐性经济规模下降的一个关键因素。Salahodjaev（2015）利用158个国家1999~2007年的面板数据，研究发现智力水平与隐性经济显著负相关。我们利用每10万人口中在校大学生人数来反映地区教育水平，并预期符号为负。

（三）数据来源说明

本章使用1998~2013年全国30个省市自治区（除西藏）的面板数据，其中，隐性经济规模的数据由前述方法计算得到；其他数据分别来自相关年份的《中国税务年鉴》、《中国财政年鉴》、《中国统计年鉴》及国家统计局数据库；

人均 GDP 数据以 1998 年为基期进行了 GDP 平减, 其余变量均为相对指标, 表 4 - 1 报告了各变量的描述性统计结果。

表 4 - 1 各变量的描述性统计

变量名称	变量说明	观察值	平均值	最大值	最小值	标准差
Shadow	隐性经济占 GDP 比重	480	0.2022	0.3953	0.0623	0.0522
FD_revb	预算内财政收入分权	480	0.6337	3.3500	0.2188	0.5762
FD_revbo	预算内外财政收入分权	480	0.5824	3.3272	0.1842	0.5848
FD_expb	预算内财政支出分权	480	0.9863	3.6982	0.4096	0.5851
FD_expbo	预算内外财政支出分权	480	0.9775	3.7185	0.3594	0.6038
FD_gov	行政管理分权	480	1.2367	2.1556	0.3767	0.3573
FD_tax	税收管理分权	480	1.0198	1.7511	0.5445	0.2057
TTAX	国地税税收收入占 GDP 比重	480	0.1531	0.5316	0.0680	0.0829
ITAX	间接税收入占 GDP 比重	480	0.1056	0.0917	0.3313	0.0259
DTAX	直接税收入占 GDP 比重	480	0.0461	0.0348	0.3501	0.0049
GDPPC	实际人均 GDP (元) 的对数	480	3.6329	4.6331	2.7647	0.3937
URR	城镇化率	480	0.4543	0.8961	0.1404	0.1583
INCOME	居民统计收入占 GDP 比重	480	0.4501	0.8274	0.2495	0.0946
SELF	自我就业率	480	0.1714	0.6870	0.0310	0.1173
EDUP	教育水平 (人)	480	15.841	69.000	1.2000	11.847
REVB	财政收入预决算偏差度	480	0.0844	0.6632	-0.2450	0.1043
EXPB	财政支出预决算偏差度	480	-0.1020	0.2820	-0.2810	0.0744

三、实证结果及分析

利用 1998 ~ 2013 年全国 30 个省、市、自治区的面板数据进行估计, 我们先对各个模型进行 Hausman 检验, 检验结果表明模型 1 适合建立随机效应模型, 模型 2 ~ 模型 7 均适合建立固定效应模型, 表 4 - 2 报告了各模型的具体估计结果。

表 4 - 2 财政分权与隐性经济关系的估计结果

解释变量	被解释变量：*Shadow*						
	模型 1	模型 2	模型 3	模型 4	模型 5	模型 6	模型 7
常数项	0.360 *** (11.298)	0.366 *** (9.503)	0.360 *** (9.363)	0.343 *** (8.803)	0.342 *** (8.818)	0.445 *** (9.436)	0.428 *** (10.206)
FD_revb		0.037 *** (2.780)					
FD_revbo			0.044 *** (3.304)				
FD_expb				0.028 *** (3.980)			
FD_expbo					0.029 *** (4.233)		
FD_gov						− 0.030 ** (− 2.060)	
FD_tax							− 0.042 ** (− 2.268)
TTAX	0.131 ** (2.315)	0.212 *** (2.875)	0.226 *** (3.081)	0.236 *** (3.283)	0.237 *** (3.322)	0.145 ** (2.132)	0.099 (1.441)
GDPPC	− 0.005 (− 1.133)	− 0.007 (− 1.490)	− 0.007 (− 1.564)	− 0.007 (− 1.543)	− 0.007 (− 1.583)	− 0.005 (− 1.080)	− 0.006 (− 1.186)
URR	− 0.096 ** (− 2.446)	− 0.135 ** (− 2.354)	− 0.145 ** (− 2.529)	− 0.138 ** (− 2.428)	− 0.144 ** (− 2.528)	− 0.152 *** (− 2.588)	− 0.125 ** (− 2.175)
INCOME (− 1)	− 0.250 *** (− 6.517)	− 0.267 *** (− 6.229)	− 0.268 *** (− 6.283)	− 0.232 *** (− 5.327)	− 0.233 *** (− 5.376)	− 0.293 *** (− 6.627)	− 0.264 *** (− 6.129)
SELF	0.114 *** (3.295)	0.104 *** (2.801)	0.109 *** (2.931)	0.101 *** (2.730)	0.104 *** (2.829)	0.099 *** (2.632)	0.116 *** (3.087)
EDUP	− 0.001 *** (− 2.626)	− 0.002 *** (− 3.056)	− 0.001 *** (− 2.870)	− 0.002 *** (− 3.167)	− 0.002 *** (− 2.965)	− 0.001 *** (− 2.759)	− 0.001 ** (− 2.457)
R^2	0.467	0.693	0.696	0.699	0.701	0.691	0.691
F	18.824 ***	18.032 ***	18.236 ***	18.551 ***	18.684 ***	17.809 ***	17.866 ***
模型设定	RE	FE	FE	FE	FE	FE	FE

注：***，**，*分别表示通过显著水平为 1%、5%、10% 的检验，括弧内的数字表示 t 统计值，RE 表示固定效应模型，FE 表示固定效应模型。

从表4-2可以看出，各模型的估计效果较好，各变量的符号也均符合预期。其中，模型1是基准模型，模型3～模型5分别表示各类财政分权指标与隐性经济规模的关系。具体来看，模型2～模型5所表示的财政收入分权和财政支出分权均与隐性经济规模显著正相关，即财政收支分权扩大了隐性经济规模，这与西方国家财政分权的影响效应有所不同。模型6和模型7所表示的财政管理分权与隐性经济规模显著负相关，即财政管理分权降低了隐性经济规模，这与西方国家财政管理分权的影响效应较为一致。而这一结果也正好验证了前述假说1～假说3。同时发现，预算内收支分权的系数分别低于预算内外收支分权的系数，这说明预算外收支分权的加入，进一步加剧了隐性经济规模，这也从一个侧面验证了前述假说4，即预算外收支管理的改革和预算管理水平的提升可以抑制隐性经济规模。此外，就财政管理分权而言，税收管理分权的系数高于行政管理分权，这说明相对于一般的行政管理分权约束，税收管理分权约束对隐性经济规模的遏制作用更为有效。

各控制变量的系数符号也都比较稳定，其中，税收总负担的系数相对较大，除模型7外，均显著为正，这也说明税收负担是影响隐性经济规模的主要因素。人均GDP与隐性经济负相关，但不够显著。城镇化率、滞后一期的居民统计收入均与隐性经济显著负相关，说明提高城镇化水平、增加居民统计收入有助于显著地抑制隐性经济规模的扩张。而自我就业率与隐性经济正相关，且通过了1%水平下的显著性检验，说明私营企业和个体就业等主体更容易从事隐性经济活动。教育水平与隐性经济显著负相关，但系数相对较低，说明教育水平的提升对隐性经济具有较弱的抑制效应。

四、稳健性检验和进一步讨论

为了得到更为稳健的结果，接下来对模型进行稳健性检验。由于税收负担是影响隐性经济规模的主要因素，这里进一步把税收负担分解为直接税负担和间接税负担来进行稳健性检验。具体估计结果见表4-3的模型8～模型13和表4-4的模型14～模型19，对各模型进行Hausman检验，结果表明均适合建立固定效应模型。从表4-3和表4-4来看，财政收支分权显著扩大了隐性经济规模，而财政管理分权显著降低了隐性经济规模，预算管理水平的提升对隐性经济规模有抑制作用，这一结果与前述实证结果完全一致。模型8～模型13显示的间接税负担均与隐性经济显著正相关，模型14～模型19显示的直接税负担均与隐性经济显著正相关，其余控制变量均符合理论预期。这一结论与前述模型的结果一致，说明研究结果具有一定的稳健性。

表 4 – 3　　　　财政分权与隐性经济关系的稳健性检验结果（1）

解释变量	被解释变量：*Shadow*					
	模型 8	模型 9	模型 10	模型 11	模型 12	模型 13
常数项	0. 368 *** (9. 402)	0. 363 *** (9. 264)	0. 352 *** (8. 929)	0. 350 *** (8. 914)	0. 439 *** (9. 242)	0. 422 *** (9. 880)
FD_revb	0. 028 ** (2. 241)					
FD_revbo		0. 036 *** (2. 794)				
FD_expb			0. 022 *** (3. 350)			
FD_expbo				0. 024 *** (3. 632)		
FD_gov					− 0. 031 ** (− 2. 147)	
FD_tax						− 0. 043 ** (− 2. 325)
ITAX	0. 275 ** (2. 441)	0. 294 *** (2. 608)	0. 285 ** (2. 574)	0. 288 *** (2. 606)	0. 257 ** (2. 305)	0. 184 * (1. 654)
GDPPC	− 0. 007 (− 1. 387)	− 0. 007 (− 1. 460)	− 0. 007 (− 1. 451)	− 0. 007 (− 1. 488)	− 0. 005 (− 1. 044)	− 0. 005 (− 1. 160)
URR	− 0. 156 *** (− 2. 748)	− 0. 166 *** (− 2. 916)	− 0. 162 *** (− 2. 871)	− 0. 167 *** (− 2. 960)	0. 168 *** (− 2. 910)	− 0. 136 ** (− 2. 387)
INCOME (− 1)	− 0. 260 *** (− 6. 037)	− 0. 260 *** (− 6. 064)	− 0. 231 *** (− 5. 260)	− 0. 230 *** (− 5. 284)	− 0. 287 *** (− 6. 516)	− 0. 259 *** (− 6. 033)
SELF	0. 120 *** (3. 177)	0. 125 *** (3. 301)	0. 118 *** (3. 134)	0. 121 *** (3. 213)	0. 113 *** (2. 965)	0. 126 *** (3. 323)
EDUP	− 0. 001 ** (− 2. 330)	− 0. 001 ** (− 2. 105)	− 0. 001 ** (− 2. 321)	− 0. 001 ** (− 2. 130)	− 0. 001 ** (− 2. 370)	− 0. 001 ** (− 2. 197)

续表

解释变量	被解释变量：Shadow					
	模型 8	模型 9	模型 10	模型 11	模型 12	模型 13
R^2	0.691	0.694	0.696	0.698	0.691	0.692
F	17.884 ***	18.063 ***	18.282 ***	18.407 ***	17.858 ***	17.909 ***
模型设定	FE	FE	FE	FE	FE	FE

注：***，**，*分别表示通过显著水平为 1%、5%、10% 的检验，括弧内的数字表示 t 统计值，FE 表示固定效应模型。

表 4 - 4　　财政分权与隐性经济关系的稳健性检验结果（2）

解释变量	被解释变量：Shadow					
	模型 14	模型 15	模型 16	模型 17	模型 18	模型 19
常数项	0.393 *** (10.774)	0.390 *** (10.696)	0.371 *** (10.075)	0.370 *** (10.089)	0.460 *** (9.873)	0.445 *** (11.208)
FD_revb	0.034 ** (2.522)					
FD_revbo		0.041 *** (2.994)				
FD_expb			0.028 *** (3.829)			
FD_expbo				0.029 *** (4.083)		
FD_gov					- 0.027 * (- 1.870)	
FD_tax						- 0.045 ** (- 2.442)
DTAX	0.260 ** (2.106)	0.274 ** (2.255)	0.325 *** (2.671)	0.325 *** (2.707)	0.130 (1.166)	0.076 (0.675)
GDPPC	- 0.007 (- 1.536)	- 0.008 (- 1.605)	- 0.008 (- 1.625)	- 0.008 (- 1.661)	- 0.005 (- 1.142)	- 0.006 (- 1.225)
URR	- 0.134 ** (- 2.295)	- 0.143 ** (- 2.457)	- 0.134 ** (- 2.310)	- 0.139 ** (- 2.410)	- 0.156 *** (- 2.612)	- 0.131 ** (- 2.233)

解释变量	被解释变量：*Shadow*					
	模型 14	模型 15	模型 16	模型 17	模型 18	模型 19
INCOME（-1）	-0.271 *** (-6.274)	-0.273 *** (-6.324)	-0.238 *** (-5.436)	-0.239 *** (-5.484)	-0.291 *** (-6.545)	-0.264 *** (-6.069)
SELF	0.090 ** (2.353)	0.093 ** (2.457)	0.082 ** (2.176)	0.086 ** (2.277)	0.092 ** (2.412)	0.112 *** (2.931)
EDUP	-0.002 *** (-2.903)	-0.002 *** (-2.770)	-0.002 *** (-3.175)	-0.002 *** (-3.006)	-0.001 ** (-2.479)	-0.001 ** (-2.214)
R^2	0.690	0.692	0.697	0.698	0.688	0.690
F	17.787 ***	17.953 ***	18.315 ***	18.442 ***	17.605 ***	17.762 ***
模型设定	FE	FE	FE	FE	FE	FE

注：***，**，*分别表示通过显著水平为 1%、5%、10% 的检验，括弧内的数字表示 t 统计值，FE 表示固定效应模型。

由前述分析可知，西方国家的财政分权与隐性经济规模负相关，而中国的财政收支分权与隐性经济规模正相关，其中一个重要原因在于国外严格的预算管理制度和预算监管机制，使得地方财政收支的规模和结构更为规范透明，以最大化的满足当地居民的偏好和公共需求，从而抑制了隐性经济规模。为了进一步检验我国预算管理水平对隐性经济的影响作用，我们引入两个反映预算管理水平的指标，即财政收入预决算偏差度（超收率）和财政支出预决算偏差度（超支率），其中，数据来源于相关年份的《中国财政年鉴》，均为各省份本级预算内财政收支的预决算数据，具体计算公式如下：

财政收入预决算偏差度（REVD）=（收入决算数 - 收入预算数）÷收入预算数

财政支出预决算偏差度（EXPB）=（支出决算数 - 支出预算数）÷支出预算数

财政收支预决算偏差度可以反映预算的编制和执行情况，体现预算管理水平的高低。该指标越小，说明财政收支的决算数与预算数越接近，预算管理水平相对越高，反之亦然。从我国的实际数据来看，地方财政收入的决算数一般要高于预算数，存在超收的情形；而地方财政支出的决算数一般低于预算数，存在节支的情形。进一步构建计量模型进行分析检验，具体估计结果见表 4 - 5 的模型 20 ~ 模型 25，对各模型进行 Hausman 检验，结果表明模型 20 ~ 模型 22 和模型 25 适合建立固定效应模型，模型 23 和模型 24 适合建立随机效应模型。

表 4 - 5　　　　　　　　财政分权与隐性经济关系的稳健性检验结果（3）

解释变量	被解释变量：*Shadow*					
	模型 20	模型 21	模型 22	模型 23	模型 24	模型 25
常数项	0.385 *** (10.095)	0.365 *** (9.476)	0.428 *** (10.219)	0.379 *** (11.948)	0.362 *** (11.158)	0.444 *** (10.800)
FD_revb		0.036 *** (2.668)				
FD_expb					0.014 ** (2.257)	
FD_tax			- 0.045 ** (- 2.424)			- 0.039 ** (- 2.149)
REVB	0.023 (0.885)	0.012 (0.445)	0.032 (1.230)			
EXPB				0.182 *** (4.326)	0.153 *** (3.471)	0.196 *** (4.464)
TTAX	0.132 * (1.942)	0.211 *** (2.859)	0.101 (1.458)	0.112 ** (1.997)	0.134 ** (2.363)	0.095 (1.410)
GDPPC	- 0.006 (- 1.248)	- 0.007 (- 1.522)	- 0.006 (- 1.315)	- 0.005 (- 1.153)	- 0.006 (- 1.370)	- 0.006 (- 1.213)
URR	- 0.131 ** (- 2.269)	- 0.136 ** (- 2.357)	- 0.126 ** (- 2.188)	- 0.091 ** (- 2.322)	- 0.103 *** (- 2.593)	- 0.128 ** (- 2.272)
INCOME (-1)	- 0.269 *** (- 6.188)	- 0.265 *** (- 6.162)	- 0.259 *** (- 5.972)	- 0.248 *** (- 6.578)	- 0.228 *** (- 5.878)	- 0.257 *** (- 6.102)
SELF	0.108 *** (2.871)	0.104 *** (2.792)	0.116 *** (3.083)	0.104 *** (3.074)	0.104 *** (3.083)	0.101 *** (2.746)
EDUP	- 0.001 ** (- 2.374)	- 0.002 *** (- 3.010)	- 0.001 ** (- 2.416)	- 0.001 *** (- 2.579)	- 0.001 *** (- 3.037)	- 0.001 ** (- 2.305)
R^2	0.688	0.693	0.706	0.491	0.498	0.692
F	17.587 ***	17.646 ***	18.738 ***	19.670 ***	19.268 ***	17.568 ***
模型设定	FE	FE	FE	RE	RE	FE

　　注：***，**，*分别表示通过显著水平为 1%、5%、10% 的检验，括弧内的数字表示 t 统计值，RE 表示固定效应模型，FE 表示固定效应模型。

　　从表 4 - 5 可以看出，各模型的估计效果较好，各变量的符号均和理论预期一致，财政分权和其余控制变量指标均通过了稳健性检验。财政收支预决算偏差度均与隐性经济规模正相关，即预决算偏差度越大，隐性经济规模越大。具体来看，财政收入预决算偏差度的系数相对较小不够显著，而财政支出预决算偏差度的系数相对较高且通过了 1% 水平下的显著性检验。造成这一差异的原因可能是地方财政收入的超收主要是源于税收计划的需要和依法治税理念的缺失；而地方财政支出的节支，一是由于预决算编制和管理水平不高所致，二是出于对中央政府转移支付激励的回应，希望获得更多的转移支付资金，三是地方政府财政收入与支出责任的不对称性，即本级财政收入不能满足本级政府事权的需要，这样极大地影响了地方政府提供民生性公共产品和服务的积极性，从而使得地方财政支出预决算的偏差较大，而这反过来又加剧了隐性经济规模的扩张。

本章小结

本章首先利用微观收支差异法，对我国各地区 1998 ~ 2013 年的隐性经济规模进行了测算，结果显示各地区隐性经济占 GDP 的比重平均在 15.55% ~ 24.66%，地区间存在差异。其次，重点分析了财政分权对地区隐性经济规模的影响效应，研究发现，中国式财政分权对隐性经济的影响效应与西方国家有所不同，中国财政收支分权导致了隐性经济规模的扩大，而财政管理分权则有助于降低隐性经济规模，预算管理的加强也有助于抑制隐性经济规模。最后，还发现税收总负担、直接税负担和间接税负担均与隐性经济正相关；地区人均 GDP、城镇化率、居民统计收入、教育水平等与隐性经济负相关，而自我就业率与隐性经济正相关。

本章的研究结果对于政策制定者来说，需要在如下几个方面引起重视。

一是合理划分中央与地方政府的事权与支出责任。我国财政收支分权在抑制隐性经济方面之所以缺少"效率效应"，其原因在于地方政府财力与事权的不匹配性，承担事权过多和自身财力有限的矛盾导致地方政府在民生性公共产品和服务供给层面的缺失，从而加剧了隐性经济规模的扩张。为此，要优先厘清中央与地方政府的事权划分，再根据事权来配置中央和地方的财力，以明确地方政府的具体支出责任，矫正事权与支出责任的不匹配性，发挥财政分权的"效率效应"。

二是进一步提高财政管理分权效率。在当前大力推行简政放权，取消不合理行政审批的大背景下，政府监管更多地从"事前"转变到"事中"和"事后"，这就需要不断改革创新财政管理方法，积极利用网络化和大数据信息资料，提高政府行政管理效率，加强对小微企业和创业群体等自我就业主体的科学规范监管，不断提高税收征管效率和税收治理能力，以充分发挥财政管理分权抑制隐性经济规模的"威慑效应"。

三是加强预算管理制度改革，规范政府财政收支行为。严格执行《预算法》的规定，实行全口径预决算，强化预算的约束力，降低财政收支预决算的偏差度，坚持应收尽收，坚决不收过头税；控制政府支出的规模和结构，加大对民生领域支出的投入力度，提高民生性公共产品和服务的供给水平，也可以起到间接制约隐性经济规模的作用。

四是稳定税收负担。在当前经济新常态下，应按照改革税制、稳定税负的基本原则，严格遵循依法治税要求，在优化税制结构的同时，保持宏观税负的基本稳定，以此来限制隐性经济规模的扩张。

五是要加快地区经济发展水平和新型城镇化建设进程，提高城乡居民显性收入水平，提高居民教育水平等，也是抑制隐性经济规模的有效手段。

第五章 中国各地区腐败规模的度量

腐败已成为抑制经济增长，导致收入分配不公，动摇政治稳定的大敌。"大量事实告诉我们，腐败问题越演越烈，最终必然会亡党亡国"①。因此，要有效预防与惩治腐败，其必不可少的前提条件就是要准确把握腐败的真实程度、了解腐败产生的原因及其所导致的后果。本书拟通过深入分析腐败的成因与后果，构建结构方程模型来度量我国各省市区的腐败规模，从而科学认识我国的腐败程度，建立更加廉洁的政府官员体制，促进经济增长，缩小收入分配差距，提高公共资金的利用率，确保政治稳定。

第一节 引　　言

由于腐败自身的隐蔽性和复杂性，人们很难直接观测到它。因此，要准确掌握一个国家和地区真实发生的腐败数量以及腐败的严重程度非常困难。然而，准确度量腐败对于预防和惩治腐败却具有至关重要的作用，也是长期以来研究腐败问题的重点和难点，不仅意义重大，而且具有挑战性，也是在本书研究中致力要解决的问题。腐败的决定因素是多方面的，涉及政治体制、司法制度、社会文化、历史以及经济等因素（Treisman，2000；Del Monte & Papagni，2007；Dong & Torgler，2013）；并且，腐败也造成了严重的后果，如阻碍经济增长（Mauro，1995；Mo，2001；Dincer & Gunalp，2012）、加剧贫困和收入不平等程度（Gupta et al.，2002；Apergis et al.，2010）。无论是将腐败作为被解释变量研究腐败的成因，还是将其作为解释变量研究腐败所导致的后果的定量研究中，准确度量腐败都是必不可少的。因此，如何对一个国家和地区在不同时期腐败的真实发生情况做出准确评价，是腐败问题研究的最大难点（过勇和宋伟，2013）。Tanzi（1998）认为，如果腐败能够被度量，则腐败很可能

---

① 习近平 2012 年 11 月 17 日在十八届中央政治局第一次集体学习时的讲话。

被消除。Andersson 和 Heywood（2009）指出，如果能够建立起腐败与其他因素之间明确的因果关系，那么，就有可能找到解决腐败的潜在方法。倪星和王立京（2003）通过对中国腐败现状的客观测量和主观测量，认为只有精确测量腐败的现实状况，才能使反腐败更为深入和彻底。

尽管准确度量腐败非常困难，但学者们从未放弃对腐败度量方法的探索，特别是一些国际组织为评价各国的腐败状况做了大量的调查工作，建立了相应的腐败指标体系，并逐渐成为评价和比较各国腐败状况的重要依据。代表性的腐败指数有透明国际组织（Transparency International，TI）发布的腐败感知指数（CPI）以及行贿指数（BPI），国际商务组织（Business International，BI）发布的腐败指数，国际国家风险指南（International Country Risk Guide，ICRG）发布的腐败指数等。这些主观指标在众多的研究中得到了广泛的应用（Treisman，2000；Fisman & Gatti，2002），对理解各个国家的腐败程度做出了重要贡献，但各自也存在不足。目前，腐败的度量方法主要有主观度量法和客观度量法，并分别形成了腐败的主观指标和腐败的客观指标。

腐败的主观度量指标是通过对被调查者对腐败的感知进行问卷调查，在此基础上统计并构造出来的反映腐败程度的指数，对于了解不同国家或地区的腐败程度具有很大的帮助。但是，近期有研究表明，透明国际的腐败感知指数并不是一个好指标，它不能反映一个国家实际的腐败程度。Andersson 和 Heywood（2009）认为，透明国际组织每年发布的腐败感知指数在促进腐败问题的学术研究以及推动反腐败举措的实施上，都具有举足轻重的地位和作用，但主观感知并不等于客观现实。Abramo（2005）质疑了基于感知的腐败指数是否真实反映了实际的腐败，针对透明国际发布的涵盖 60 多个国家的"全球腐败晴雨表"（Global Corruption Barometer，GCB）[①] 数据的回归和测算，并通过与透明国际发布的腐败感知指数 CPI 的比较，发现个人或家庭所经历的腐败相对于腐败的感知能更好地反映腐败的真实性。Mocan（2008）根据微观数据所度量的腐败与 TI、BI 以及 ICRG 公布的腐败感知指数相比较，发现它们之间均不存在明显的线性关系。Razafindrakoto 和 Roubaud（2010）通过比较发现，专家感知的腐败水平与根据住户调查得出的真实腐败水平不相关，且专家的感知高估了腐败程度。谢平和陆磊（2003）通过对金融机构的问卷调查，编制了

---

① GCB 指数来自于普通民众真实的关于（狭义）腐败的经历，而 CPI 是建立在参与国际商业活动的商务人士对腐败的感知。

2003 年度中国的金融腐败指数。

腐败的客观度量指标则是依据官方所披露的贪污、贿赂案件数、涉案人数、涉案金额等客观数据进行统计，以此来表示腐败的现状及发展趋势；或通过问卷调查，统计受访者是否被要求行贿以及行贿金额来统计腐败程度。然而，这些指标只是实际腐败的极少部分，"腐败黑数"的存在必然导致腐败真实程度的低估。尽管这样，在国内外许多研究中仍采用客观度量指标来表示腐败。在针对中国各省、市、自治区腐败的研究中，多采用检察机关每年公布的贪污、贿赂案件的立案数或涉案人数来表示腐败规模。如李猛和沈坤荣（2010），周黎安和陶婧（2009），吴一平（2008），吴一平和芮萌（2010）采用每百万人口中的贪污贿赂案件数量度量中国分省的腐败程度，张军等（2007），傅勇（2010）则采用每万名公职人员中的腐败案件数量来表示反腐败力度。杨灿明和赵福军（2004）采用被查处官员贪污受贿金额总数以及查处的县处级以上官员人数这两个指标来度量中国的行政腐败程度。公婷和吴木銮（2012）则通过对《检察日报》2000~2009 年 2803 个关于腐败案件报道的统计分析，发现中国的腐败规模呈上升趋势，且腐败案件多发于政府采购和工程承包等领域，而处、厅局级干部则是受贿或索贿等腐败案件的高危人群。过勇（2008）通过对中国转轨期 594 个腐败要案的分析，发展了腐败案例统计分析方法，使其更接近现实并具有更高的可靠性。Del Monte 和 Papagni（2001，2007）也是采用腐败案件数量来度量意大利的腐败程度。Mocan（2008）通过对 30 个国家 55000 多人的调查，用受访者在接受政府或公共部门工作人员的服务时，是否被要求或被暗示进行行贿，并将被要求行贿的受访者人数占比来表示腐败。Razafindrakoto 和 Roubaud（2010）在对撒哈拉以南 8 个非洲国家 35000 个住户的直接调查中，用受访者向政府官员非法支付的钱物表示腐败。

在近期的研究中，Dreher 等（2007）采用结构方程模型的一种特殊形式，即多指标多原因模型方法（Multiple Indicator Multiple Causes，MIMIC），度量了 106 个国家 1976~1997 年的腐败指数，研究发现法制、小学入学率以及民主化程度等因素对腐败具有显著负的影响，且发达国家的腐败程度低于发展中国家。其中，1991~1997 年，腐败程度最低的 3 个国家依次是瑞士、日本和挪威；腐败程度最高的 3 个国家依次是几内亚比绍、尼日利亚和叙利亚。中国的腐败程度排名第 56 位，腐败指数为 0.23。

通过回顾国内外关于腐败研究的相关文献，我们发现，就腐败的度量方法而言，主要有主观度量和客观度量两种方法，且采用这两种方法所度量的腐败规模在腐败的定量研究中得到了广泛的应用，对我们了解腐败有一定的帮助。但是，主观度量法所测度的腐败指标并不与腐败的成因和后果直接相关，且感知到的腐败水平与真实腐败程度相关性较低，不能反映实际的腐败程度；而客观测量到的腐败规模则低估了真实的腐败程度，且这两种度量方法均没有考虑腐败的成因和后果，没有采用计量模型来度量一个国家内部各地区的腐败规模。因此，迫切需要提出一个有意义的且具有可比性的腐败规模的度量方法。在本书的研究中，通过对腐败产生的原因及其所导致后果的深入分析，将腐败作为不可观测的隐变量，构建相应的结构方程模型，度量出中国各地区的腐败规模，从而为研究我国的腐败问题提供必要的数据支持，为预防和惩治腐败提供决策依据。

第 二 节　腐 败 的 现 状 分 析

一、腐败案件数量的变动趋势

近年来，腐败问题已受到社会各界人士的关注。我们的调查统计结果表明，目前，广大人民群众最为关注的社会问题是腐败问题，其关注度超过了55%，并且，有超过47%的受访者认为，我国的腐败程度严重或非常严重。自2012年以来，全国上下各机构更是加强了反腐败的执法力度，贯彻"将权力运行在阳光下"这一口号。为了对我国腐败状况有一个相对全面、准确、客观的了解，可以采用客观度量法，对近年中国官方公布的腐败案件进行统计分析。就目前来说，我国官方主要有三个反腐败机构：一是纪检监察机关，它是政府内部设立的行政监察机关与共产党纪律检查机关的统称，主要负责党政干部违法违纪案件的调查处理，并对违法违纪者做出相应的党纪政纪处分。对于涉嫌犯罪的案件与人员，则移交国家司法机关处理。二是国家检察机关，也就是全国各级人民检察院，主要负责对涉嫌犯罪的贪污、贿赂等腐败案件进行立案侦查，并提起公诉。三是国家审判机关，也就是全国各级人民法院，其主要职能为依照法律规定独立行使审判权，审判包括腐败案件在内的各类型案件，并依法做出裁决。

表5-1、表5-2和表5-3为最高人民检察院与最高人民法院历年的工作报告中所披露的各种数据，通过分析可以了解我国近年来腐败的状况。

表 5 – 1   1998～2012 年全国检察机关查处贪污贿赂渎职等犯罪案件情况

年份	立案件数（件）	其中：大案件数	立案人数（人）	县处级以上/厅级/部级人数（名）	挽回损失数（亿元）
1998	35084	—	40162	1820/103/3	43.8
1999	38382	—	43533	2200/136/3	40.9
2000	45113	18284	50784	2680/184/7	47
2001	45266	18994	50292	2670/—/6	41
2002	43258	18740	47699	3460/—/—	47.3
2003	39562	18515	43490	2728/167/4	43
2004	37786	—	43757	2960/198/11	45.6
2005	35028	—	41447	2799/176/8	74
2006	33668	18241	40041	2736/202/6	—
2007	33651	—	40753	2706/187/6	—
2008	33546	20805	41179	2687/181/4	—
2009	32439	21366	41531	2670/204/8	71.2
2010	32909	21732	44085	2723/188/6	74
2011	32567	22131	44506	2524/198/7	77.9
2012	34326	24626	47338	2569/179/5	—

资料来源：最高人民检察院网站 http://www.spp.gov.cn/各年份工作报告，—表示原报告中缺乏有关数据。

表 5 – 2   1998～2012 年全国检察机关查处贪污贿赂与渎职案件具体情况

年份	贪污贿赂案件				渎职案件			
	立案件数（件）	其中：大案件数	立案人数（人）	其中：要案人数	立案件数（件）	其中：大案件数	立案人数（人）	其中：要案人数
1998	30670	9715	34405	1674	4414	—	5757	146
1999	32911	13059	36703	2019	5471	—	6830	181
2000	37183	16121	41377	2556	7930	2163	9407	316
2001	36447	16627	40195	2670	8819	2367	10097	343
2002	34716	16826	38022	2546	8542	1914	9677	379
2003	31953	—	34922	2389	7609	—	8568	339
2004	30548		35031	2626	7238		8726	334

续表

年份	贪污贿赂案件				渎职案件			
	立案件数（件）	其中：大案件数	立案人数（人）	其中：要案人数	立案件数（件）	其中：大案件数	立案人数（人）	其中：要案人数
2005	28322	—	33366	2503	6706	—	8081	296
2006	27119		31949	2435	6549		8092	301
2007	26780	—	32210	2380	6871	—	8543	326
2008	26306	17594	32240	2380	7240	3211	8939	307
2009	25408	18191	32176	2364	7031	3175	9355	306
2010	25560	18224	33858	2387	7349	3508	10227	336
2011	25212	18464	33921	2216	7355	3667	10585	308
2012	26247	20442	35648	2260	8079	4184	11690	309

资料来源：1999～2013 年《中国统计年鉴》，—表示原报告中缺乏有关数据。2012 年数据来自于最高人民检察院网站 http：//www. spp. gov. cn/。

表 5 - 3　　1998～2012 年全国人民法院收、结贪污贿赂与渎职案件情况

年份	贪污贿赂罪		渎职罪	
	收案	结案	收案	结案
1998	—	—	—	—
1999	18946	18889	1250	1246
2000	21431	21249	1473	1445
2001	21800	21681	1839	1789
2002	19192	19019	1541	1558
2003	20765	20933	2082	2053
2004	21973	21588	2560	2596
2005	21558	21645	2664	2632
2006	20952	20822	2881	2911
2007	20563	20213	3148	3022
2008	22214	22111	3793	3786
2009	22233	21942	4003	3970
2010	23889	23441	4489	4310
2011	23232	22868	4611	4526
2012	26680	25886	5596	5439

资料来源：1999～2013 年《中国统计年鉴》，其中结案中含上年旧存。—表示原报告中缺乏有关数据。

在运用上述官方公布的统计数据来分析腐败时，必须注意以下两点。

第一，腐败行为是一种严重的违法违纪行为，但并不是所有腐败案件都足以达到犯罪的程度。经检查机关查办的腐败案件仅仅是属于严重触犯刑法并达到犯罪的腐败案件，并不包括那些不违法或者违法而没有达到犯罪程度的违反党纪政纪的腐败案件。因此，检察院公布的有关腐败案件的数据要小于真实暴露的腐败案件。

第二，腐败与反腐败之间存在时滞，在腐败行为发生之后直到其被发现和查处，一般会有一段较长的时间。首先，腐败行为的发生到其被发现，通常存在一个潜伏期，有时该潜伏期甚至长达数年之久。其次，腐败行为从暴露直到查处也需要一段时期。以我国反腐败工作的程序来说，腐败案件发现后，首先交由纪检监察机关调查处理，对已达到犯罪程度的案件移送检察机关进行侦查、起诉，最后由审判机关进行裁决。该阶段通常需要 1～2 年，具体视案情的复杂程度而定。因此，运用官方公布的腐败案件数据来推测腐败的真实情况时，必须考虑到时滞因素[1]。

根据表 5-1 中腐败的立案件数以及表 5-2 中的贪污贿赂案件与渎职案件的立案件数，可以发现腐败案件数量的阶段性变化趋势。为便于分析，绘制腐败案件数量变动折线图 5-1，从中可以看出存在以下规律：（1）1998～2001年为上升阶段。1998 年检察机关立案的腐败案件数量为 35084 件，2000 年上升到 45113 件，至 2001 年腐败案件数量达到 45266 件。其中，贪污贿赂案件数在 1998 年为 30670 件，2000 年上升至最高水平 37183 件，2001 年微降至36447 件。渎职案件数在 1998 年为 4414 件，2000 年上升至 7930 件，到 2001年上升至最高水平 8819 件。至此，腐败案件数上升阶段结束，腐败立案总数、渎职案件数达到区间最高水平，贪污贿赂案件也呈较高水平。（2）2001～2006 年为回落阶段。自 2001 年以后，腐败案件数量明显呈下降趋势。2002 年腐败案件数量为 43258 件，2004 年腐败案件数下降至 37786 件，2006 年降至33668 件。其中，贪污贿赂立案件数也呈较大幅度下降趋势。2002 年贪污贿赂案件数为 34716 件，2004 年下降至 30548 件，到 2006 年贪污贿赂案件数量降至 27119 件。而渎职案件数量虽然有所下降却势头较缓。2002 年渎职案件数为 8542 件，2004 年为 7238 件，至 2006 年降至 6549 件。（3）2006～2012 年腐败案件数量较为稳定。自 2006 年后，腐败案件总数与贪污贿赂案件数都处

---

[1] 马海军：《转型期中国腐败问题比较研究》，知识产权出版社 2008 年版，第 105 页。

于一个较为稳定的状态，在小范围内上下波动。腐败案件数在 2006 年以后，一直控制在 2006 年的水平以下，且数值回落到 1998 年的水平之下。贪污贿赂案件数量从 2006 年之后，也相对平稳，且 2011 年的案件数量达到 14 年来最低值。而渎职案件数量却呈现出平稳中缓升的局面。2008 年渎职案件数量为7240 件，2012 年渎职案件数量为 8079 件，依然处于一个较高的水平。

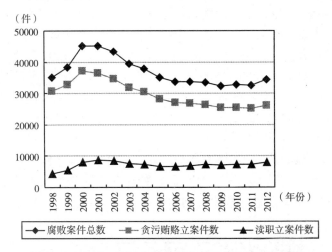

图 5 - 1　1998～2012 年检察机关查办的腐败案件数量

　　而从表 5 - 3 中人民法院公布的贪污贿赂罪与渎职罪的收案、结案情况来看，两项罪行的案件数量并不存在明显的阶段性。以两罪的结案数量为例，贪污贿赂罪的案件数量在小范围内上下波动，总体呈缓慢增长趋势；而渎职罪的案件数量在 1999～2011 年（1998 年数据缺失）一直呈上升趋势，到 2011 年渎职罪案件数已超过 1999 年案件数的 2.5 倍多。

二、腐败案件涉案人数的变动趋势

　　从全国检察机关发布的包括贪污贿赂案与渎职案的腐败案件涉案人数中，也可以分析在各个阶段犯罪人数的变化情况。观察图 5 - 2 可以发现，各类型案件的涉案人数与图 5 - 1 中案件数的变化趋势非常相似。1998～2001年，贪污贿赂案、渎职案及腐败案件总涉案人数都呈大幅度上涨趋势。1998年腐败案件总体涉案人数为 40162 人，到 2000 年涉案人数上升到峰值 50784人，而到 2001 年下降至 50292 人，依然在高数值徘徊。其中贪污贿赂涉案人数在 1998 年为 34405 人，到 2000 年达到峰值 41377 人，至 2001 年下降至 40195 人。渎职涉案人数在 1998 年为 5757 人，2000 年上升至 9407 人，到 2001 年达 10097 人，相较于 1998 年将近翻了 1 倍。2001 ~ 2006 年，腐败案件总涉案人数呈下降趋势。2002 年腐败案件涉案人数为 47699 人，2004 年降至 43457 人，而到 2006 年涉案人员降至 40041 人。其中，贪污贿赂涉案人数也呈明显下降趋势。2002 年贪污贿赂涉案人数为 38022 人，2004 年降至 35031 人，到 2006 年贪污贿赂涉案人数已降至 31949 人。而渎职案件涉案人数虽有所下降却十分缓慢。2002 年渎职涉案人数为 9677 人，2004 年为 8726 人，至 2006 年降至 8092 人。2006 ~ 2009 年，腐败涉案人数呈缓慢增长趋势，变化非常小。2007 年腐败涉案人数为 40753 人，至 2009 年稍稍上涨至 41531 人。而 2009 ~ 2011 年，腐败涉案人数呈快速上涨趋势。2010 年腐败涉案人数在 2009 年的基础上增至 44085 人，2012 年增至 47338 人。而贪污贿赂涉案人数在 2006 ~ 2011 年呈缓慢上升趋势，变化较小，到 2012 年涉案人数为 35648 人。同样，渎职案件涉案人数也呈上升趋势。2007 年渎职涉案人数为 8543 人，到 2009 年升至 9355 人，至 2012 年达到峰值 11690 人。

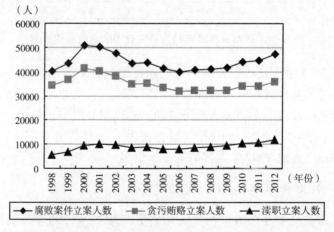

图 5 - 2　1998 ~ 2012 年检察机关查办的腐败案件涉案人数

三、腐败大案数量的变化趋势

由于部分数据缺失，腐败大案要案的阶段性变化趋势并不明显。但从 1998 ~ 2011 年的总体情况来看，腐败大案——包括贪污贿赂大案与渎职大案在内的绝对数量与相对数量都呈不断上升趋势。2000 年腐败大案数量为 18284 件，占当年腐败案总数的相对量为 40.53%；到 2006 年大案数量为 18241 件，绝对数量变动不大，而占当年腐败案总数的相对量上升至 54.18%；到 2012 年大案数量上升至 24626 件，占当年腐败案总数的相对量高达 71.74%。1998 年贪污贿赂大案数为 9715 件，占当年贪污贿赂立案总数的相对量为 31.68%，而 2012 年大案数为 20442 件，是 1998 年的大案数量的 2 倍多，且占当年贪污贿赂案件总数相对量高达 77.88%。而 2000 年渎职大案数为 2163 件，占当年渎职案件总数的相对量为 27.28%；到 2012 年渎职大案数上升至 4184 件，占当年渎职案件总数的相对量达到 51.79%。

四、腐败要案数量的变化趋势①

根据全国检察机关公布的腐败案件涉案的县处级以上官员人数的数据，可以考察其 1998～2012 年以来的变化情况，如图 5-3 所示。

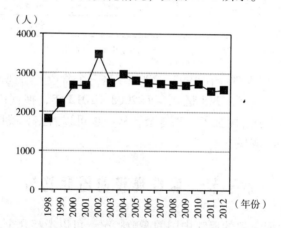

图 5-3 1998～2012 年检察机关查办的县处级以上官员人数

1998～2012 年，涉案的县处级以上官员人数呈大幅上升趋势。1998 年由检察机关查办的县处级以上官员人数为 1820 人，2000 年跃升为 2680 人，至 2002 年达到峰值 3460 人。2002～2006 年，涉案的县处级以上官员人数呈下降趋势。2004 年涉案的县处级以上官员人数为 2960 人，到 2006 年已降至 2736

———————
① 本书将涉案的县处级及以上的官员称为要案。

人，然而可以看出其数值仍高于 2001 年的状态。2006～2012 年，涉案的县处级以上官员人数呈现平稳中稍有回落的状态。2007 年查办的县处级以上官员人数为 2706 人，2009 年下降至 2670 人，至 2011 年为 2524 人，达到 2000 年以来最低水平。

五、挽回经济损失

由于某些年份的数据缺失，可以将人民检察院公布的每五年追缴的赃款赃物数额进行比较，表 5 - 4 为 1993～2012 年 4 个五年阶段所挽回的经济损失。

表 5 - 4　　　　　　　　**1993～2012 年每五年挽回经济损失数额**

年份	挽回经济损失（亿元）
1993～1997	229. 2
1998～2002	220
2003～2007	244. 8
2008～2012	553

资料来源：最高人民检察院网站 http：//www. spp. gov. cn/各年份工作报告。

从表 5 - 4 可以发现，在 1993～2007 年这三个阶段，所挽回的经济损失数额变化不大，在 220 亿～245 亿元。而 2008～2012 年，挽回的经济损失高达 553 亿元，较前几个阶段翻了一番有余。从中也可以看出，我国近年以来反腐败也取得了较好的成果。

第三节　腐败规模的国际比较

为了更加全面完整的反映中国的腐败状况，可以考察几个主要的国际组织发布的腐败指数中中国（主要指除中国香港、澳门和台湾地区以外的中国大陆地区，下文亦同）的指数及排名情况，并与其他国家进行比较。本节就透明国际公布的腐败感知指数、行贿指数以及全球竞争力报告中的腐败指数，将中国与一些代表性国家进行比较。

一、腐败感知指数比较

在现存的主观度量指数中，应用最为广泛的是透明国际的腐败感知指数（CPI）。因此，首先就中国的 CPI 指数进行国际比较。由于透明国际每年公布的腐败感知指数所涵盖的样本国家数量变化较大，从 1998 年的 85 个增加到这几年的 180 个。为了保持数据的连续性以便国际比较，本书选取了 34 个OECD 国家①和数据较全的 42 个非 OECD 国家（地区）②在 1998~2013 年的平均评分作为两个级别的国际水平进行比较。另外，选取了经济发展水平靠前的美国、英国、日本，以及近年来发展情况与中国相似、同属于金砖国家之一的亚洲发展中国家印度的 CPI 指数评分与中国进行比较，见表 5-5。

表 5-5　　　　　　　　1998~2013 年中国与其他国家 CPI 比较

| 年份 | 国别 | | | | | | | | | | OECD 国家 CPI 平均值 | 非 OECD 国家 CPI 平均值 | 样本数量 |
| | 中国 | | 美国 | | 英国 | | 日本 | | 印度 | | | | |
	CPI	排名	CPI	排名	CPI	排名	CPI	排名	CPI	排名			
1998	3.5	52	7.5	17	8.7	11	5.8	25	2.9	66	6.97	3.76	85
1999	3.4	58	7.5	18	8.6	13	6	25	2.9	72	6.92	3.74	99
2000	3.1	63	7.8	14	8.7	10	6.4	23	2.8	69	6.91	3.75	90
2001	3.5	57	7.6	16	8.3	13	7.1	21	2.7	71	6.92	3.66	91
2002	3.5	59	7.7	16	8.7	10	7.1	21	2.7	71	6.93	3.69	102
2003	3.4	66	7.5	18	8.7	11	7	21	2.8	83	6.97	3.58	133
2004	3.4	71	7.5	18	8.6	11	6.9	24	2.8	90	6.99	3.62	146
2005	3.2	78	7.6	17	8.6	11	7.3	21	2.9	88	7.07	3.65	159
2006	3.3	70	7.3	20	8.6	11	7.6	17	3.3	70	7.11	3.67	163
2007	3.5	72	7.2	20	8.4	12	7.5	17	3.5	72	7.1	3.68	179
2008	3.6	72	7.3	18	7.7	16	7.3	18	3.4	85	7.04	3.7	180

① 34 个 OECD 国家为：丹麦、芬兰、瑞典、新西兰、冰岛、加拿大、荷兰、挪威、瑞士、卢森堡、澳大利亚、英国、德国、爱尔兰、奥地利、美国、智利、以色列、葡萄牙、法国、西班牙、日本、斯洛文尼亚、爱沙尼亚、比利时、匈牙利、希腊、意大利、捷克、波兰、韩国、斯洛伐克、土耳其和墨西哥。

② 42 个非 OECD 国家（地区）为：新加坡、中国香港、博兹瓦纳、哥斯达黎加、马来西亚、中国台湾、纳米比亚、坦桑尼亚、南非、毛里求斯、突尼斯、约旦、秘鲁、乌拉圭、津巴布韦、尼日利亚、马拉维、巴西、白俄罗斯、牙买加、摩洛哥、中国、赞比亚、菲律宾、阿根廷、泰国、罗马尼亚、尼加拉瓜、印度、埃及、保加利亚、玻利维亚、乌克兰、巴基斯坦、乌干达、越南、印度尼西亚、肯尼亚、俄罗斯、委内瑞拉、哥伦比亚和喀麦隆。

年份	国别										OECD 国家 CPI 平均值	非 OECD 国家 CPI 平均值	样本数量
	中国		美国		英国		日本		印度				
	CPI	排名	CPI	排名	CPI	排名	CPI	排名	CPI	排名			
2009	3.6	79	7.5	19	7.7	17	7.7	17	3.5	84	6.97	3.68	180
2010	3.5	78	7.1	22	7.6	20	7.8	17	3.3	87	6.92	3.7	178
2011	3.6	75	7.1	24	7.8	16	8	14	3.1	95	6.92	3.67	183
2012	3.9	80	7.3	19	7.4	17	7.4	17	3.6	94	6.88	4.02	176
2013	4	80	7.3	19	7.6	14	7.4	18	3.6	94	6.86	3.96	177
年均值	3.5	—	7.43	—	8.23	—	7.14	—	3.11	—	6.97	3.72	—

资料来源：透明国际网站 http：//www. transparency. org，根据各国历年数据整理得出。

观察图 5 - 4，可以看出，OECD 国家和非 OECD 国家的总体腐败水平在这段时间并没有发生太多变化，且 OECD 国家的 CPI 均值比非 OECD 国家的 CPI 均值将近高出了 1 倍。

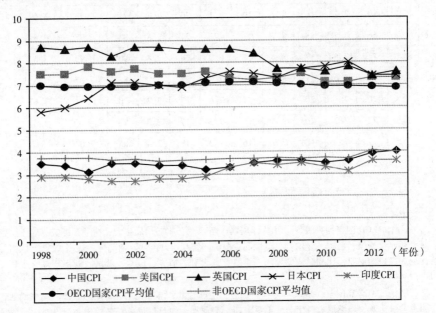

图 5 - 4　1998 ~ 2013 年中国与其他国家 CPI 变动趋势

从表 5 - 5、图 5 - 4 和表 5 - 6 可以看出，2013 年 CPI 指数与排名最高的是英国，且其年均 CPI 指数也最高，为 8.23。英国各年的 CPI 指数远高于 OECD 国家 CPI 平均值，但近年来其 CPI 指数有所下降，在 7.6 左右上下徘徊，在 2010 年与 2011 年两度落后于日本。英国的绝对排名与相对排名都较为靠前（见表 5 - 6），总体而言其腐败规模控制得非常好，属于轻度腐败。

表 5 - 6　　　　　　1998 ~ 2013 年中国与其他代表性国家 CPI 相对排名

年份	中国	美国	英国	日本	印度
1998	61	20	13	29	78
1999	59	18	13	25	73
2000	70	16	11	26	77
2001	63	18	14	23	78
2002	58	16	10	20	70
2003	50	14	8	16	62
2004	49	12	8	16	62
2005	49	11	7	13	55
2006	43	12	7	10	43
2007	40	11	7	10	40
2008	40	10	9	10	47
2009	44	11	9	9	47
2010	44	12	11	10	49
2011	41	13	9	8	52
2012	45	11	10	10	53
2013	45	11	8	10	53

资料来源：透明国际网站 http://transparency.org。相对排名是假定国家总数为 100 时，以各国当年的实际排名占当年的样本国家数量的百分比乘以 100 得出的。

图 5 - 4 中居于第 2 位的是日本，其历年 CPI 指数总体呈震荡上升状态，2001 年前日本 CPI 均低于 OECD 国家均值线，在 2001 ~ 2004 年与均值线几近重叠，而后均超出 OECD 国家均值线。可以看出，日本的 CPI 在 1998 ~ 2013 年有较大幅度的上升，其相对排名也进步得非常快（见表 5 - 6），虽然其年均 CPI 落后于英国与美国，但是从最近的表现来看，已有赶超英美之势。

图 5 - 4 中居于第 3 位的是美国，其 CPI 趋势线稍高于 OECD 国家的均值

线。1998～2013 年，美国 CPI 围绕均值为 7.4 上下波动，整体来说较为稳定，其 CPI 排名较为靠前，且相对排名也有所上升（见表 5-6）。

我国的 CPI 指数在图 5-4 中位列第 4，CPI 趋势线稍低于非 OECD 国家均值线，且由于近年来 CPI 有所上升，自 2008 年以后两线几近重叠。1998～2013 年，我国 CPI 围绕均值 3.5 上下波动，CPI 指数相对排名整体有所上升（见表 5-6），2013 年达到 45 位，但是仍然不太乐观，处于比较腐败的状态。

图 5-4 中排在最后的是印度，其 CPI 趋势线低于非 OECD 国家均值线，且近年不断上升向其靠拢。1998～2013 年，印度的 CPI 指数缓慢上升，相对排名也有所上升（见表 5-6），但腐败状况依然堪忧。

二、行贿指数比较

自 1999 年开始，透明国际已公布了五次行贿指数的排行榜，表示被调查国家的出口企业在国际商务活动中使用行贿手段的意愿。表 5-7 列出了中国与美国、英国、日本及印度在透明国际的行贿指数中的得分与排名情况。

表 5-7　　　　　中国（地区）与其他国家在 BPI 中的得分与排名

国别	年份									
	1999 年		2002 年		2006 年		2008 年		2011 年	
	BPI	排名	BPI	排名	BPI	排名	BPI	排名	BPI	排名
中国	3.1	19	3.5	20	4.94	29	6.5	21	6.5	27
中国香港	—	—	4.3	15	6.01	18	7.6	13	7.6	15
中国台湾	3.5	17	3.8	19	5.41	26	7.5	14	7.5	19
美国	6.2	9	5.3	13	7.22	9	8.1	9	8.1	10
英国	7.2	7	6.9	8	7.39	6	8.6	5	8.3	8
日本	5.1	14	5.3	13	7.1	11	8.6	5	8.6	4
印度	—	—	—	—	4.62	30	6.8	19	7.5	19
样本国家数		19	—	21	—	30	—	22	—	28

资料来源：透明国际网站 http://transparency.org。

从表 5-7 可以看出，目前得分与排名最高的是日本，虽然在前面两次调查中的得分不高，但自 2006 年后日本的 BPI 有了一个明显的提升，直到 2011 年超出了英国。其次是英国，总体而言英国的 CPI 稳中有升，排名也较为靠前。排名第 3 位的是美国，虽稍落后于日本、英国两国，但是其 BPI 的得分还是非常不错的。总的来说，日本、英国和美国在行贿指数中的表现与其在腐败感知指数中的表现非常相似。

在三国之后的为中国香港和台湾地区。香港和台湾地区在前几次的调查中得分稍高于中国大陆，但依然落后于日、英、美三国许多，而自 2006 年后则出现了明显的上升。至 2011 年，香港与台湾地区在被调查的 29 个国家和地区中分别排在第 15 位和第 19 位。

表 5 - 7 中排在第 6 位的是印度。在印度参与的三次调查中，2006 年的排名为倒数第 1 位，随后都有所上升，至 2011 年在被调查的 29 个国家和地区中排行第 19 位，BPI 得分也上升了许多。

排在最后的是中国大陆地区，虽然在五次调查中其得分均有所上升，但是其排名几乎都在末位，在 1999 年被调查的 19 个国家中排名倒数第 1 位，在其余的四次调查中中国排名均为倒数第 2 位。可以看出，我国出口企业在国际商务活动中使用行贿手段以达到商业目的的倾向十分强烈。

三、全球竞争力报告腐败指数比较

使用世界经济论坛的 GCR 指数将我国与其他国家进行比较，也可发现我国腐败状况不容乐观。由于早些年份的全球竞争力报告并未将腐败因素考虑进去，本书选取了 2010～2013 年中国与美、英、日、印的 GCR 腐败指数的得分与排名（包括绝对排名与相对排名）进行比较，见表 5 - 8。

表 5 - 8　　　　　中国与其他国家在 GCR 中的得分与排名

国别	2010 年			2011 年			2012 年			2013 年		
	GCR	排名	相对排名	GCR	排名	相对排名	GCR	排名	相对排名	GCR	排名	相对排名
中国	4.1	63	45	4.1	63	44	4.0	67	47	4.0	68	46
美国	5.0	40	29	4.9	42	30	4.8	42	29	4.9	38	26
英国	5.9	21	15	5.9	20	14	5.9	17	12	6.0	16	11
日本	6.2	11	8	6.3	9	6	6.2	11	8	6.1	12	8
印度	3.7	83	60	3.5	95	67	3.4	99	69	3.2	110	74

资料来源：2010～2014 年世界经济论坛公布的《全球竞争力报告》。

根据表 5 - 8 中 GCR 的评分结果可以发现，表中各国的腐败水平及排名情况与透明国际公布的 CPI 指数非常接近。在总分为 7 分的评分中，我国约为 4 分，处于中等水平，而我国的绝对排名也在 45 位左右上下波动，居于中等水平。

以上分析表明，根据透明国际发布的腐败感知指数、行贿指数以及世界经济论坛发布的 GCR 腐败指数，将中国与国际上几个代表性国家的腐败水平进行比较后，可以发现：自 1998 年以来，我国的腐败指数略有所上升，腐败情况有所改善，但规模仍处于中等水平，属于比较腐败的状态；且我国出口企业在国际商业活动中使用行贿手段以达到商业目的的倾向十分强烈。

由此可以发现，近年来我国在反腐败方面取得了一定的成效，对于腐败官员打击的同时也对政府内部造成了一定的震慑力，使得腐败情况得到了一定程度的遏制。然而，从国际视角来看，我国的反腐败事业还需要加大力度坚定不移地贯彻下去，才能与我国的经济与文化发展水平相适应。我国应积极吸取国际上反腐较为成功的国家的经验，反腐手段与国际接轨，积极提高国内的廉洁水平。当然，在反腐败的过程中，不仅要加强对受贿行为的查处，同时也要从腐败的行贿方面加以控制。对于公民、各企业组织的行贿行为应坚决予以打击，普及法制与官员廉洁思想，争取从根源上遏制腐败的发生。

第四节　腐败的原因变量与指标变量分析

要准确度量腐败，首先应对腐败的内涵和外延给出一个明确的界定。然而，目前不管是理论界还是在实践中都很难对腐败行为做出统一的界定。政治制度、文化、历史、传统、价值观等的不同都会造成不同的国家或地区的人们产生对腐败不同的认识。Shleifer 和 Vishny（1993）认为腐败是指为谋取私人利益而滥用公共权力，透明国际组织和国际货币基金组织将腐败定义为滥用委托权力谋取私利[1]。在本书的研究中，考虑到中国各地区腐败现象的主要特点，我们采用腐败的传统定义：腐败是利用公共权力获取自身利益的行为，并将腐败主体限定于公职人员。

本书采用结构方程模型来度量腐败。这样做的好处是充分考虑了腐败产生的原因及所导致的后果，所度量的结果既不受对腐败的主观感受影

---

[1] http：//www.transparency.org.

响，也不受不同时期反腐力度的影响，且所度量出来的各地区的腐败可以进行横向或纵向比较，非常有利于制定具有较强针对性的预防和惩治腐败的措施。

采用结构方程模型测算我国各省市区的腐败规模，最关键的是如何正确选择腐败的原因变量和指标变量，即要确定腐败的成因和腐败所导致的后果。通过对国内外关于腐败研究大量文献的深入分析，并结合中国的实际，经反复筛选甄别，本书最后确定将政府规模、文化教育、公务员工资、执法力度、财政分权、政府采购等变量作为腐败的原因变量，将经济增长、收入不平等和公共投资规模等变量作为腐败的指标变量。

根据第二章第三节提出的结构方程模型以及所确定的原因变量和指标变量，腐败度量的 MIMIC 模型路径图如图 5 – 5 所示。

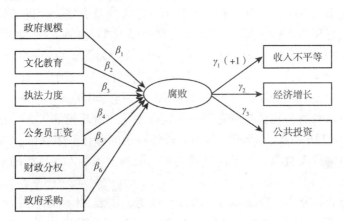

图 5 – 5   度量腐败的 MIMIC 模型路径

一、腐败的决定因素

腐败产生的原因有很多，这方面的研究成果也非常丰富。Tanzi（1998）将腐败产生的原因归纳为直接原因和间接原因，其中直接原因包括政府管制与授权、税收、公共支出决策、政府以低于市场价格提供的商品与服务、自由裁量权、为政党融资等，间接原因包括官僚机构的质量、公共部门的工资水平、惩罚机制、制度性管制、规章、法律和程序的透明度、领导的榜样等。Dreher 等（2007）、Del Monte 和 Papagn（2007）从政治、经济、社会文化、历史等方面分析了腐败产生的原因，并认为缺少开放的国家会限制贸易并控制资本流动，出现寻租并激励人们从事腐败活动。Treisman（2000）认为，宗教传统、殖民继承与法律体系、种族分离、原材料及租金、经济发展、联邦结构、民主、贸易开放度以及公务员工资是腐败的影响因素。Ades 和 Di Tella（1999）的研究表明，提高竞争会减少腐败、经济越开放，腐败程度越低。在本书的研究中，根据中国的实际，将重点分析政府规模、财政分权、公务员工资、文化教育、执法力度、政府采购等因素对腐败的影响。

1. 政府规模。政府规模对腐败的影响是有争议的，一种观点认为，政府规模的扩大为寻租提供了更多的机会，从而使得政客和官僚更加腐败（Rose-Ackerman，1978；1999），这个观点在 Becker（1968）的犯罪与惩罚模型中得到了支持。Alesina 和 Angeletos（2005）认为，较大的政府提高了腐败的可能性，Goel 和 Nelson（1999）的实证结果显示，美国的州和地方政府规模对腐败具有显著正的影响。另外一种观点认为，较大的政府规模促进了政府部门之间的相互制衡和问责制，那么，随着政府规模的扩大必将降低腐败。Goel 和 Budak（2006）认为，大政府更有助于减少转型国家的腐败。La Porta 等（1999）、Billger 和 Goel（2009）的实证结果表明，与发展中国家相比较，发达国家有着较大的政府规模和较少的腐败。特别是 Billger 和 Goel（2009）的分位回归结果表明，几乎在所有等级的腐败中，政府规模的扩大导致了腐败的降低。Ades 和 Di Tella（1999）认为，经济寻租的存在滋生腐败。改革开放以来，中国的价格双轨制、差异性贷款利率、限制市场准入等政策的实施为寻租创造了机会。

在近期的研究中，Francisco（2011）认为，腐败和隐形经济是互补的，且腐败在一定程度上限制了公共部门的规模。Arvate 等（2010）利用 1996～2003 年 OECD 国家和拉丁美洲国家的数据，研究发现政府规模是腐败的格兰杰原因，政府规模越大，腐败程度越高。Kotera 等（2012）利用 82 个国家 1995～2008 年的年度数据，研究发现，在民主程度相当高的国家，政府规模的扩大导致腐败程度降低，相反，在民主程度非常低的国家，政府规模的提高则导致了腐败程度的提高。

周黎安和陶婧（2009）研究发现，政府规模的扩大提高了腐败案件的发生率，且核心政府部门的规模对腐败的影响更为显著。万广华和吴一平（2012a）的研究结果表明，政府规模越大，腐败程度越高。吴一平（2008）研究发现，政府规模与腐败之间存在显著负的相关关系，即政府规模的扩大使腐败程度降低。

在本书的研究中，将政府消费占 GDP 的比重表示政府规模，提出假设：

假设 1：政府规模越大，政府所拥有的自由裁量权越大，寻租的能力越强，腐败规模就越大。

2. 财政分权。财政分权对腐败的影响存在两种不同的观点，一种观点认为，财政分权有利于降低腐败；另一种观点则认为，财政分权加剧了腐败。

Fisman 和 Gatti（2002）利用 59 个国家 1980～1995 年的面板数据的研究结果表明，财政分权显著降低了腐败。Treisman（2000）研究发现，在不同自治权经济的竞争中，各级政府更加有可能进行更多的剥削和掠夺财富，从而使腐败程度提高，对于不同级别政府的分权使得企业在经营时要经历更多的腐败和贿赂。当控制住经济发展这一变量时，联邦国家更加腐败。

吴一平（2008），万广华和吴一平（2012a）的研究结果表明，财政分权与腐败之间的关系是正相关的，表明腐败随着财政分权程度的提高而提高。黄君洁（2006）分析认为，我国的财政分权是在制度供给失衡的环境下进行的，在对地方官员行为选择的影响上更多的是诱发其腐败的动机。潘春阳等（2011）则发现，财政分权对腐败具有显著的抑制作用。

为了分析财政分权对腐败的影响，分别用地方政府财政收支占国家财政收支的比重来表示财政收入分权和支出分权，提出假定：

假设 2：政府简政放权，取消审批，减少权力寻租、防止权力滥用，可以起到减少腐败的作用。无论是财政支出分权还是收入分权，随着分权程度的提高，腐败程度将降低。

3. 公务员工资。公务员较高的工资水平提高了腐败的成本，腐败一旦被查处，公职人员将面临失去工作的威胁。因此，高工资降低了公务员获取非法收入的激励，腐败不是收入最大化的最优选择，从而致使公务员回避腐败。此外，更高的公务员工资将吸引更多优秀的员工进入政府部门，并阻止合格员工向私人部门转移，从而提高政府控制腐败蔓延的能力。

Bond（2008）和 Bose（2004）认为，给公务员支付更高的工资可用来打破腐败和贫困的恶性循环。Rijckeghem 和 Weder（2001）通过对低收入国家公务员工资与腐败两者之间关系的研究，发现尽管公务员工资水平的提高能降低腐败，但代价相当高。万广华和吴一平（2012a）研究发现，尽管通过提高公务员相对工资能减少腐败的发生，但相对于巨额的寻租收入来说，提高公务员工资的激励的作用还是比较弱，因此，提高公务员工资只能作为反腐败的一项辅助措施。

　　随着公务员工资水平的提高，其寻租和腐败的成本相应提高，作为理性的公务员，将会自觉放弃寻租的部分机会。也就是说，高薪在一定程度上可以起到"养廉"的作用。本书用公务员①的平均工资与行业平均工资的比例来衡量公务员的相对工资水平，提出假设：

　　假设3：随着公务员工资水平的提高，腐败的发生机会将会减少。

　　4. 文化教育。随着受教育水平的提高，人们辨别是非的能力、社会利益的维护意识、社会责任感和质疑精神都随之提高；此外，教育还提高了人们对腐败危害性的认识，以及对官员腐败行为的监督和识别能力，从而提高了腐败的成本（Eicher et al.，2009）；特别是良好的教育提高了官员的自身修养和抵制腐败的能力。因此，一个国家的教育水平越高，腐败水平也就越低。相反，高度腐败的国家往往在公共教育和人力资本方面投资不足，人们受教育的程度就越低，对政府行为了解较少，就很难起到监督政府和官员行为的作用，从而使得腐败加剧。腐败的政府会减少对教育的支出，因为腐败的官员认为，从教育的投入中很难寻租（Mauro，1998）。

　　透明国际每年发布的腐败指数表明，教育与一国的腐败程度负相关。Evrensel（2010）研究发现教育显著降低了腐败。Glaeser 和 Saks（2006）通过研究美国的腐败发现，受教育程度每提高2.2%，腐败犯罪率下降0.064，这个结果表明教育与腐败之间存在负向关系。Dreher et al.（2007）的研究证实，教育水平的高低会不同程度的影响一国的腐败，受教育程度越高，对政府的监督意识、反腐败意识会有所加强。

　　在本书的研究中，用各地区每万人中的大学生人数来表示文化教育水平，提出假设：

　　假设4：文化教育与腐败之间的关系是负相关的。

　　5. 执法力度。一般认为，腐败与政治体制不完善有关，而健全的行政体制和司法体系对遏制腐败具有非常重要的作用。推进政治体制改革，提高政府透明度和公信力则可以减少受贿的发生（Buehn and Schneider，2012）。Damania et al.（2004）认为，完善的司法体系，可以对腐败人员产生威慑力，从而减少腐败机会。La Porta et al.（1999）研究发现，实行普通法系的国家，具有较强的执法力度，并更加注重执法的公正性，其腐败水平较低。万广华和吴一

_____

　　① 这里的公务员在2003年以前指的是国家机关、政党机关和社会团体的从业人员，从2003年开始，公务员指的是在公共管理和社会组织的从业人员。

平（2012b）的研究结果表明，增加立法数量并加大执法力度能显著降低腐败发生率，并认为通过立法和执法，完善司法制度是遏制腐败最根本和最重要的途径，各级政府都应该重视立法工作并加强执法力度。

对法律的遵从越低，腐败程度越高；相反，司法系统越完善，执法越公正，打击腐败的力度越强，腐败程度则越低。本书用公检法司支出①占财政支出的比重来表示执法力度，提出假设：

假设5：执法力度与腐败之间的关系是负相关的。

6. 政府采购。政府采购是政府部门与私人部门进行交易的唯一合理而又合法的途径，是政府部门和私人部门最主要的结合点，且政府采购为私人部门从政府部门获取交易合同和交易资金提供了很多机会。那么，政府采购如何影响腐败呢？一方面，随着政府采购规模的不断扩大，部分供应商为了获得向政府部门提供商品、劳务以及承建公共工程的机会，常常采取各种手段，将资本与公共权力相结合，对政府采购周期中的各个环节进行干预，从而导致政府采购领域中的腐败行为不断发生。另一方面，部分采购人员无视公共利益从个人私利出发进行采购活动，利用制度的不完善和公共权力没有受到应有的约束，从而导致权力滥用，在资源配置过程中寻租、设租，以获取个人利益，从而使政府采购的效率受损。从不断被查出的大量案件中可以看出，几乎所有腐败官员都或多或少与政府采购腐败问题有关，政府采购是所有政府活动中最容易被腐败所侵蚀的领域。

然而，随着政府采购规模的不断扩大，政府采购制度的不断完善，通过加强对政府采购各个环节的监管，政府采购具有抑制腐败的作用。在本书中，各省市区实际采购资金占 GDP 的比重来表示政府采购规模，提出假设：

假设6：政府采购规模越大，腐败程度越低。

二、腐败所导致的后果

大量文献研究表明，腐败对经济增长、收入分配、税收流失、外国直接投资、财政支出结构、政府投资效率都具有显著的影响。本书重点关注腐败对经济增长、收入分配差距以及公共投资规模的影响。

---

①　由于从 2007 年开始，我国的财政支出分类进行了重大改革，因此，本书的公检法司支出从 2007 年开始我们用公共安全支出来替代。这里的公共安全支出包括武装警察、公安、国家安全、检察、法院、司法行政、监狱、劳教、国家保密、缉私警察等方面的支出。

1. 经济增长。改革开放以来，我国的经济高速增长，但同时也伴随着腐败的日益加剧。那么，腐败是促进了经济增长还是抑制了经济增长？长期以来，无论是在理论还是实证研究方面，均存在不同的认识。

在早期的研究中，Leff（1964）认为，腐败提高了资源配置效率和市场效率，腐败对经济增长具有促进作用。Lui（1985）在其排队的非合作博弈模型中，发现腐败减少了排队等待的成本，从而降低了公共管理中的无效率。

Mauro（1995）首次采用实证方法系统地分析了腐败对投资的影响，研究发现，腐败对投资率（投资占 GDP 的比重）具有显著负的影响，即腐败降低了投资，进而降低了经济增长。Mo（2001）研究了腐败对经济增长的影响，结果表明，腐败水平每提高 1%，经济增长降低大约 0.72%；还发现，政治不稳定是腐败影响经济增长最重要的途径，并且，腐败还降低了人力资本投资和私人投资占 GDP 的比重。Del Monte 和 Papagni（2001）通过估计腐败对公共投资支出生产率的影响，发现腐败对经济增长率的影响显著为负。Gyimah-Brempong（2002）研究发现，腐败通过直接或间接地降低物资资本投资，从而降低了经济增长率，当腐败提高 1 个单位，GDP 增长率每年下降 0.75 ~ 0.9 个百分点，人均收入每年下降 0.39 ~ 0.41 个百分点。Gyimah-Brempong 和 de Camacho（2006）研究发现，腐败对非洲经济增长的影响最大，而对 OCED 国家和亚洲国家经济增长的影响最小，当腐败水平降低 10%，OECD 国家和亚洲国家的收入增长率提高 1.7%，拉丁美洲国家提高 2.6%，非洲国家提高 2.8%。

吴一平和芮萌（2010）研究发现，腐败与中国经济增长之间呈现倒 U 形关系，当腐败程度①为 1.073 时，经济增长率达到最大。杨灿明和赵福军（2004）研究结果表明，行政腐败降低了经济增长率，并导致公共支出的浪费。刘勇政和冯海波（2011）的实证结果表明，公共支出效率的提高有利于经济增长，而腐败的存在则降低了公共支出效率的正向经济增长效应，即腐败与公共支出效率的交互作用降低了经济增长。

在本书的研究中，用各省市区 GDP 的实际增长率表示经济增长，提出假定：

假设 7：腐败阻碍了我国的经济发展。

---

① 在吴一平和芮萌（2010）的研究中，用检察机关每万人中贪污、受贿等职务犯罪案件的立案数表示腐败程度。

2. 收入不平等。关于腐败对收入不平等的影响，通常认为，腐败扩大了收入差距。特别是对于权力拥有者，他们有更多的机会因贪污、贿赂等腐败行为获得非法收入。而相对于高收入者，低收入者用于行贿的支出占其收入的比重要高于高收入者，从而使收入不平等程度进一步加剧。

大量的研究结果表明，随着腐败水平的提高，收入不平等程度扩大。Li 等（2000）利用跨国数据的研究结果表明，腐败与收入不平等之间呈倒 U 形关系，还发现，在高收入国家，腐败与收入不平等之间的关系是正相关的，而在低收入国家，则呈现出负相关的关系。Gupta et al.（2002）认为，腐败收益更有可能在高收入群体中分配，实证研究结果表明，不断上升的腐败提高了收入不平等程度和贫困，腐败水平每提高 1 个标准差，基尼系数提高大约 11 个百分点。Gyimah-Brempong（2002）研究发现，腐败与收入不平等之间的关系是正向线性的，腐败加剧了收入不平等，在非洲国家腐败对穷人的伤害要多于富人。Alesina 和 Angeletos（2005）认为，政府通过制定一系列的再分配政策能纠正由于腐败所导致的不平等和不公正。Apergis et al.（2010）通过对美国 50 个州 1980 ~ 2004 年的面板数据研究发现，腐败和失业率对收入不平等具有显著正的影响，无论是在长期还是短期，腐败与收入不平等之间存在双向的因果关系。Dincer 和 Gunalp（2012）用政府官员犯罪人数表示腐败规模，对美国 48 个州 1981 ~ 1997 的数据研究表明，腐败程度的提高导致收入不平等程度扩大。

吴一平和朱江南（2012）利用 2002 ~ 2003 年中国 1777 个县级单位截面审计数据的研究结果表明，地方政府的反腐败力度[①]是影响地方收入水平的重要因素，反腐败力度越大，收入水平越高。吴一平和芮萌（2013）利用 1988 ~ 2006 年中国省级面板数据的研究发现，腐败对收入不平等的影响与制度环境紧密相关，腐败对东部地区收入不平等的影响不显著，与非东部地区的收入不平等呈倒 U 形关系。陈刚和李树（2010）研究发现，腐败拉大了城镇居民的收入差距，且在增加高收入群体收入的同时降低了低收入群体的收入。

由于难以获得各省市区表示收入不平等的基尼系数，本书用城乡居民人均收入比来近似替代收入不平等，提出假设：

---

① 用县审计局的审计人员数量、审计的项目数以及通过审计查出的违纪金额三个指标来表示反腐败力度。

假设8：腐败加剧了我国各地区居民收入不平等的程度。

3. 公共投资。公共投资领域和政府采购领域都是腐败多发领域，特别是当某些高层官员拥有公共投资项目的决策权时，在诱发腐败的同时，反过来也会受到腐败的影响，其结果是腐败扭曲了公共支出的结构，并降低了公共支出的生产率。Mauro（1995）分析发现，腐败多发国家，在增加大型公共基础设施投入的同时，减少了教育的投入。在政府采购领域，为了尽可能减少腐败的发生，政府制定了一系列复杂且高成本的程序，却在减少腐败的同时也造成了所购买的商品和服务的价格上涨，所形成的政府采购合同在执行时降低了基础设施的质量。

Tanzi 和 Davoodi（1997）研究发现，腐败扩大了公共投资规模，降低了公共投资的产出效率，降低了公共基础设施的质量。Lin 和 Zhang（2009）研究了腐败对资本积累的影响，发现公共建设领域和资本市场领域中的腐败增多会减少资本积累和产出。南旭光（2008）的研究表明，腐败提高了公共投资规模，并导致了公共投资的低效率。张雷保（2005）研究发现，腐败扩大了公共投资规模，且对公共投资的规模效率具有负面影响。程振源和付和顺（2008）认为，腐败致使公共投资显著增加，且增加的公共投资对私人投资具有挤出效应。

在本书的研究中，用各省市区国有经济投资占总投资的比重来表示公共投资规模，提出假设：

假设9：腐败扩大了公共投资规模。

第五节　腐败的度量结果及分析

一、数据来源及变量说明

在利用结构方程模型估计我国30个省市区（不含西藏自治区）的腐败指数时，将政府规模、文化教育、公务员工资、执法力度、财政分权和政府采购规模作为腐败的原因变量，将经济增长、收入不平等和公共投资规模作为腐败的指标变量。这些变量所对应的数据均来自于《中国统计年鉴》2002~2012年以及《中国政府采购年鉴》2002~2012年。各变量的表示、含义及描述性统计结果如表5-9所示。

表5－9　　　　　　　**腐败的原因变量和指标变量的描述性统计结果**

变量	观测值	均值	标准差	最小值	最大值	变量说明
原因变量						
gcongdp	330	0.152	0.039	0.086	0.301	政府消费/GDP
lawgov	330	0.065	0.012	0.036	0.108	公检法司支出/财政支出
educ	330	0.013	0.007	0.003	0.036	每万人大学生数
perwage	330	1.138	0.148	0.765	1.710	公务员平均工资/行业平均工资
fd_exp	330	0.025	0.013	0.004	0.070	地方财政支出/国家财政支出
fd_rev	330	0.016	0.013	0.001	0.071	地方财政收入/国家财政收入
progdp	330	0.014	0.008	0.002	0.055	政府采购支出/GDP
指标变量						
gdprate	330	0.123	0.023	0.054	0.238	实际GDP增长率
inequality	330	3.033	0.597	1.949	4.759	城乡居民人均收入比
pubinv	330	0.373	0.114	0.129	0.659	国有经济投资/总投资

二、腐败的度量结果

在对 MIMIC 模型进行估计时，模型的识别和选取的依据是：先从模型的最一般形式开始，逐步剔除统计不显著的结构变量，并根据卡方检验的概率值，近似误差均方根（RMSEA），调整后的拟合优度指标（AGFI）、标准化残差均方根（SRMR）等检验值，综合考虑并确定模型。此外，还可以通过增删原因变量来调整模型并比较模型的拟合度，如果简单模型与复杂模型的拟合度差不多，则选用简单模型，而不是参数越多越好。由于卡方值对受试样本的大小非常敏感，样本数越大，则卡方值越容易达到显著，导致假设模型遭到拒绝的概率越大。因此，卡方值及其概率值并不是一个判断模型拟合度高低的好指标。

表 5－10 是利用 IBM SPSS Amos 22 软件所估计的标准化系数的 MIMIC 模型结果。

表 5 – 10 2001 ~ 2011 年腐败度量的 MIMIC 模型估计结果 (样本数 = 330)

	模型 1	模型 2	模型 3	模型 4	模型 5	模型 6	模型 7
原因变量							
gcongdp	0.279 ***	0.351 ***	0.262 ***	0.272 ***	0.355 ***	0.377 ***	0.416 ***
	(5.453)	(7.513)	(5.511)	(5.595)	(7.237)	(6.852)	(8.020)
educ	− 0.400 ***	− 0.422 ***	− 0.365 ***	− 0.371 ***	− 0.414 ***	− 0.582 ***	− 0.451 ***
	(− 7.391)	(− 8.289)	(− 7.387)	(− 7.371)	(− 7.874)	(− 9.499)	(− 8.111)
lawgov	− 0.134 ***	0.212 ***	− 0.217 ***			− 0.310 ***	− 0.253 ***
	(− 2.594)	(− 4.061)	(− 4.575)			(− 6.229)	(− 4.940)
perwage	− 0.162 ***	− 0.168 ***					
	(− 3.235)	(− 3.506)					
progdp	− 0.400 ***	− 0.407 ***	− 0.368 ***	− 0.334 ***	− 0.383 ***		− 0.332 ***
	(− 6.512)	(− 6.730)	(− 6.723)	(− 6.234)	(− 6.459)		(− 5.517)
fd_exp	− 0.302 ***		− 0.272 ***	− 0.356 ***			
	(− 5.582)		(− 5.328)	(− 6.942)			
指标变量							
inequality	0.656	0.749	0.693	0.694	0.715	0.644	0.718
pubinv	0.842 ***	0.831 ***	0.875 ***	0.864 ***	0.851 ***	0.760 ***	0.814 ***
	(9.914)	(11.395)	(11.428)	(11.528)	(10.945)	(10.271)	(10.683)
gdprate	− 0.316 ***	− 0.391 ***	− 0.364 ***	− 0.383 ***	− 0.387 ***	− 0.389 ***	− 0.437 ***
	(− 5.020)	(− 5.759)	(− 5.492)	(− 5.723)	(− 5.665)	(− 5.415)	(− 6.139)
模型拟合度指标							
卡方值[1]	141.507	48.269	36.965	30.227	24.943	23.321	9.066
	p = 0.000	P = 0.000	p = 0.000	p = 0.000	p = 0.002	P = 0.001	p = 0.106
自由度	22	13	11	8	8	6	5
卡方自由度比[2]	6.432	3.713	3.360	3.778	3.118	3.887	1.813
AGFI[3]	0.836	0.908	0.917	0.913	0.930	0.926	0.962
RMSEA[4]	0.128	0.091	0.085	0.092	0.080	0.094	0.050
SRMR[5]	0.1037	0.0587	0.0464	0.0407	0.0436	0.0466	0.0259

注：圆括号中的数据是 z 统计值，* ， ** ， *** 分别表示 z 统计值满足 10%，5%，1% 的显著性水平。

① 卡方值越小，p 值越大（p > 0.05），说明模型的拟合程度越高。一般认为，如果结构方程模型正确，则样本协方差矩阵 S 与假设模型隐含的协方差矩阵 $\hat{\sum}$ 之差很小，表示假设模型与实际数据有较好的拟合度。

② 卡方值与自由度的比值在 1 ~ 3，表明模型适配度不错。

③ AGFI 为调整后的拟合优度指数，其取值在 0 ~ 1，通常要求 AGFI > 0.9。

④ RMSEA 为近似误差均方根，其取值在 0 ~ 1，一般认为，RMSEA 在 0.05 ~ 0.08，模型拟合不错。

⑤ SRMR 为标准化残差均方根，其取值在 0 ~ 1，一般认为，SRMR < 0.05，模型拟合效果可以接受。

表 5 - 10 的实证结果表明，无论采用哪种估计形式，表中各变量的估计系数都具有统计显著性，且符合理论预期。政府规模与腐败显著正相关，财政分权、公务员工资、文化教育、执法力度和政府采购规模均与腐败显著负相关，这证实了本书前面提出的假设 1 ~ 假设 6。从估计结果还可以看出，腐败与经济增长率显著负相关，这表明腐败阻碍了我国的经济增长，证实了假设 7；此外，腐败与收入不平等和公共投资之间的关系显著正相关，这表明腐败加剧了收入不平等程度，扩大了公共投资规模，这个结果使假设 8 和假设 9 得到了证实。

按照前述的模型识别以及选取依据，并比较检验结果中的拟合度指标，本书选取模型 7 用来估计腐败指数，该模型的估计结果中不存在负的误差方差（见图 5 - 6），且模型标准化系数估计值的绝对值在 0.33 ~ 0.81（见图 5 - 7），均小于 0.95，表明该模型没有发生违反估计的现象，模型所估计的系数均在可接受的范围之内，可以对模型进行拟合度检验（吴明隆，2010）。

模型 7 的拟合度检验结果表明，该模型的卡方值 χ^2 为 9.066（显著性 p = 0.106 > 0.05）、RMSEA 为 0.05、SRMR 为 0.0259、AGFI 为 0.992，该模型的拟合度指标均表明样本协方差矩阵 S 与假设模型隐含的协方差矩阵 $\hat{\sum}$ 的拟合效果非常理想，修正后的假设模型与观察数据能匹配。在该模型中，包含了用政府消费占 GDP 比重表示的政府规模（*gcongdp*）、用每万人大学生人数表示的文化教育（*educ*）、用政府采购支出占 GDP 比重表示的政府采购规模（*progdp*）3 个原因变量，以及实际 *GDP* 增长率（*gdprate*）、收入不平等（*inequality*）和公共投资率（*pubinv*）3 个指标变量。根据模型标准化的估计系数，得到（5.1）式所示的结构方程：

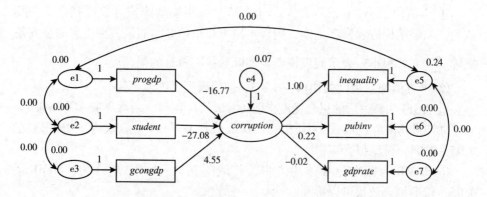

卡方值=9.066（p=0.106）；自由度=5；卡方自由度比=1.813
RMSEA=0.050；RMR=0.000；GFI=0.991；AGFI=0.962
CFI=0.990；TLI=0.971；IFI=0.991；NFI=0.979

图 5-6　MIMIC 模型非标准化估计结果

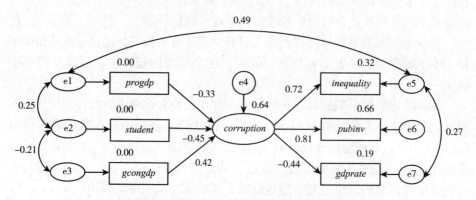

卡方值=9.066（p=0.106）；自由度=5；卡方自由度比=1.813
RMSEA=0.050；RMR=0.000；GFI=0.991；AGFI=0.962
CFI=0.990；TLI=0.971；IFI=0.991；NFI=0.979

图 5-7　MIMIC 模型标准化估计结果

$$\hat{\eta}_{i,t} = 0.416 \times gcongdp_{i,t} - 0.451 \times educ_{i,t} - 0.332 \times progdp_{i,t} \quad (5.1)$$

由（5.1）式计算出的各省市区 2001~2011 年的腐败指数如表 5-11
所示。

表 5-11   **2001～2011 年各省市区腐败指数的度量结果**

省 份	2001 年	2002 年	2003 年	2004 年	2005 年	2006 年	2007 年	2008 年	2009 年	2010 年	2011 年
北 京	0.062	0.058	0.057	0.056	0.057	0.063	0.069	0.084	0.080	0.078	0.082
天 津	0.052	0.054	0.053	0.047	0.040	0.042	0.043	0.041	0.038	0.038	0.037
河 北	0.046	0.049	0.044	0.048	0.049	0.049	0.050	0.046	0.040	0.040	0.033
辽 宁	0.062	0.061	0.056	0.048	0.047	0.041	0.031	0.029	0.030	0.028	0.023
上 海	0.034	0.034	0.034	0.034	0.035	0.035	0.034	0.037	0.037	0.034	0.039
江 苏	0.044	0.046	0.044	0.040	0.039	0.040	0.042	0.044	0.045	0.047	0.043
浙 江	0.054	0.056	0.048	0.045	0.042	0.039	0.039	0.035	0.032	0.032	0.028
福 建	0.056	0.057	0.052	0.050	0.047	0.044	0.041	0.040	0.038	0.034	0.028
山 东	0.047	0.049	0.051	0.050	0.047	0.046	0.049	0.048	0.033	0.032	0.033
广 东	0.049	0.052	0.049	0.041	0.038	0.036	0.033	0.035	0.028	0.030	0.031
海 南	0.054	0.057	0.054	0.055	0.052	0.053	0.054	0.054	0.048	0.049	0.048
山 西	0.066	0.057	0.053	0.049	0.048	0.046	0.041	0.043	0.047	0.043	0.039
吉 林	0.066	0.065	0.058	0.050	0.048	0.045	0.048	0.050	0.047	0.045	0.042
黑龙江	0.055	0.055	0.053	0.053	0.052	0.056	0.061	0.067	0.075	0.071	0.069
安 徽	0.057	0.057	0.054	0.044	0.038	0.036	0.030	0.028	0.023	0.027	0.024
江 西	0.057	0.054	0.046	0.038	0.038	0.038	0.044	0.035	0.030	0.029	0.035
河 南	0.059	0.061	0.057	0.052	0.053	0.053	0.046	0.040	0.041	0.038	0.035
湖 北	0.049	0.048	0.047	0.043	0.043	0.050	0.044	0.047	0.045	0.043	0.041
湖 南	0.062	0.063	0.061	0.056	0.053	0.053	0.052	0.050	0.039	0.036	0.034
内蒙古	0.069	0.069	0.065	0.065	0.057	0.052	0.054	0.055	0.057	0.053	0.050
广 西	0.076	0.069	0.068	0.061	0.060	0.059	0.054	0.042	0.037	0.036	0.027
重 庆	0.055	0.063	0.063	0.056	0.054	0.053	0.051	0.055	0.040	0.041	0.030
四 川	0.057	0.056	0.050	0.048	0.047	0.045	0.045	0.043	0.036	0.037	0.038
贵 州	0.075	0.076	0.070	0.071	0.077	0.075	0.073	0.065	0.060	0.057	0.048
云 南	0.096	0.090	0.081	0.073	0.072	0.075	0.067	0.054	0.059	0.056	0.054
陕 西	0.046	0.042	0.039	0.032	0.028	0.023	0.024	0.026	0.048	0.047	0.046
甘 肃	0.054	0.053	0.051	0.059	0.062	0.064	0.068	0.079	0.077	0.076	0.075
青 海	0.091	0.093	0.095	0.106	0.110	0.118	0.117	0.109	0.089	0.081	0.081
宁 夏	0.102	0.102	0.079	0.068	0.070	0.065	0.061	0.050	0.030	0.044	0.046
新 疆	0.083	0.084	0.082	0.077	0.071	0.088	0.097	0.095	0.083	0.087	0.086
全 国	0.061	0.061	0.057	0.054	0.052	0.053	0.052	0.051	0.047	0.046	0.044

　　由表 5 - 11 可知，2001 ～ 2011 年全国平均腐败指数介于 0.044 ～ 0.061，且呈现出逐年缓慢下降的趋势。此外，为了比较不同地区腐败规模的差异，图 5 - 8 显示了东、中、西部地区的平均腐败指数，可以发现，西部地区的腐败规模最大，中部地区次之，东部地区最小，且均呈现出逐年下降的趋势。其中，西部地区的腐败指数在 0.053 ～ 0.073，中部地区的腐败指数在 0.040 ～ 0.059，东部地区的腐败指数在 0.039 ～ 0.051；且东部地区的腐败规模最低，中部次之，西部地区最高，且东、中、西部地区隐性经济规模呈现相同的变化趋势。同时，这个结果还表明，我国的腐败治理也取得了一定的成效，成功控制了腐败加剧的势头。

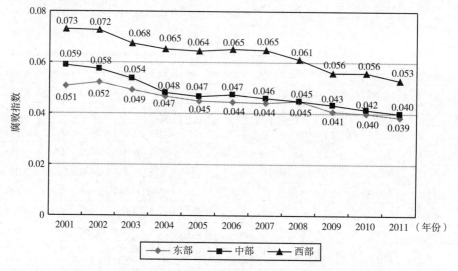

图 5 - 8　2001 ～ 2011 年东、中、西部地区腐败指数的变化趋势

　　各地区腐败估计的结果还表明，经济越发达的地区，腐败规模越小；反之，经济越落后，其腐败规模越大。这个结果与我们根据透明国际组织发布的腐败感知指数的得分及排名分析相一致，即北欧等福利国家以及亚洲的新加坡和中国香港比较廉洁，较发达国家和地区的腐败程度较轻，发展中国家和转型经济国家比较腐败，欠发达的国家和地区则非常腐败。

第六节　隐性经济与腐败的关系分析

一、隐性经济与腐败之间的作用机制

在以往很多的研究中，大量文献专注于单独研究腐败或隐性经济的成因与后果，很少有将两者结合起来研究，即研究腐败与隐性经济之间的相互关系。然而，要搞清楚腐败与隐性经济之间的相互关系，首先必须明确它们之间的作用机制。在理论上，腐败与隐性经济的关系是明确的，它们之间存在两种截然不同的关系，即互补关系或替代关系。

在 Johnson et al.（1997）所提出的完全就业模型中认为，劳动力不是被雇用于官方经济中就是被雇用于隐性经济中。在该模型中，隐性经济是官方经济的替代，两者之间呈负相关关系，如隐性经济规模的上升会导致官方经济的下降；而腐败，则是一种额外的税收，它增加了官方经济的监管负担，也提高了企业家在隐性经济中运作的动机。也就是说，腐败与隐性经济之间的关系是互补的，即对贿赂需要的增加导致了更多的隐性经济活动。因此，官方经济中的高腐败促进了隐性经济规模的提高——如同加重官方经济中企业的税负将会驱使他们进入地下经济。Hindriks et al.（1999）在其提出的一个纳税人与税务稽查人员相勾结的模型中分析发现，税收稽查人员通过少报纳税人的税收收入来换取贿赂，这样就使得纳税人能在非官方的领域（Hibbs & Piculescu，2005）获取有利可图的机会。从这个意义上讲，腐败与隐性经济之间存在正向的互补效应。Shleifer（1997）也认为，腐败加重了公共管理中对官方经济的监管负担，从而导致企业家经营地下经济。

相反，在 Choi 和 Thum（2005）的模型中，认为企业家选择进入隐性经济制约了腐败官员索要贿赂的能力。隐性经济减轻了对官方经济的扭曲，限制了官员收取贿赂的机会。因此，隐性经济的存在减少了贿赂等腐败行为。Dreher 等（2009）在 Choi 和 Thum（2005）模型的基础上，明确建立以机构质量为研究对象的模型，研究发现腐败和隐性经济之间的关系是相互替代的，当企业家把经济活动转入地下时，隐性经济抑制了官僚行为，官僚降低了受贿水平。因此，当存在隐性经济时，腐败水平更低。Rose - Ackermann（1997）提出，进入地下经济是腐败的替代效应，尽管有时地下经济中的企业也会贿赂官员。

在实证研究方面，Johnson et al.（1998a）通过对 49 个拉丁美洲国家，OECD 国家，东欧国家及苏联的研究发现，腐败与隐性经济之间存在显著负相关的关系：在其他条件不变的情况下，ICRG 腐败指数每上升 1 级，则隐性经济规模下降 8% ~ 11%。而使用透明国际的腐败指数时，他们还发现在其他条件不变的情况下，该指数每上升 1 级，则隐性经济规模下降 5.1%。Friedman et al.（2000）通过对 61 个国家的地下经济研究发现得出，6 个组织提供的 8 个度量方法得出的隐性经济规模与法规（包括腐败）之间的关系是非常强烈且连续的。所有的这 8 个指数表明，腐败程度高的国家具有更高的隐性经济规模。而不同于 Rose-Ackermann（1997）认为的人们进入隐性经济是腐败的替代效应，Johnson et al.（1998b）认为两者之间是互补效应：腐败程度高的国家具有更高的隐性经济规模。

在 Dreher 和 Schneider（2010）的研究中，假设在高收入国家，腐败与隐性经济之间的关系是替代关系，而在低收入国家则为互补关系。利用 98 个国家的截面数据，实证结果表明，当采用腐败感知指数作为衡量腐败的指标时，发现腐败与隐性经济规模之间不存在稳健的关系。然而，采用结构方程模型估计发现，在低收入国家，腐败与隐性经济之间的关系是互补的，而在高收入国家不存在稳健的相关关系。

在近期的研究中，Buehn 和 Schneider（2012）发现大规模的隐性经济与高腐败水平相关。隐性经济规模高的国家，集团和个人在很大程度上都依赖于隐性经济活动。此外，还发现隐性经济对腐败的影响大于腐败对影响经济的影响。他们通过构建一个含有两个隐变量的结构方程模型，对 51 个国家 2000 ~ 2005 年的数据研究发现，腐败与隐性经济之间存在着互补（正相关）的关系。

通过对国外研究成果的分析，无论是在理论上还是在实证方面，隐性经济与腐败之间的关系是不确定的。那么，在中国，隐性经济与腐败之间的关系如何呢，以下将通过实证研究来回答这个问题。

二、隐性经济与腐败之间关系的实证分析

1. 模型、变量及数据。为了研究隐性收入与腐败之间的相互关系，建立（5.2）式所示的计量模型：

$$Y_{i,t} = \beta_0 + \beta_1 X_{i,t} + \beta_2 Z_{i,t} + \varepsilon_{i,t} \tag{5.2}$$

其中，Y 为隐性收入或腐败，是被解释变量；X 为腐败或隐性收入，是主要的解释变量；Z 为一组控制变量，如影响的腐败的因素有行政权力、教育水平、财政分权、公务员工资、政府采购规模等；影响隐性收入的因素有政府管

制、税收负担（包括直接税和间接税）、失业率等。ε 为随机误差项。模型中各变量所需的对应数据均来自《中国统计年鉴》、《政府采购年鉴》相关年份。但隐性经济和腐败数据来自于表 3 - 6 和表 5 - 11 的估计结果，其描述性统计结果如表 5 - 12 所示。

表 5 - 12　　　　　　　　变量描述性统计结果

变量	观测值	均值	标准差	最小值	最大值	备注
hid	270	0.147	0.047	0.053	0.278	隐性经济
corr	270	0.054	0.017	0.023	0.118	腐败
gcongdp	270	0.154	0.039	0.086	0.301	政府消费/GDP
fd_exp	270	0.024	0.013	0.004	0.070	财政支出分权
educgov	270	0.158	0.025	0.097	0.218	教育支出/财政支出
perwage	270	1.036	0.363	0.641	2.201	公务员工资/平均工资
progdp	270	0.013	0.008	0.002	0.055	政府采购/GDP
unemprate	270	0.038	0.007	0.012	0.065	城镇登记失业率
ttaxgdp	270	0.063	0.025	0.035	0.168	税收总额/GDP
itaxgdp	270	0.039	0.014	0.020	0.092	间接税/GDP
dtaxgdp	270	0.024	0.012	0.011	0.081	直接税/GDP

2. 实证结果及分析。

（1）腐败对隐性经济的影响。表 5 - 13 报告了腐败对隐性经济影响的回归结果。结果表明，腐败对隐性经济具有稳健的、显著负的影响。即腐败与隐性经济之间呈现出替代关系。我们还发现，税收负担显著提高了隐性经济的规模；进一步将税收规模分解为直接税和间接税，结果表明，间接税占比的提高扩大了隐性经济规模，而直接税占比的提高则具有抑制隐性经济规模扩大的作用。此外，通过降低政府管制、降低失业率，都能起到抑制隐性经济规模扩大的作用。

表 5 - 13　　　　　　　腐败对隐性经济影响的回归结果

变量	hid	hid	hid	hid	hid	hid
	(1)	(2)	(3)	(4)	(5)	(6)
corr	-0.843 (8.41)**	-0.846 (8.35)**	-0.617 (6.01)**	-0.868 (16.89)**	-0.836 (17.83)**	-0.568 (4.12)**

续表

变量	hid (1)	hid (2)	hid (3)	hid (4)	hid (5)	hid (6)
ttaxgdp		-0.029 (0.23)			0.347 (5.84)**	0.401 (6.22)**
dtaxgdp			-0.704 (3.87)**	0.463 (4.71)**		
itaxgdp			1.066 (4.54)**	0.188 (1.54)		
gcongdp						-0.141 (2.06)*
unemprate				3.959 (27.89)**	3.875 (29.44)**	3.919 (29.72)**
常数项	0.193 (34.97)**	0.195 (18.88)**	0.155 (10.80)**	0.026 (2.21)*	0.024 (2.06)*	0.026 (2.22)*
观测值	270	270	270	270	270	270
截面数	30	30	30	30	30	30
R^2	0.23	0.23				
Hausman 检验卡方值	3.69*	5.72*	1.17	-12.15	-4.1	-4.37
估计模型	FE	FE	RE	RE	RE	RE

注：FE 和 RE 分别表示固定效应模型和随机效应模型。*、**、***分别表示 10%、5% 和 1% 显著性水平。

（2）隐性经济对腐败的影响。表 5 - 14 报告了隐性经济对腐败的影响。估计结果表明，隐性经济与腐败之间的关系是显著负相关的。这个结果表明，随着隐性经济规模的扩大，减少了腐败官员索要贿赂的能力和机会，腐败程度降低，且这个估计结果是非常稳健的。我们还发现，加大政府的教育投入，提高全民受教育水平，并进一步提高公务员的相对工资水平，提高财政分权水平和政府采购规模，均能起到抑制腐败的作用；此外，通过减少政府对市场的干预，加强对权力的约束，可以有效减少腐败行为的发生。

表 5 - 14　　　　　　　　　　隐性经济对腐败影响的回归结果

变量	corr (1)	corr (2)	corr (3)	corr (4)	corr (5)	corr (6)
hid	-0.271 (8.41)**	-0.058 (4.00)**	-0.053 (3.81)**	-0.015 (2.50)*	-0.016 (3.24)**	-0.016 (3.31)**
gcongdp		0.442 (34.59)**	0.446 (36.61)**	0.409 (79.27)**	0.411 (91.69)**	0.411 (91.19)**
educgov			-0.077 (5.11)**	-0.009 (1.34)	-0.013 (2.27)*	-0.011 (1.82)
progdp				-0.527 (33.79)**	-0.493 (33.41)**	-0.498 (33.26)**
fd_exp					-0.168 (6.64)**	-0.130 (5.24)**
perwage2						-0.002 (1.92)
常数项	0.094 (19.77)**	-0.005 (1.52)	0.005 (1.40)	0.001 (0.90)	0.006 (3.45)**	0.006 (3.53)**
观测值	270	270	270	270	270	270
截面数	30	30	30	30	30	30
R^2	0.23	0.87	0.88	0.98		
Hausman 检验卡方值	21.4***	8.49**	32.77***	24.32***	3.41	-24.69
估计模型	FE	FE	FE	FE	RE	RE

本章小结

本章分析了我国历年来检察机关立案查处的贪污、贿赂、渎职等的立案件数及涉案人数的变化趋势，将中国的腐败感知指数和行贿指数进行了国际比较，重点度量了中国 30 个省市区 2001 ~ 2011 年的腐败规模，分析了腐败产生的原因和腐败所导致的后果，研究了腐败与隐性经济之间的相互关系，得到以下结论：

结构方程模型的估计结果表明，政府规模、财政分权、公务员工资、文化教育、执法力度和政府采购规模是腐败的主要决定因素，且随着政府规模的扩大，腐败程度显著提高；而提高公务员相对工资、加强执法力度、提高财政分权程度、扩大政府采购规模、提高广大社会成员受教育水平则对腐败规模具有显著的抑制作用。腐败显著提高了收入不平等程度、阻碍了经济增长，并导致公共投资规模扩大。通过计算，我国各地区在2001～2011年的平均腐败指数介于0.044～0.061，并呈现出逐年缓慢下降的趋势。经过分地区的比较还发现，东部地区的腐败指数最低、中部次之，西部地区最高，且东、中、西部地区腐败指数呈现相同的变化趋势。其中，东部地区的腐败指数在0.039～0.051，中部地区的腐败指数在0.040～0.059，西部地区的腐败指数在0.053～0.073。我们认为，在这些腐败的决定因素的共同作用下导致了我国腐败程度逐年缓慢下降，这个结果也表明我国的反腐败工作的成效在逐渐发挥作用，成功地控制了腐败加剧的势头。

通过构建面板数据模型，研究腐败与隐性经济之间的相互关系，发现腐败与隐性经济之间存在显著负的、稳健的相关关系，即它们之间的关系是替代关系。

本书研究的结果对于有效治理腐败具有鲜明的政策含义。第一，切实减少行政权力对经济活动的干预，充分发挥市场机制资源配置的基础性作用，大幅减少行政审批，简化规章制度和办事环节，从而减少官员利用行政审批权力向服务对象敲诈勒索钱财的机会，以最大限度地压缩寻租机会，避免官员滥用行政自由裁量权谋取私利，以达到有效预防腐败的目的。第二，健全公务员的激励与惩罚机制，控制公职人员从业人数，并向公务员支付比私人部门更有竞争力的工资，提高政府部门对诚实正直的公务员的吸引力；通过提高公务员工资以增加其腐败成本，降低来自腐败收益的诱惑，从而自觉抵制腐败。第三，不断完善政府采购制度，建设更加开放、透明的公平竞争的政府采购体系，以此为基础，进一步扩大政府采购范围，提高政府采购规模，特别是针对重大政府公共工程项目的招标采购，要做到从采购预算、招标、合同签订、执行、验收评估等各个环节的监督管理和审计，约束参与政府采购的各方串谋行为，有效防止大规模腐败。第四，加大反腐力度，严格执法。不断完善法律制度，提高执法水平，通过设立强大的包括司法监督、审计监督和行政监督在内的监督机构，或增加现有机构的反腐资源，赋予监督机构更大的独立性和自主性，严格监督公共权力的行使，提高反腐调查的效率。第五，加强教育、建设廉政文化。首先，不断提高全民受教育水平和公民素质，给予公众更多的民主权利、加强公众问责，依法行使监督权、知情权，有效监督政府和官员行为，从而起到有效遏制腐败的作用。其次，通过提高公职人员的教育水平和职业素质，增加教育机会，提高公职人员的质量和考核标准，抑制腐败产生的动机。第六，完善立法，明确事权，深化财政分权体制改革，明确中央政府和地方政府的财权与事权，做到事权与支出责任相一致，不断规范和完善财政分权制度，提高财政分权程度。同时，通过不断完善地区之间的竞争机制，改革决定地方官员职务晋升、激励的考核评价的指标体系，提高地方政府官员的政治责任感和努力程度，以降低官员对寻租的要求。

通过对腐败的有效预防和严厉惩治，进一步加强对公共权力的监管，抑制公共权力的滥用，对经济持续稳定增长，缩小居民收入分配差距，提高公共投资效率，缓解社会矛盾、维护社会稳定具有显著的积极作用。

第六章 经济增长、权力腐败与收入不平等

第一节 引 言

改革开放以来，我国经济以年均 9.8% 的速度持续高速增长。在此期间，城乡居民收入水平大幅提高，扣除物价上涨因素后，1978～2012 年，城镇居民人均可支配收入实际增长 10.5 倍，年均实际增速 7.4%；农村居民人均纯收入实际增长 9.5 倍，年均实际增速 7.2%；城乡居民人均收入比从 1978 年的 2.6 倍上升到 2012 年的 3.1 倍；反映我国收入不平等的基尼系数从 1981 年的 0.293 上升到 2013 年的 0.473，尽管 2013 年的基尼系数是近 10 年来的最低，但仍超出了 0.4 的国际警戒线，存在较大的居民收入差距。与此同时，腐败也日趋严重，由透明国际组织发布的腐败感知指数在 1995 年中国为 2.16，在当年参评的 41 个国家排名第 40 位，表明我国的腐败程度非常严重；到 2013 年中国的腐败感知指数为 4.0，尽管这表明我国的腐败程度有所降低，但仍然属于比较腐败的国家，在 2013 年 177 个国家的腐败程度排名第 80 位。

目前，关于我国收入分配不平等程度不断提高的原因和认识，有两种不同的观点。一种观点认为，在 20 世纪 80 年代，当时为了加快经济增长，强调效率优先，兼顾公平，其结果是经济得到了快速增长，但由于在一定程度上忽视了公平，从而使收入差距扩大，不平等程度不断提高。另一种观点认为，由于腐败的加剧和蔓延，导致严重的机会不平等，产生了的大量非法收入和非正常收入，从而减少了居民收入、扩大了居民收入差距。一方面，对于部分权力拥有者，他们有更多的机会因贪污、受贿等腐败行为获得非法收入；另一方面，相对于高收入者，低收入者用于行贿的支出占其收入的比重要高于高收入者，从而使收入不平等程度进一步提高。因此，收入差距中的相当一部分是由腐败造成的，即腐败扩大了收入差距。那么，在我国收入差距不断扩大的过程中，经济的快速增长与腐败到底起到了什么作用，是本书致力要研究的问题。

经济增长对收入不平等的影响，大量的研究基本都是围绕 Kuznets 所提出的倒 U 假说展开的。Kuznets（1995）认为，在经济增长的早期，收入不平等程度扩大；当经济增长趋于稳定时，收入不平等也保持短暂稳定；当经济进入成熟阶段时，收入不平等程度逐渐缩小，即经济增长与收入不平等之间的关系呈倒 U 形。陆铭等（2005）研究发现，不平等始终不利于经济增长，而经济增长则有利于降低不平等。米增渝等（2012）采用 1998～2006 年中国省级面板数据研究发现，经济增长与收入不平等之间呈负相关的关系。郭熙保（2002）认为，中国居民收入差距的扩大主要源于经济发展的不平衡，并认为随着经济发展，居民收入差距将呈现倒 U 形变动趋势。

我国现行的收入分配制度是以按劳分配为主体，多种分配方式并存，是按资本、劳动、技术和管理等生产要素的贡献参与分配的。很显然，权力并不是在进行收入分配时所需要考量的一个指标。然而，当公职人员利用所掌握的公共权力干预市场并参与分配，特别是当权力拥有者将权力资本化，将所控制的公共资源参与市场交易的时候，必将影响资源配置效率，权力腐败必将获得超额收入，从而改变利益分配格局，对收入分配产生重大影响。因此，权力腐败将导致收入分配差距扩大。

大量的研究结果表明，随着腐败水平的提高，收入不平等程度扩大。陈宗胜和周云波（2001）通过测算非法非正常收入，并将这部分收入并入正常收入后，计算得到的基尼系数由 0.403 上升到 0.493，收入不平等程度提高了22.49%，表明非法非正常收入拉大了收入差距。吴一平和朱江南（2012）利用 2002～2003 年中国 1777 个县级单位截面审计数据的研究结果表明，地方政府的反腐败力度[①]是影响地方收入水平的重要因素，反腐败力度越大，收入水平越高。吴一平和芮萌（2013）利用 1988～2006 年中国省级面板数据的研究发现，腐败对收入不平等的影响与制度环境紧密相关，腐败对东部地区收入不平等的影响不显著，与非东部地区的收入不平等呈倒 U 形关系。陈刚和李树（2010）研究发现，腐败拉大了城镇居民的收入差距，且在增加高收入群体收入的同时降低了低收入群体的收入。

Gupta 等（2002）的实证结果表明，腐败收益更有可能在高收入群体中分配，不断上升的腐败提高了收入不平等程度和贫困，腐败水平每提高 1 个标准

---

① 用县审计局的审计人员数量、审计的项目数以及通过审计查出的违纪金额三个指标来表示反腐败力度。

差，基尼系数提高大约 11 个百分点。Gyimah-Brempong（2006）研究发现，腐败与收入不平等之间的关系是正向线性的，腐败加剧了收入不平等，在非洲国家腐败对穷人的伤害要多于富人。Alesina 和 Angeletos（2005）认为，政府通过制定一系列的再分配政策能纠正由于腐败所导致的不平等和不公正。Apergis 等（2010）通过对美国 50 个州 1980～2004 年的面板数据研究发现，腐败和失业率对收入不平等具有显著正的影响，无论是在长期还是短期，腐败与收入不平等之间存在双向的因果关系。Dincer 和 Gunalp（2012）用政府官员犯罪人数表示腐败规模，对美国 48 个州 1981～1997 的数据研究表明，腐败程度的提高导致收入不平等程度扩大。Mehrara 等（2011）通过对 11 个 OPEC 国家以及 32 个 OECD 国家 2000～2007 年面板数据的比较研究，发现腐败提高了 OPEC 国家的不平等程度，但是与 OECD 国家的不平等之间的关系是显著负相关的。Glaeser 和 Saks（2006）基于美国数据的分析也都一致认为腐败是扩大收入差距的一个重要原因。

通过以上分析发现，以往的研究大多都是分别研究经济增长或腐败对收入不平等的影响，很少有将两者结合起来研究经济增长和腐败对收入不平等的共同作用。

第二节　权力与权力腐败

一、公共权力与公共资源

权力表现为人类社会一种特殊的社会关系，是权力拥有者依据自身所掌握的各种资源和能力来影响、支配与控制他人思想和行为的力量。[1]公共权力则是指选民通过投票选举等方式赋予政府的各种权力，这些权力包括决策权、管理权、执法权等，且它们在实际运行中衍生出审批权、处罚权等具体的权力类型。[2]

要维持国家机器的正常运转，维护公共秩序与社会稳定，管理和调节社会经济生活，政府必须要掌握一定的权力。并且，政府还必须要把公共权力通过

---

① 郝文清：《当代中国衍生性权力腐败研究》，安徽大学出版社 2011 年版，第 24 页。
② 程文浩：《预防腐败》，清华大学出版社 2011 年版，第 10 页。

分解并委托给一些部门和公职人员，①然后通过这些部门和公职人员来处理公共事务、履行公共职能、实现公共管理目标，从而就形成了不同部门和公职人员所拥有的权力。与此同时，在履行公共职能、实现公共管理目标的过程中，为了实现对经济的宏观调控，调节供需，平衡各种利益关系，政府还必须掌握一定的经济资源和社会资源。也就是说，政府执政必须拥有权力并控制一定的资源。

在我国，公共权力既包括各级党政领导所掌握的决策权，还包括由各级管理者所掌握的日常行政管理权。公共资源则由物质资源（如土地、公共工程等）和社会资源（如行政审批等）两部分构成，无论是经济资源还是社会资源，都是稀缺的。由于资源的稀缺性，必将导致资源供给不足并引起对稀缺资源的激励竞争，从而产生供需矛盾。因此，无论是在改革开放初期的价格双轨制，还是在由计划经济体制向市场经济转型的过程中，稀缺的公共资源对于需求者而言均具有极高的价值，且随着经济的发展、公共政策的不断调整，在一定程度上使资源的稀缺性进一步提高，其相对价格进一步上涨。尽管体制内资源价格在上涨，但是，相对市场而言，其价格仍然偏低。于是，需求者若能通过一定的途径获得价格相对低于市场的稀缺资源，无疑将获得极大的经济利益。

二、权力腐败及其形成机制

1. 权力腐败。权力腐败是我国腐败现象中最严重的腐败，是公职人员滥用自身所拥有的公共权力谋取私人利益的行为。其中，权力腐败的主体是国家公职人员，这里的公职人员主要指的是在各级党、国家和其他社会公共机构中担任领导职务的工作人员，以及国有企业的领导干部，还包括公职人员个人及其所属单位、部门和行业。权力腐败的实质和主观动机是追逐私利，既包括个人利益，还包括单位利益、地方利益和部门利益。实施权力腐败的手段是滥用公共权力和公共资源，即通过利用职务上的便利，法定权利实现个体或局部的利益。权力腐败的后果势必造成危害社会、侵犯公共利益，从而导致国家公共

---

① 本章我们将公务员和公职人员同等对待，但公务员和公职人员还是有区别的。其中，公务员是指国家依法定方式任用的，在中央和地方各级国家行政机关中工作的，依法行使国家行政权、执行国家公务的人员。公职人员主要指的是各级行政机关、事业单位、党群机关、人大、政协机关、审判机关、检察机关的工作人员，以及国有企业的领导人员。

利益和公众利益遭受损失。

长期以来，我国公职人员工资水平在各行业中相对不高，其工资的增长与其他社会阶层，特别是新富起来的社会阶层相比较明显偏慢。考虑公职人员的整体素质高于企业职工这个因素，那么，公职人员的工资收入并没有充分体现其责任和工作量，激励机制严重扭曲。在这种情况下，公职人员就会有寻求工资外收入的激励。为了获得非正式的工资外收入，某些部门的部分公职人员就可能利用自身所掌握的公共权力和公共资源进行寻租活动。

当权力拥有者行使资源的配置权力，并选择性地与拥有资本的资源需求者相结合的时候，就为公职人员以权谋私提供了契机。特别是当公职人员滥用自身的法定职权，或人为扩张权力，或越权借用他人权力或资源，或通过施加个人影响间接左右他人权力的行使和资源分配，为自身或利益相关者谋取利益的时候，公共权力不再服务于公共利益，公共权力的性质发生了改变，并逐步被私有化、商品化和资本化，于是权力腐败就产生了。

2. 权力腐败的形成机制。由计划经济向市场经济转型的过程中，由于经济体制发生了一系列的重大变化，出现了许多新的经济行为主体和经济现象。当行政权力干预市场交易活动时，权力必将带来财富和超额收入，于是就有一部分人利用公共权力谋取私利；再加上由于改革不彻底、市场不规范、制度不健全，政治体制改革相对滞后，思想道德滑坡等多种原因，从而导致各种腐败现象不断滋长、蔓延。

从经济的角度，腐败可分为以下几种形式：[①]

（1）寻租性腐败。寻租性腐败公职人员将所控制的稀缺资源进行权钱交易、谋取私利的腐败行为。在我国寻租性腐败有四种表现形式：价格双轨制；权利双重标准，特权和经济垄断权；贸易自由化双轨制，进口高关税和进口配额；政策双轨制，政府对某些地区或集团的"优惠政策"。

（2）地下经济腐败。地下经济腐败是指未向政府申报和纳税，政府未能控制和管理，其产值和收入未能纳入国民生产总值的所有经济活动。包括有三类：一是非法的地下经济活动，如走私贩私、毒品生产等。二是合法经营取得非法收入的经济活动，如部分或全部收入隐匿不报、逃避税收等。三是未统计的地下经济互动，如家务劳动、家教服务、私下交易等。

（3）税收流失性腐败。指通过贿赂、分赃等方式收买、勾结海关、税收

---

① 胡鞍钢：《腐败：中国最大的社会污染》，《中国改革》，2001 年第 4 期。

等部门官员而引起的海关税收和其他税收流失的腐败行为。

（4）公共投资与公共支出性腐败。主要涉及政府出资或援助的公共投资中的腐败行为，在中国还包括国有经济投资中的腐败行为；政府采购合同中的腐败行为，政府其他公共支出中的腐败行为，还包括由政府资助的机构支出中的腐败行为。中国许多重大的腐败行为常常发生于这些领域。

以上四种类型的腐败，并不是所有的地下经济、非法经济、寻租、税收流失、公共支出与公共投资损失都属于腐败，只是那些滥用公共权力为其个人或少数利益集团或利益相关者谋取私利的活动才能被视为腐败。

当公共权力与资本相结合，一旦腐败机会出现，且公职人员具有腐败动机的时候，腐败就有可能产生。

通过对历年所查处的腐败案件中的涉案人员的分析，发现涉案人员所掌控的公共权力资源越多，公共权力运作的空间越大，腐败的几率就越大。且腐败案件和涉案人员分布于各省、市、自治区，涉及从中央到地方，从党政部门到司法机关，再到垄断性国有企业等各个系统，几乎涵盖所有公共权力领域。并表现为各级官员腐败数量不断增加，涉案金额不断提高。

表6-1归纳了在我国经济转轨的过程中，腐败的形成途径。从表6-1可以看出，在我国经济的转型过程中，腐败的形成机制主要包括经济自由化、分权化、非公有化和经济全球化四个方面。在经济自由化的过程中，在改革的初期，由于价格双轨制，公职人员将计划经济体系中资源转移到市场，以牟取价格暴利；再就是公职人员通过控制市场准入，在行政审批过程中收取甚至索取贿赂。

表6-1   **腐败的形成机制**

类型	改革	结果	对腐败供给的影响（针对公职人员）	对腐败需求的影响（针对行贿者）	产生腐败的领域
经济自由化	价格双轨制		将计划经济体系中的资源转移到市场	拿到指标，通过倒买倒卖牟利	行政审批（紧缺物质、贷款、外汇等）、利益冲突（投机倒把）
	市场准入		行政审批，控制市场准入	为了进入市场而行贿	行政审批（经营权）、亲属经商

续表

类型	改革	结果	对腐败供给的影响（针对公职人员）	对腐败需求的影响（针对行贿者）	产生腐败的领域
分权化	财政分权化	国家财政收入总体下降	通过乱收费、乱集资、乱罚款等手段弥补财政缺口，建立"小金库"		小腐败（"三乱"）、设立"小金库"
		行政拨款	行政审批，掌握拨款权限	通过行贿获得拨款	行政审批（拨款）
		税收征管权力下放	掌握减免税的权力	寻求税收优惠或逃税	税收减免
	行政分权化	地方政府人事任命权增大	在提拔和安排工作中受贿	为提拔和安排工作而行贿	人事提拔和任命、纵容下属
		地方政府事权增加	在政府采购，特别是工程项目招标中腐败	通过行贿获得政府采购合同	政府采购（工程项目发包、物品采购）、行政审批（渎职）
		部门之间权力划分	对司法和行政执法进行干预	通过行贿来干扰司法和行政执法	干扰司法和行政执法
		企业放权让利	企业负责人决策权加大，缺乏有效监管	为了获得资源以提高效益，企业行贿动机增加	贪污、挪用
非公有化	产权制度改革	国有资产非公有化	利用行贿侵占国有资产	行政审批（出售国有资产）	
		国有企业改革		通过行贿联系业务	联系业务
		公司上市	行政审批	为了上市融资而行贿获得上市资格	行政审批（股份制改革和公司上市）
	私营经济发展	新经济主体出现		作为政治上的弱势群体，希望利用行贿获得资源和保护	利益冲突（官商勾结，支持企业非法活动）
	国有资源出售		土地批租、开发	通过行贿获得土地、违规经营，牟取暴利	行政审批（土地）

续表

类型	改革	结果	对腐败供给的影响（针对公职人员）	对腐败需求的影响（针对行贿者）	产生腐败的领域
经济全球化	外商投资		利用行政审批吃、拿、卡、要	行贿以获得优惠政策	行政审批（外商投资）
	进出口贸易		行政审批	行贿以获得减免税、进出口配额	行政审批（外贸、进出口配额）
		走私	支持走私贩私	通过走私牟取暴利	支持走私贩私
	国际人员交往有限制放开		出境审批	希望通过非法渠道办理手续出境定居	行政审批（赴港单程证、护照）

资料来源：过勇：《经济转轨、制度与腐败》，社会科学文献出版社 2007 年版，第 168～170 页。

分权化包括财政分权和行政分权。通过财政分权，地方政府部门采取乱收费、乱集资和乱罚款等手段来弥补财政缺口，设立小金库，方便了贪污和挪用等腐败行为；通过行政拨款审批、利用减免税的权力，获取贿赂。通过行政分权，地方政府的人事任命权和事权扩大，地方党政部门的当权者在干部任免、升迁、调动工作，政府采购、公共工程项目招标，甚至利用权力干预司法和行政执法、庇护经济犯罪等方面收取贿赂。

在国有资产的非公有化以及国有企业产权制度的改革过程中，出现了通过行贿侵吞国有资产，为了公司上市融资通过行贿获得上市资格；随着私营经济的发展，新经济主体的出现，私营业主通过行贿以获得资源和政治上保护；再就是在国有资产出售的过程中，尤其是在土地批租和开发的过程中，商人通过行贿使国有资产价值低估，从而低价购买，使国有资产流失，或通过行贿以低价获得土地、违规经营，获取暴利。在非国有化的过程中，腐败机会有了很大提高。

随着经济全球化，中国经济与世界经济的关系日益密切，同时也吸引了大量的外国投资，一方面，相关部门的某些公职人员利用行政审批吃、拿、卡、要；另一方面，外商为了获得更多的优惠政策而行贿政府官员。在国际贸易往来中，国内企业通过行贿以获得减免税、出口退税和进出口配额，更有甚者，通过行贿以达到走私贩私，牟取暴利的目的。此外，经济全球化使得赃款转移、贪官外逃更加容易和隐蔽，这也为反腐败增加了难度。

第三节　经济增长、腐败与收入不平等的典型事实

一、中国的经济增长

改革开放以来，我国的经济快速增长，GDP 从 1978 年的 3645.2 亿元上升到 2012 年的 518942.1 亿元，实际增长 23.2 倍，实际年均增长率为 9.8%。人均 GDP 从 1978 年的 381 元提高到 2012 年的 38420 元，实际增长 16.2 倍，实际年均增长 8.7%（见图 6-1）。

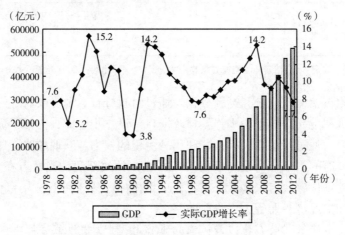

图 6-1　GDP 及实际年均增长率的变化趋势

二、中国的腐败现状

近年来，腐败问题已受到社会各界人士的关注。为了对我国的腐败现状有一个比较全面、客观的了解，在此，分别采用腐败的客观度量指标①和主观度量指标②进行简要分析。

---

① 腐败的客观度量指标则是依据官方所披露的贪污、贿赂案件数、涉案人数、涉案金额等客观数据进行统计，以此来表示腐败的现状及发展趋势；或通过问卷调查，统计受访者是否被要求行贿以及行贿金额来统计腐败程度。

② 腐败的主观度量指标是通过对被调查者对腐败的感知进行问卷调查，在此基础上统计并构造出来的反映腐败程度的指数，对于了解不同国家或地区的腐败程度。

1. 腐败的客观现状。在中国最高人民检察院历年工作报告以及《中国统计年鉴》中，每年披露检察机关立案的贪污贿赂、渎职案件数及涉案人数，图 6 - 2 显示了 1998 ~ 2012 年检察机关立案的贪污贿赂、渎职案件数及涉案人数的变化趋势。

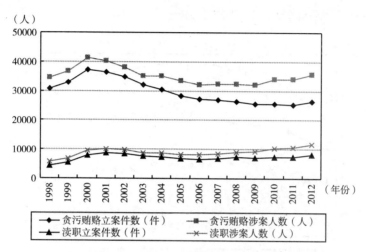

图 6 - 2　1998 ~ 2012 年贪污贿赂、渎职案件数及涉案人数的变化趋势

从图 6 - 2 可以看出，贪污贿赂立案件数从 1998 年的 30670 件上升到 2000 年的最高点 37183 件，随后开始逐年下降到 2011 年的最低点 25212 件，2012 年略有上升，为 26247 件；贪污贿赂涉案人数的变化趋势与贪污贿赂的立案件数基本一致，从 1998 年的 34405 人上升到 2000 年的最高点 41377 人，随后开始逐年下降到 2006 年的最低点 31949 人，2007 年开始略有上升，到 2012 年为 35648 人。渎职立案件数与渎职涉案人数的变化趋势基本一致，渎职立案件数从 1998 年的 4414 件上升到 2012 年的 8079 件，在此期间，渎职涉案人数从 5757 人上升到 11690 人，几乎都增长了近 1 倍。

进一步对贪污贿赂、渎职的要案率①进行分析。县处级以上官员腐败，对社会造成的影响更大，危害也更大，因此，本书认为要案率更接近腐败的真实程度。

从图 6 - 3 可以看出，贪污贿赂、渎职要案率呈现出先上升、后下降的趋

---

① 这里的要案率指的是涉案的县处级以上官员人数占涉案总人数的比例。由于不同时期大案的衡量标准不一样，且大案数据不全，本书没有分析大案率。

势，且贪污贿赂的要案率要高于渎职要案率。其中，要案率从 1998 年的 7.4% 上升到 2006 年的最高点 11.3%，随后逐年下降到 2012 年的 9.0%；贪污贿赂要案率从 1998 年的 4.9% 上升到 2006 年的最高点 7.6%，随后逐年下降到 2012 年的 6.3%；渎职要案率从 1998 年的 2.5% 上升到 2002 年的最高点 4.0%，随后逐年下降到 2012 年的 2.6%。

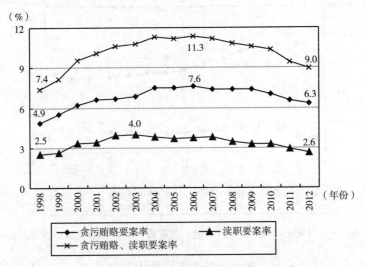

图 6 - 3　1998 ～ 2012 年贪污贿赂、渎职要案率变化趋势

通过对贪污、贿赂案件的查处，所挽回的经济损失在 1983 ～ 1987 年为 16.3 亿元、1993 ～ 1997 年为 229.2 亿元、1998 ～ 2002 年为 220 亿元、2003 ～ 2007 年为 244.8 亿元，2008 ～ 2012 年高达 553 亿元①。

由于腐败的隐秘性，并不是所有的腐败都能够被发现和查处，再加上信息不对称，要想发现和查处所有的腐败活动几乎是不可能的。因此，官方公布的腐败案件数、涉案人数等数据，只是实际腐败的一小部分，并不能准确地反应实际的腐败程度，即存在"腐败黑数"（胡鞍钢和过勇，2002）。

2. 腐败的主观现状。度量一个国家腐败程度的主观指标，最具影响和代表性的是透明国际从 1995 年开始每年发布的腐败感知指数（Corruption Perception Index，CPI），该指数也称之为清廉指数。此外，透明国际还发布了行贿

---

① 挽回的经济损失数据来自最高人民检察院相关年份的工作报告。

者指数。透明国际以企业家、风险分析家以及一般民众为主要调查对象，根据调查对象对贪污腐败的感知程度和经验进行计量与分析研究，并按照 0 ~ 10 分进行评分，得分越高，表示清廉程度越高，而得分越低，表明腐败程度越高。通常以 CPI 得分为 5 分作为一个临界值，具体是，当 CPI 在 8 ~ 10，认为是清廉国家，当 CPI 在 5 ~ 8，认为是比较清廉的国家，当 CPI 在 2.5 ~ 5，认为是腐败比较严重的国家，当 CPI 小于 2.5 时，则认为该国极端腐败。

图 6 - 4 显示了 1978 ~ 2012 年中国腐败感知指数[①]的变化趋势（过勇，2007），图 6 - 4 的结果表明，1978 ~ 1985 年，我国的 CPI 在 5 ~ 6，说明在此期间我国是比较清廉的国家，从 1986 年开始，CPI 指数从 4.96 逐年降低，到 1995 年达到最低，为 2.16，在当年参评的 41 个国家排名第 40 位，表明我国的腐败程度呈现加剧的趋势。随后，CPI 指数从 1996 年的 2.43 逐年上升到 1998 年 3.5，1999 ~ 2010 年，CPI 指数的值变化不大，平均在 3.4 左右；从 2011 年开始，CPI 有所回升，到 2012 年为 3.9。表明在此期间，我国的腐败程度有所降低，但仍然属于比较腐败的国家，在 2012 年 176 个国家的腐败程度排名第 80 位。

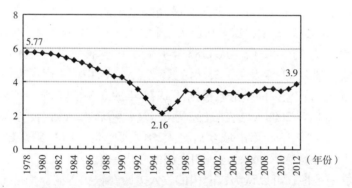

图 6 - 4　1978 ~ 2012 年中国腐败感知指数的变化趋势

尽管 CPI 的发布加深了人们对腐败的认识，为研究腐败提供了数据基础，从而使腐败程度的跨国比较和年度比较成为可能。但是，由于 CPI 衡量的是人们对腐败的主观感知印象，而不是基于腐败案例数、腐败影响范围等客观数据。再加上不同的调查对象对腐败的理解、认识、评价不同，因此，对腐败的

---

① 1978 ~ 1994 年的 CPI 数据引自过勇：《经济转轨、制度与腐败》，社会科学文献出版社 2007 年版，第 223 页，1995 ~ 2010 年的 CPI 数据来自透明国际网站 http://www.transparency.org。

主观感知并不等于客观现实中的腐败。

三、中国的收入不平等

度量收入差距最常用的指标是基尼系数，也有不少研究采用城乡收入差距来度量收入不平等（陆铭等，2005；Wei，2001）。中国居民收入分配课题组1998年、1995年和2002年住户抽样调查数据所估算的全国基尼系数分别为0.382、0.45和0.47（李实等，2008）。不同学者所估算的基尼系数的结果表明，我国整体的基尼系数都在增大，中国的收入分配差距在不断扩大（洪兴建，2008；王祖祥等，2009；程永宏，2007）。李实和岳希明（2004）将全国的个人收入差距分解为城镇内部、农村内部和城乡之间收入差距三部分，研究发现，城乡之间收入差距对全国收入差距的贡献从1995年的36%提高到2002年的43%，上升了7个百分点。World Bank（1997）的报告指出，城乡收入差距可以解释中国1995年总体收入差距的一半以上，而城乡收入差距的变动则可以解释1984~1995年总体收入差距变动量的75%。

图6-5显示了1978~2012年城乡居民人均收入比与全国基尼系数的变化趋势①。从图6-5可以看出，全国居民收入差距的变动与城乡居民人均收入比的变动基本一致。其中，城乡居民人均收入比在1978年为2.57倍，随后逐年下降到1983年的1.82倍，从1983年开始，城乡居民人均收入比整体呈现上升的态势，到2009年达到3.33倍的最高点，从2010年逐渐有所降低，到2012年为3.1倍；全国的基尼系数则从1978年的0.3下降到1985年的0.24，随后逐年走高，到2008年达到最高为0.491，随后有所回落，到2012年为0.474。另外，我们还计算出城乡居民人均收入比与全国基尼系数在1978~2012年的相关系数为0.968，这表明全国的收入差距与城乡之间的收入差距存在非常强的相关性，可以认为，全国的收入差距在很大程度上来自于城乡之间的收入差距。

---

① 全国的基尼系数1978~2002年来自王少国：《我国收入分配差距对经济效率的影响》，载刘树成、张连城、张平：《中国经济增长与经济周期（2009）》，中国经济出版社2009年版，第171~181页；2003~2012年的基尼系数来自中国统计局网站。城乡居民人均收入比根据《中国统计年鉴》相关年份计算得到。

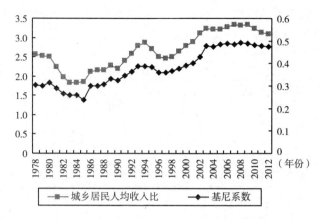

图 6 – 5　1978 ~ 2012 年城乡收入比及全国基尼系数的变化趋势

第四节　模 型、实 证 结 果 及 分 析

腐败导致机会不平等，降低了经济增长率、减少了社会福利支出、降低了贫困阶层受教育的机会，加重了贫困，使贫困阶层获得收入的机会和潜力降低。因此，收入差距中的相当一部分是由腐败造成的，腐败拉大了收入差距。再就是，在以往的研究中，大多忽视了经济增长对收入不平等的影响，且有一些学者认为，追求高效率的经济增长拉大了收入差距。那么，在实际中，腐败和经济增长对收入不平等的影响到底如何，下面通过实证分析来予以回答。

一、模型、变量及数据说明

为了分析腐败和经济增长对收入不平等的影响，建立的计量模型为：

$$Inequality_t = \beta_0 + \beta_1 Corruption_t + \beta_2 GDPRate + \beta_3 X_t + \varepsilon_t \qquad (6.1)$$

（6.1）式中，t 表示时间；$Inequality$ 为不平等指标，是被解释变量，分别用基尼系数、实际城乡收入比来表示；$Corruption$ 表示腐败，是主要的解释变量，用透明国际的腐败感知指数来表示；$GDPRate$ 表示实际经济增长率，X 为一组控制变量，分别用贸易依存度（$open$）、政府支出占 GDP 的比重

（govsize）、非国有化程度①（reform）等指标来表示；ε 为随机误差项。表 6 - 2 给出了变量的描述性统计结果。

表 6 - 2　　　　　　　　　数据的描述性统计结果

变量	观测值	均值	标准差	最小值	最大值	变量说明
gini	35	0.38	0.08	0.24	0.49	基尼系数
Inequality	35	2.66	0.48	1.82	3.33	城乡居民收入比
corruption	35	6.01	1.04	4.23	7.84	腐败：10 - CPI
gdprate	34	0.10	0.03	0.04	0.15	实际 GDP 增长率
govsize	35	0.19	0.05	0.11	0.32	政府规模：财政支出总额/GDP
open	35	0.35	0.16	0.10	0.65	贸易依存度：进出口总额/GDP
reform	35	0.86	0.04	0.81	0.92	非国有化程度

计量分析所采用的 GDP、人口数、非国有经济职工人数、职工总人数、进出口总额、城镇居民人均可支配收入、农村居民家庭人均纯收入、预算内财政支出等数据来自于《中国统计年鉴》相关年份。

二、实证结果及分析

计量模型的估计结果如表 6 - 3 所示。表 6 - 3 的估计结果表明，无论是采用基尼系数还是城乡收入比作为不平等的度量指标，当我们控制了政府规模、对外开放程度以及私有化等指标以后，腐败对收入不平等的影响在 1% 统计水平下均显著为正，也就是说，腐败导致收入不平等程度提高。经济增长与收入不平等的关系是显著负相关的，这个结果充分说明了随着经济的发展，收入水平的提高，有利于缩小收入差距。

表 6 - 3　　　　　　经济增长、腐败对收入不平等影响的实证结果

变量	被解释变量为全国基尼系数			被解释变量为实际城乡收入比		
	(1)	(2)	(3)	(4)	(5)	(6)
corruption	0.111 (10.33)***	0.043 (4.49)***	0.037 (3.77)***	0.674 (10.78)***	0.357 (4.58)***	0.328 (3.98)***

---

① 用非国有经济职工人数占职工总人数的比重来表示非国有化程度。

续表

变量	被解释变量为全国基尼系数			被解释变量为实际城乡收入比		
	（1）	（2）	（3）	（4）	（5）	（6）
gdprate	-0.221 （0.87）	-0.405 （2.93）***	-0.288 （2.02）*	-1.146 （0.77）	-2.008 （1.80）*	-1.501 （1.24）
govsize	1.523 （6.83）***	0.747 （5.02）***	0.570 （3.45）***	9.843 （7.59）***	6.203 （5.18）***	5.433 （3.88）***
open		0.368 （8.71）***	0.259 （3.91）***		1.727 （5.08）***	1.255 （2.24）**
reform			0.486 （2.05）**			2.118 （1.06）
常数项	-0.558 （5.50）***	-0.117 （1.58）	-0.434 （2.56）**	-3.155 （5.35）***	-1.086 （1.82）*	-2.465 （1.72）*
观测值	34	34	34	34	34	34
Adj. R^2	0.77	0.93	0.94	0.78	0.88	0.88
F 统计值	36.84***	115.58***	103.56***	39.45***	60.50***	48.82***

注：***、**、*分别表示1%、5%、10%显著性水平，圆括号的数字为 t 统计值的绝对值。

此外，估计结果还表明，政府支出、对外开放以及非国有化等指标与收入不平等之间的关系是正相关的，也就是说，这些因素在一定程度上拉大了居民收入分配差距。

实证检验结果表明，我国的收入差距扩大并不是由于强调效率优先所造成的，相反，经济的快速增长起到了缩小收入差距的作用。由于腐败导致机会不平等，影响了社会公平与正义，因此，腐败是引起收入差距扩大的一个重要原因。

本章小结

在本章的研究中，通过分析权力与资源配置的关系，在此基础上，进一步分析权力腐败及其形成机制。特别是通过分析 1978～2012 年我国的经济增长、腐败和收入不平等的现状及其变化趋势，研究了经济增长和腐败对收入不平等的影响。实证结果表明，腐败显著提高了收入不平等程度，而经济增长则有利于缩小收入差距。我们认为，当权力参与收入分配或干预市场机制，通过权力垄断某些要素资源，利用国家政策为自己的经济利益服务时，则会因权力寻租和腐败等行为而形成不合理收入，必将使按生产要素贡献分配的原则产生扭曲，从而降低资源配置效率，导致收入差距扩大。

因此，在追求效率的同时必须注重社会财富的公平分配，要加强对行政权力的民主监督，加大预防和惩治权力腐败的力度，并减少行政权力经济和社会资源的垄断，降低行政权力对市场的干预力度，逐步推进政治体制改革；同时，继续深化市场化改革，加快经济发展，提高居民收入占国民收入的比重，从而有效降低收入不平等的程度。

第七章 结论及政策建议

第一节 主要结论

一、关于隐性经济问题研究的结论

通过深入分析隐性经济产生的原因及所导致的后果，在梳理现有隐性经济度量方法的基础上，分别采取改进后的货币需求模型和结构方程模型度量了全国和各省市区隐性经济规模，研究了隐性经济对收入不平等和经济增长的影响。还研究了行政权力对收入分配的影响。

1、采用改进的货币需求方法，并在改进的模型中考虑了税制改革以及政府对市场干预程度等因素，度量出全国 1978～2010 年的隐性经济规模，并分析了隐性经济对收入不平等的影响。研究发现，税收负担是影响隐性经济的主要因素，税负水平越高，隐性经济规模越大，反之亦然；这也说明了随着税收负担的提高，企业和个人逃避税收的意愿更加强烈，进而导致隐性经济规模急剧上升。目前在隐性经济中的交易不完全是通过现金支付来完成的，随着银行服务的改进和互联网的迅速发展，隐性经济中的一部分交易支付是通过银行转账实现的。

全国隐性经济规模的度量结果表明：1978～2010 年，我国的隐性经济规模介于 10.61%～26.52%，在一个适度宽松的政策环境中，当不考虑政府管制和分税制改革这两个因素后，隐性经济规模有所下降，其下降幅度在 1 个百分点左右；税收负担对狭义货币 M_1 有显著正的影响，但对 M_0 和 M_2 的影响不显著。我们还发现，隐性经济规模对收入差距的影响显著为正，即隐性经济规模越大，收入差距越大；失业率、对外开放以及非国有化程度对收入差距具有显著正的影响。而居民收入占 GDP 比重、城市化水平以及财政支农支出占政府支出的比重则与收入差距显著负相关。

2. 通过采用 MIMIC 模型方法，度量了我国 30 个省市区 1998～2009 年的隐性经济规模。研究发现，税收负担、居民收入、失业率、自我就业率以及政府管制是影响隐性经济的主要因素，且随着税负的增加、失业率的上升，隐性经济规模显著提高；而提高居民收入、加强政府管制，则对隐性经济规模有显著的抑制作用。我们认为，是这些因素的共同作用致使隐性经济规模逐年缓慢上升。

隐性经济的度量结果表明，1998～2009年全国平均隐性经济规模介于10.65%～15.14%，且呈现逐年缓慢上升的趋势。经过分地区的比较还发现，东部地区的隐性经济规模在10.45%～16.22%，中部地区的隐性经济规模在9.48%～14.59%，西部地区的隐性经济规模在11.65%～15.36%，且东、中、西部地区隐性经济规模具有相同的变化趋势。我们还发现，尽管影响经济增长的因素有很多，但投资和劳动力依然是经济增长的主要动力，且隐性经济对全国样本以及东部地区的经济增长也具有一定的积极作用。尽管隐性经济对中、西部地区经济增长的影响尽管为正，但不显著。再就是隐性经济对官方劳动力参与率具有显著负的影响，即隐性经济的发展减少了官方经济的从业人数。

3. 在分析了我国公务员工资水平及其变化趋势的基础上，利用微观调研数据，以经济周期的变化为背景，研究了行政权力的收入回报及其对收入不平等的影响。并认为，当经济增长过快或过热，采取紧缩政策调控经济时，权力随之收紧，其收入回报增长相对较小；反之，当经济下滑，采取积极政策拉动经济时，权力随之扩张，其收入回报增长相对较大。即行政权力的收入回报是逆经济周期的。

二、关于腐败问题研究的主要结论

1. 现有腐败度量方法的不足。目前，在腐败研究中所采用的腐败指标主要有主观度量指标和客观度量指标两种。主观度量指标是通过对被调查者对腐败的感知进行问卷调查，在此基础上统计并构造出来的反映腐败程度的指数。客观度量指标则是依据官方所披露的贪污、贿赂案件数，涉案人数，涉案金额等客观数据进行统计，以此来表示腐败的现状及发展趋势；或通过问卷调查，统计受访者是否被要求行贿以及行贿金额来统计腐败程度。尽管这两种腐败指标在腐败的定量研究中得到了广泛应用，但均存在不足。主观度量指标与真实腐败程度相关度较低，不能反映实际的腐败程度；客观度量指标则低估了腐败的真实程度，且这两种指标在度量时均没有考虑腐败的成因和后果。因此，如何科学地度量腐败就显得尤为迫切。

2. 准确度量腐败的重要性。要有效预防与惩治腐败，科学度量腐败的实际规模是非常重要的。由于腐败自身所具有的隐蔽性和复杂性，且参与腐败的各方也都竭尽所能掩盖其腐败行为，故很难直接度量。因此，要准确掌握一个国家和地区真实发生的腐败数量以及腐败的严重程度则非常困难。然而，准确度量腐败对于预防和惩治腐败却具有至关重要的作用，这也是长期以来研究腐败问题的重点和难点，不仅意义重大，且具有挑战性。腐败产生的原因是多方面的，涉及政治体制、司法制度、社会文化、历史以及经济等因素；并且，腐败也造成了严重的后果，如阻碍了经济增长、加剧了贫困和收入不平等程度。因此，无论是研究腐败的成因还是研究腐败所导致的后果，准确度量腐败都是必不可少的。甚至可以认为，如果能够准确度量腐败，则腐败很可能被消除；如果能够建立腐败与其他因素之间明确的因果关系，那么，就有可能找到解决腐败的潜在方法，从而使反腐更加深入彻底。

3. 全国隐性经济度量结果。通过深入分析腐败的成因与后果，研究发现，政府规模、财政分权、公务员工资、文化教育、执法力度和政府采购规模是腐败的主要决定因素，且随着政府规模的扩大，腐败程度显著提高；而提高公务员相对工资、加强执法力度、提高财政分权程度、扩大政府采购规模、提高广大社会成员受教育水平则对腐败规模具有显著的抑制作用。腐败显著提高了收入不平等程度、阻碍了经济增长，并导致公共投资规模扩大。

结构方程模型的估计结果表明，全国 30 个省市区在 2001～2011 年的平均腐败指数介于 0.044～0.061，并呈现出逐年缓慢下降的趋势。经过分地区的比较还发现，东部地区的腐败指数最低、中部次之，西部地区最高，且东、中、西部地区腐败指数呈现相同的变化趋势。其中，东部地区的腐败指数在 0.039～0.051，中部地区的腐败指数在 0.040～0.059，西部地区的腐败指数在 0.053～0.073。我们认为，在这些腐败的决定因素的共同作用下导致了我国腐败程度逐年缓慢下降，这个结果也表明我国的反腐败工作的成效在逐渐发挥作用，成功地控制了腐败加剧的势头。

4. 经济增长、腐败对收入分配不平等的影响。通过对行政权力与资源配置关系以及权力腐败及其形成机制的分析，研究发现，当权力参与收入分配或干预市场机制，通过权力垄断某些要素资源，利用国家政策为自己的经济利益服务时，则会因权力寻租和腐败等行为而形成不合理收入，必将使按生产要素贡献分配的原则产生扭曲，从而降低资源配置效率，导致收入差距扩大。腐败显著提高了收入不平等程度，而经济增长则有利于缩小收入差距。

特别是通过分析我国 1978～2012 年经济增长、腐败和收入不平等的现状及其变化趋势，研究了经济增长和腐败对收入不平等的影响。研究结果表明，腐败与收入不平等显著正相关，而经济增长与收入不平等显著负相关。

5. 腐败对企业成长的影响。通过使用世界银行 2012 年在中国进行的 2848 份企业调查数据，分别用直接和间接成本两种方式来度量腐败，研究了腐败对企业销售额和企业利润的影响。实证结果表明，腐败对企业销售额增速的提高具有一定的促进作用，影响约为 3% 左右。对企业利润增长的影响在 10%～20%。

由于所有制和融资约束等非正式制度约束的存在，企业在成长过程中，以及既定时期内不同的规模的企业，为了获得间接更多的竞争优势或者直接获得市场份额以促进自身的成长，均会在不同程度上采取俘获官员的策略。因此，腐败对企业销售额增速的提高和利润的增加具有一定的促进作用。

第二节 政策建议

一、关于控制隐性经济发展的对策建议

由于隐性经济的存在，使官方宏观经济统计数据不真实，而决策者依据不真实的数据所做出的决策，其实施结果必然会出现偏差。隐性经济会使税基减少，导致税收流失，进而影响政府提供公共商品和服务的能力，使所提供的公共商品和服务的数量和质量下降。过多的政府管制也会使一部分企业和个人的成本提高，如过高的进入壁垒、劳动力市场的限制等，将致使一部分企业和个人退出官方经济，进入隐性经济，以逃避税收和监管，这不利于经济的良性发展，也会影响收入分配，使收入分配差距扩大。

1. 适度放松政府管制。在经济的发展过程中，需要一个适度宽松的政策环境，通过实行结构性减税和降低税率、制定合理的货币政策和财政政策、加强银行和税务系统之间的信息共享，通过对部分隐性经济活动疏导规范，并鼓励企业和个人从隐性经济转入官方经济，以达到缩小隐性经济规模的目的，使官方宏观经济统计数据尽可能得到真实地反映。

2. 提高居民收入。由于居民收入份额与隐性经济规模显著负相关，即提高居民收入可以降低隐性经济规模。这一点也反映了当前的政策要求，通过提高居民收入占 GDP 的份额，缩小收入分配差距，加快城市化建设，加大政府对农业的投入和支持力度，不仅可以刺激消费，拉动经济，而且还可以在一定

程度上减少腐败行为，从而进一步控制隐性经济规模的扩大。

3. 适度降低税负水平。由于总体税收负担提高了隐性经济规模，但直接税和间接税对隐性经济的影响却不同，这对优化税制结构提出了进一步的要求。而且，在现阶段，实施结构性减税是非常必要的。

4. 打击非法收入、疏导隐性经济中的合理活动。对于隐性经济的处理，需要对各种劳动收入，特别是对形形色色的灰色劳动收入进行明确的法律界定，使那些合理的、应该受到法律保护的劳动收入合法起来；使那些不合理的、应该受到法律限制的劳动收入被明确界定为非法收入。法律应当维护劳动者获取合法劳动收入的正当权益，并通过监督机构依法惩处各种侵害劳动者合法劳动收入的不法行为。

因此，在实际中，对于隐性经济中的非法活动以及由此而产生的非法收入，要进行严厉打击并取缔；而对于隐性经济中的合法活动，则要合理疏导。要通过加强税务稽查，加大对偷税漏税的处罚力度；要规范劳动力市场和就业结构，提高居民收入；要继续发展城乡个体和私营经济，创造更多的就业机会，并为失业者提供更多的工作岗位；通过制定法律法规，统一执法标准和尺度，尽可能将隐性经济活动中的合法部分引导到官方经济中来，以缩小隐性经济规模，净化市场环境，完善市场机制。

二、约束公共权力的政策建议

由于权力显著地影响人们获取收入的机会和能力，因此，需要合理界定收入分配中公共权力与市场权力的范围，抑制公共权力的扩张与滥用，维护市场公平，继续深化市场化改革，尽可能使公共权力因素退出初次分配，并打破和扭转因行政、经济权力的垄断所造成的收入分配逆公平运作的趋势，以提高劳动者的民主权利，增加他们在收入分配博弈中的谈判权和谈判能力，并通过建立收入分配的民主制度和监督机制，消除权力寻租和腐败，逐步缩小公共权力对收入不平等的影响。

三、关于预防与惩治腐败的对策建议

1. 约束公共权力、减少行政审批：切实减少行政权力对经济活动的干预，充分发挥市场机制资源配置的基础性作用，大幅减少行政审批，简化规章制度和办事环节，从而减少官员利用行政审批和权力向办事人员敲诈勒索钱财的机会，以最大限度地压缩寻租机会，避免官员滥用行政自由裁量权谋取私利，从而达到有效预防腐败的目的。

2. 健全公务员激励与惩罚机制，控制公职人员从业人数，并向公务员支付比私人部门更有竞争力的工资，提高政府部门对诚实正直的公务员的吸引力；通过提高公务员工资以增加其腐败成本，降低来自腐败收益的诱惑，从而自觉抵制腐败。

3. 不断完善政府采购制度，建设更加开放、透明的公平竞争的政府采购体系，以此为基础，进一步扩大政府采购范围，提高政府采购规模，特别是针对重大政府公共工程项目的招标采购，要做到从采购预算、招标、合同签订、执行、验收评估等各个环节的监督管理和审计，约束参与政府采购的各方串谋行为，有效防止大规模腐败。

4. 加大反腐力度，严格执法。不断完善法律制度，提高执法水平，通过设立强大的包括司法监督、审计监督和行政监督在内的监督机构，或增加现有机构的反腐资源，赋予监督机构更大的独立性和自主性，严格监督公共权力的行使，提高反腐调查的效率。

5. 建设廉政文化。首先，不断提高全民受教育水平和公民素质，给予公众更多的民主权利、加强公众问责，依法行使监督权、知情权，有效监督政府和官员行为，从而起到有效遏制腐败的作用。其次，通过提高公职人员的教育水平和职业素质，增加教育机会，提高公职人员的质量和考核标准，抑制腐败产生的动机。

6. 完善立法，明确事权，深化财政分权体制改革，明确中央政府和地方政府的财权与事权，做到事权与支出责任相一致，不断规范和完善财政分权制度，提高财政分权程度。同时，通过不断完善地区之间的竞争机制，改革决定地方官员职务晋升、激励的考核评价的指标体系，提高地方政府官员的政治责任感和努力程度，以降低官员对寻租的要求。

7. 为了扭转企业俘获官员，可通过分权下足够的政治竞争以及有效的制度建设来遏制腐败，创造公平竞争的环境，以避免企业通过俘获官员所获得的超额竞争优势。

8. 加强反腐败的力度，促进地方经济持续健康发展，提高居民的收入；规范择业和晋升的选拔机制，推进民主监督，降低人际关系和家庭背景对个人获得好工作和好岗位的影响；规范农村官员的选拔机制和监督机制，侧重实际经验和领导能力对官员选拔的影响，建立和完善对农村官员的监督机制，推进政务公开，完善民主和法制建设，加强民主监督。

参 考 文 献

1. 边燕杰、吴晓刚、李路路：《社会分层与流动：国外学者对中国研究的新进展》，中国人民大学出版社 2008 年版，第 26 页。

2. 边燕杰、张展新：《市场化与收入分配——对 1988 年和 1995 年城市住户收入调查的分析》，《中国社会科学》，2002 年第 5 期。

3. 陈刚：《腐败与收入不平等——来自中国的经验证据》，《南开经济研究》，2011 年第 5 期。

4. 陈刚、李树：《中国的腐败、收入分配和收入差距》，《经济科学》，2010 年第 2 期。

5. 陈刚、李树、尹希果：《腐败与中国经济增长——实证主义的视角》，《经济社会体制比较》，2008 年第 3 期。

6. 陈玉宇、王志刚、魏众：《中国城镇居民 20 世纪 90 年代收入不平等及其变化——地区因素、人力资本在其中的作用》，《经济科学》，2004 年第 6 期。

7. 陈钊、万广华、陆铭：《行业间不平等：日益重要的城镇收入差距成因——基于回归方程的分解》，《中国社会科学》，2010 年第 3 期。

8. 陈宗胜、周云波：《非法非正常收入对居民收入差别的影响及其经济学解释》，《经济研究》，2001 年第 4 期。

9. 程风、张迎春：《测地下经济规模方法：非货币分析法》，《合作经济与科技》，2007 年第 7 期。

10. 程文浩：《预防腐败》，清华大学出版社 2011 年版。

11. 程永宏：《改革以来全国总体基尼系数的演变及其城乡分解》，《中国社会科学》，2007 年第 4 期。

12. 程振源、付和顺：《腐败与公共投资关系的实证分析》，《现代经济》，2008 年第 13 期。

13. 范子英：《转移支付、基础设施投资与腐败》，《经济社会体制比较》，2013 年第 2 期。

14. 方晋：《腐败决定因素的实证分析》，《经济科学》，2004 年第 1 期。

15. 傅勇：《财政分权、政府治理与非经济性公共物品供给》，《经济研究》，2010 年第 8 期。

16. 公婷、吴木銮：《我国 2000~2009 年腐败案例研究报告——基于 2800 余个报道案例的分析》，《社会学研究》，2012 年第 4 期。

17. 郭滔、尹晓波：《中国地下经济规模基本测算和实证分析》，《工业技术经济》，2006 年第 11 期。

18. 郭熙保：《从发展经济学观点看待库兹涅茨假说——兼论中国收入不平等扩大的原因》，《管理世界》，2002 年第 3 期。

19. 过勇：《中国转轨期腐败特点和变化趋势的实证研究》，《公共管理评论》，2008 年第 7 卷。

20. 过勇、胡鞍钢：《行政垄断，寻租与腐败——转型经济的腐败机理分析》，《经济社会体制比较》，2003 年第 2 期。

21. 过勇、宋伟：《清廉指数的腐败测评方法与局限性》，《经济社会体制比较》，2013 年第 5 期。

22. 过勇：《经济转轨、制度与腐败》，社会科学文献出版社 2007 年版。

23. 郝文清：《当代中国衍生性权力腐败研究》，安徽大学出版社，2011 年版。

24. 何增科：《中国转型期腐败和反腐败问题研究（上篇）》，《经济社会体制比较》，2003 年第 1 期。

25. 洪兴建：《一个新的基尼系数子群分解公式——兼论中国总体基尼系数的城乡分解》，《经济学（季刊）》，2008 年第 8 卷第 1 期。

26. 胡鞍钢：《腐败：中国最大的社会污染》，《中国改革》，2001 年第 4 期。

27. 胡鞍钢、过勇：《国际视角：中国腐败现状》，《改革内参》，2001 年第 20 卷。

28. 胡鞍钢、过勇：《公务员腐败成本——收益的经济学分析》，《经济社会体制比较》，2002 年第 4 期。

29. 胡振华、朱菀琴：《腐败及其对收入分配的影响》，《中南大学学报》，2003 年第 5 期。

30. 黄君洁：《论我国财政分权背景下的腐败问题》，《经济体制改革》，2006 年第 6 期。

31. 李朝洪、程黎黎：《我国未观测经济估算方法新探》，《统计与决策》，2008 年第 5 期。

32. 李建军：《基于国民账户均衡模型的未观测经济规模测算》，《中央财经大学学报》，2008 年第 6 期。

33. 李捷瑜、黄宇丰：《转型经济中的贿赂与企业增长》，《经济学（季刊）》，2010 年第 4 期。

34. 李金昌、徐蔼婷：《未被观测经济估算方法新探》，《统计研究》，2005 年第 11 期。

35. 李猛、沈坤荣：《地方政府行为对中国经济波动的影响》，《经济研究》，2010 年第 12 期。

36. 李明、李慧中：《政治资本与中国的地区收入差异》，《世界经济文汇》，2010 年第 5 期。

37. 李实、史泰丽、别雍·古斯塔夫森：《中国居民收入分配研究Ⅲ》，北京师范大学出版社 2008 年版，第 13 页。

38. 李实、岳希明：《中国城乡收入差距调查》，《财经》，2004 年第 3 – 4 期合刊。

39. 李实、赵人伟、张平：《中国经济转型与收入分配变动》，《经济研究》，1998 年第 4 期。

40. 李爽、陆铭、佐藤宏：《权势的价值：党员身份与社会网络的回报在不同所有制企业是否不同?》，《世界经济文汇》，2008 年第 6 期。

41. 李毅著，肖蕾、李毅译：《中国社会分层的结构与演变》，安徽大学出版社 2008 年版，第 153 页。

42. 梁朋、梁云：《关于我国地下经济规模的测估及思考》，《财贸经济》，1999 年第 5 期。

43. 林道立、刘正良：《经济发展水平与教育收益率：一个文献综述》，《重庆高教研究》，2013 年第 1 期。

44. 刘和旺、王宇锋：《政治资本的收益随市场化进程增加还是减少》，《经济学（季刊）》，2010 年第 9 卷第 3 期。

45. 刘华、张伟伟、廖福刚：《基于现金比率模型改进的我国地下经济规模测算》，《武汉理工大学学报》，2007 年第 1 期。

46. 刘洪、平卫英：《我国非正规经济对税收收入影响的实证分析》，《数量经济技术研究》，2004 年第 2 期。

47. 刘精明：《市场化与国家规制——转型期城镇劳动力市场中的收入分配》，《中国社会科学》，2006 年第 5 期。

48. 刘勇政、冯海波：《腐败、公共支出效率与长期经济增长》，《经济研究》，2011 年第 9 期。

49. 刘智峰：《国有企业腐败问题的复杂性及解决之道》，《北京行政学院学报》，2013 年第 1 期。

50. 陆铭、陈钊：《城市化、城市倾向的经济政策与城乡收入差距》，《经济研究》，2004 年第 6 期。

51. 陆铭、陈钊、万广华：《因患寡，而患不均：中国的收入差距、投资、教育和增长的相互影响》，《经济研究》，2005 年第 12 期。

52. 陆铭、陈钊、张爽：《公有制理想的代价——腐败与企业转制的中国案例》，《南京大学学报》，2009 年第 2 期。

53. 马海军：《转型期中国腐败问题比较研究》，知识产权出版社 2008 年版，第 105 页。

54. 米增渝、刘霞辉、刘穷志：《经济增长与收入不平等：财政均衡激励政策研究》，《经济研究》，2012 年第 12 期。

55. 南旭光：《腐败对公共投资和经济增长的效应研究》，《当代经济管理》，2008 年第 11 期。

56. 倪星、王立京：《中国腐败现状的测量与腐败后果的估算》，《江汉论坛》，2003 年第 10 期。

57. 宁优俊：《腐败与经济增长双高之谜——对"金砖四国"实证分析》，《中国市场》，2011 年第 5 期。

58. 潘春阳、何立新、袁从帅：《财政分权与官员腐败：基于 1999～2007 年中国省级面板数据的实证研究》，《当代财经》，2011 年第 3 期。

59. 乔尔·赫尔曼、杰林特·琼斯、丹尼尔·考夫曼，周军华译：《转轨国家的政府俘获、腐败以及企业影响力》，《经济社会体制比较》，2009 年第 1 期。

60. 任建明、杜志洲：《腐败与反腐败：理论、模型和方法》，清华大学出版社 2009 年版第 39 页。

61. 荣泰生：《AMOS 与研究方法（第 2 版）》，重庆大学出版社，2009 年。

62. 塞缪尔·P·亨廷顿，王冠华、刘为等译：《变化社会中的政治秩序》，上海世纪出版集团 2009 年版。

63. 苏珊·罗斯·艾可曼：《腐败与政府》，新华出版社 2000 年版。

64. 田利辉：《国有产权、预算软约束和中国上市公司杠杆治理》，《管理世界》，2005 年第 7 期。

65. 田青：《中国居民消费需求变迁及影响因素研究》，科学出版社 2011 年版。

66. 万广华、吴一平：《制度建设与反腐败成效：基于跨期腐败程度变化的研究》，《管理世界》，2012 年第 4 期。

67. 万广华、吴一平：《司法制度、工资激励与反腐败：中国案例》，《经济学（季刊）》第 11 卷，2012 年第 3 期。

68. 万广华：《经济发展与收入不平等：方法与证据》，上海人民出版社 2006 年版，第 311~330 页。

69. 王磊：《民营经济崛起背后的腐败：现状与成因分析》，《经济体制改革》，2006 年第 5 期。

70. 王少国：《我国收入分配差距对经济效率的影响》，载刘树成、张连城、张平：《中国经济增长与经济周期（2009）》，中国经济出版社 2009 年版。

71. 王绍光、胡鞍钢、丁元竹：《最严重的警告：经济繁荣背后的社会不稳定》，《战略与管理》，2002 年第 3 期。

72. 王曦：《经济转型中的货币需求与货币流通速度》，《经济研究》，2001 年第 10 期。

73. 王小鲁：《灰色收入与居民收入差距》，《比较》，2007 年总第 31 期。

74. 王小鲁：《灰色收入与国民收入分配》，《比较》，2010 年总第 48 期。

75. 王小鲁、樊纲：《中国收入差距的走势和影响因素分析》，《经济研究》，2005 年第 10 期。

76. 王祖祥、张奎、孟勇：《中国基尼系数的估算研究》，《经济评论》，2009 年第 3 期。

77. 吴敬琏：《腐败是造成收入不公的首要因素》，《当代经济》，2006 年第 9 期。

78. 吴敬琏：《怎样应对我们面临的挑战》，《中国流通经济》，2013 年第 2 期。

79. 吴明隆：《结构方程模型：AMOS 的操作与应用（第 2 版）》，重庆大学出版社 2010 年版。

80. 吴一平：《财政分权、腐败与治理》，《经济学（季刊）》，2008 年第 7 卷第 3 期。

81. 吴一平、芮萌：《地区腐败、市场化与中国经济增长》，《管理世界》，2010 年第 11 期。

82. 吴一平、芮萌：《制度差异、地区腐败与收入不平等》，《经济社会体制比较》，2013 年第 2 期。

83. 吴一平、朱江南：《腐败、反腐败和中国县际收入差距》，《经济社会体制比较》，2012 年第 2 期。

84. 夏南新：《地下经济估测模型及敏感度分析》，《统计研究》，2000 年第 8 期。

85. 夏南新：《从全社会货运量估测我国地下经济规模》，《统计研究》，2002 年第 2 期。

86. 夏南新：《税收诱致性现金持有量模型因果性检验及对我国地下经济规模的估测》，《统计研究》，2004 年第 3 期。

87. 谢平、陆磊：《中国金融腐败指数：方法论与设计》，《金融研究》，2003 年第 8 期。

88. 徐蔼婷：《论泰兹模型在我国未被观测经济规模估算中的应用》，《商业经济与管理》，2005 年第 12 期。

89. 徐蔼婷：《未被观测经济规模估算：收支差异法的适用性与创新性研究》，《统计研究》，2008 年第 12 期。

90. 徐蔼婷、李金昌：《未被观测经济估算方法及评价》，《浙江统计》，2004 年第 2 期。

91. 徐蔼婷、李金昌：《中国未被观测经济规模——基于 MIMIC 模型和经济普查数据的新发现》，《统计研究》，2007 年第 9 期。

92. 徐斌、万义平：《"地下经济"规模测算方法的比较》，《统计与决策》，2008 年第 6 期。

93. 徐静：《政府公共支出结构对腐败的影响效应分析》，《中南财经政法大学学报》，2012 年第 2 期。

94. 雅诺什·科尔奈：《社会主义体制——共产主义政治经济学》，中央编译出版社，2007 年。

95. 杨灿明、孙群力：《影响我国收入分配的因素分析》，《中南财经政法大学学报》，2009 年第 3 期。

96. 杨灿明、孙群力：《中国各地区隐形经济的规模、原因和影响》，《经济研究》，2010 年第 4 期。

97. 杨灿明、赵福军：《行政腐败的宏观经济学分析》，《经济研究》，2004 年第 9 期。

98. 杨缅昆、宋建彪：《关于地下经济核算的若干理论问题》，《统计研究》，1996 年第 5 期。

99. 杨瑞龙、王宇锋、刘和旺：《父亲政治身份、政治关系和子女收入》，《经济学（季刊）》，2010 年第 9 卷第 3 期。

100. 易行健、杨碧云、易君健：《我国逃税规模的测算及其经济影响分析》，《财经研究》，2004 年第 1 期。

101. 隐性收入研究课题组：《隐性收入研究》，《统计研究》，1995 年第 1 期。

102. 岳希明、史泰丽、李实、别雍·古斯塔夫森：《中国个人收入差距及其变动的分析》，载李实、史泰丽、别雍·古斯塔夫森主编《中国居民收入分配研究Ⅲ》，北京师范大学出版社 2008 年版，第 61~91 页。

103. 张军、高远、傅勇、张弘：《中国为什么拥有了良好的基础设施?》，《经济研究》，2007 年第 3 期。

104. 张雷保：《转型时期腐败和地方政府公共投资效率的关联分析》，《财经论丛》，2005 年第 5 期。

105. 赵剑治、陆铭：《关系对农村收入差距的贡献及其地区差异——一项基于回归的分解分析》，《经济学（季刊）》，2009 年第 9 卷第 1 期。

106. 赵黎：《中国地下经济研究与估计（1990~2004）》，《统计研究》，2006 年第 9 期。

107. 周国富：《国外测算非正规经济的各种方法及其观点综述——兼论如何测算我国的非正规经济规模》，《统计研究》，1999 年第 4 期。

108. 周黎安、陶婧：《政府规模、市场化与地区腐败问题研究》，《经济研究》，2009 年第 1 期。

109. 朱小斌、杨缅昆：《中国地下经济实证研究：1979–1997》，《统计研究》，2000 年第 4 期。

110. Abed, G. T., Davoodi, H. R., 2002, "Corruption, Structural Reforms, and Economic Performance in the Transition Economies", in: George T. Abed and Sanjeev Gupta (Eds.): Governance, Corruption, & Economic Performance, *Inter-*

national Monetary Fund, Publication Services, Washington, D. C. , pp. 489 – 537.

111. Abramo, C. W. , 2005, "How far perceptions go?", Working Paper, Transparency Brazil.

112. Acemoglu D. , Verdier, T. , 1998, "Property Rights, Corruption and the Allocation of Talent: A General Equilibrium Approach", *Economic Journal*, Vol. 108, No. 450, pp. 1381 – 1403.

113. Acemoglu D. , Verdier, T. , 2000, "The choice between market failures and corruption", *American Economic Review*, Vol. 90, No. 1, pp. 194 – 211.

114. Adam, M. C. , Ginsburgh, V. , 1985, "The effects of irregular markets on macroeconomic policy: some estimates for Belgium", *European Economic Review*, Vol. 29, pp. 15 – 33.

115. Ades, A. , Di Tella, R. , 1999, "Rents, Competition, and Corruption", *American Economic Review*, Vol. 89, No. 4, pp. 982 – 993.

116. Ahmad, E. , Gao Qiang, and Tanzi, V. , 1995, Reforming China's Public Finances.

117. Ahmed, E. , Rosser, J. B. , Rosser, M. V. , 2004, "Income Inequality, Corruption, and the Non-Observed Economy: a Global Perspective", presented at the conference: New Economic Windows 2004: *Complexity Hints for Economic Policy*, Salerno, Italy.

118. Ahumada, H. , Facundo, A. , Canavese A. , Canavese, P. , 2004, "The demand for currency approach and the size of the shadow economy: a critical assessment", Discussion Paper, Delta Ecole Normale Superieure, Paris.

119. Ahumada, H. , Alvaredo, F. , Canavese, A. , 2007, "The Monetary Method and the Size of the Shadow Economy: A Critical Assessment", *Review of Income and Wealth*, Vol. 53, No. 2, pp. 363 – 371.

120. Aidt T. , J. Dutta, V. Sena, 2008, "Governance regimes, corruption and growth: Theory and evidence", *Journal of Comparative Economics*, Vol. 36, pp. 195 – 220.

121. Aigner, D. , Schneider, F. , Ghosh, D. , 1998, "Me and my shadow: estimating the size of the US underground economy from time series data", in: W. Barnett, E. Berndt, H. White (Eds.), Dynamic Econometric Modeling, Cambridge University Press, Cambridge (Mass.), pp. 224 – 243.

122. Alanon, A. , Gomez-Antonio, M. , 2005, "Estimating the size of the shadow economy in Spain: a structural model with latent variables", *Applied Economics*, Vol. 37, pp. 1011 – 1025.

123. Alesina, A. , Devleeschauewer, A. , Easterly, W. , Kurlat, S. , Wacziarg, R. , 2003, "Fractionalization", *Journal of Economic Growth*, Vol. 8, pp. 155 – 194.

124. Alesina, A. , Angeletos, G. M. , 2005, "Fairness and redistribution", *American Economic Review*, pp. 960 – 980.

125. Alesina, A. , Angeletos, G. M. , 2005, "Corruption, inequality, and fairness", *Journal of Monetary Economics*, Vol. 52, pp. 1227 – 1244.

126. Allen F. , J. Qian, M. . Qian, 2005, "Law, finance, and economic growth in China", *Journal of Financial Economics*, Vol. 77, pp. 57 – 115.

127. Andersson, S. , Heywood, P. M. , 2009, "The Politics of Perception: Use and Abuse of Transparency International's Approach to Measuring Corruption", *Political Studies*, Vol. 57, No. 4, pp. 746 – 767.

128. Andres, A. R. , Ramlogan-Dobson, C. , 2011, "Is corruption really bad for inequality? Evidence from Latin America", *Journal of Development Studies*, Vol. 47, No. 7, pp. 959 – 976.

129. Andvig, J. C. , 2005, "A house of straw, sticks or bricks? Some notes on corruption empirics", *Paper presented to IV Global Forum on Fighting Corruption and Safeguarding Integrity, Session Measuring Integrity*, June 7, 2005.

130. Anne O. K. , 1974, "The Political Economy of the Rent-Seeking Society", *American Economic Review*, Vol. 64, No. 3, pp. 291 – 303.

131. Apergis, N. , Dincer, O. C. , Payne, J. E. , 2010, "The relationship between corruption and income inequality in U. S. states: evidence from a panel cointegration and error correction model", *Public Choice*, Vol. 145, No. 1, pp. 125 – 135.

132. Arin K. P. , V. Chmelarova, E. Feess, A. Wohlschlegel, 2011, "Why are corrupt countries less successful in consolidating their budgets?", *Journal of Public Economics*, Vol. 95, pp. 521 – 530.

133. Arvate, P. R. , Curi, A. Z. , Rocha, F. , Sanches, F. A. M. , 2010, "Corruption and the size of government: causality tests for OECD and Latin American

countries", *Applied Economics Letters*, Vol. 17, No. 10, pp. 1013 – 1017.

134. Asea, P. K., 1996, "The informal sector: baby or bath water?", *Carne-gie-Rochester Conference Series on Public Policy*, Vol. 45, pp. 163 – 171.

135. Axel Dreher, Thomas Herzfeld, The Economic Costs of Corruption: *A Survey and New Evidence*, 2005.

136. Bajada, C., Schneider, F., 2005, "The Shadow Economic of the Asia-Pacific", *Pacific Economic Review*, Vol. 10, No. 3, pp. 79 – 401.

137. Bajada, C., 2005, "Unemployment and the underground economy in Australia", *Applied Economics*, Vol. 37, pp. 177 – 189.

138. Bardhan, P., 1997, "Corruption and Development: A Review of Issues", *Journal of Economic Literature*, Vol. 35, No. 3, pp. 1320 – 1346.

139. Baumol W., 1962, "On the theory of expansion of the firm", *American Economic Review*, Vol. 52, pp. 1078 – 1087.

140. Beck, P. J., Maher, M. W., 1986, "A comparison of bribery and bidding in thin markets", *Economics Letters*, Vol. 20, No. 1, pp. 1 – 5.

141. Becker, G. S., 1968, "Crime and punishment: an economic approach", *Journal of Political Economy*, Vol. 76, pp. 169 – 217.

142. Becker, G. and Stigler, G., Law Enforcement, Malfeasance and the Compensat ion of Enforcers, *Journal of Legal Studies*, 1974.

143. Bertrand M., S. Djankov, R. Hanna and S. Mullainathan, 2007, "Obtaining a Driver's License in India: An experimental Approach to Studying Corruption", *Quarterly Journal of Economics*, Vol. 122, No. 4, pp. 1639 – 1676.

144. Bhattachary, D. K., 1990, "An Econometric Method of Estimating the 'Hidden Economy', United Kingdom (1960 – 1984): Estimates and Test", *The Economic Journal*, Vol. 100, No. 402, pp. 703 – 717.

145. Bian, Yanjie and John R. Logan, 1996, "Market Transition and the Persistence of Power : The Changing Stratification System in Urban China", *American Sociological Review*, Vol. 61, pp. 739 – 758.

146. Bian, Yanjie, Xiaoling Xu, and John R. Logan, 2001, "Commumist Party Membership and Regime Dynamics in China", *Social Forces*, Vol. 79, 2001, pp. 805 – 842.

147. Billger, S. M., & Goel, R. K., 2009, "Do existing corruption levels

matter in controlling corruption? cross-country quantile regression estimates", *Journal of Development Economics*, Vol. 90, pp. 299 – 305.

148. Blackburn K. , G. F. Puccio, 2009, "Why is corruption less harmful in some countries than in others?", *Journal of Economic Behaviour and Organisation*, Vol. 72, pp. 797 – 810.

149. Blackburn, K. , and G. F. Forgues-Puccio, 2007, "Distribution and Development in a Model of Misgovernance", *European Economic Review*, Vol. 51, No. 6, pp. 1534 – 1563.

150. Blades, D. , 1982, "The hidden economy and the national accounts", OECD Occasional Studies, pp. 28 – 44.

151. Blinder, A. S. , 1973, "Wage Discrimination: Reduced Form and Structural Estimates", *Journal of Human Resources*, Vol. 8, No. 4, pp. 436 – 455.

152. Bond, P. , 2008, "Persistent court corruption", *Economic Journal*, Vol. 118, pp. 1333 – 1353.

153. Bose, G. , 2004, "Bureaucratic delays and bribe-taking", *Journal of Economic Behavior & Organization*, Vol. 54, pp. 313 – 320.

154. Brehm, J. W. , 1966, A Theory of Psychological Reactance, Academic Press, New York.

155. Brehm, J. W. , 1972, Responses to Loss of Freedom: A Theory of Psychological Reactance, General Learning Press, Morristown.

156. Brunetti, Aymo and Weder, Beatrice, 1998," Investment and Institutional Uncertainty: A Comparative Study of Different Uncertainty Measures", in: Weltwirtschaftliches Archive, Vol. 134, No. 3, pp. 513 – 533.

157. Buehn, A. , Schneider, F. , MIMIC Models, 2008, Co-integration an Error Correction: an Application to the French Shadow Economy, CESIFO Working Paper, Vol. 2200. pp. 17 – 18.

158. Buehn, A. , Schneider, F. , 2012, "Corruption and the shadow economy: like oil and vinegar, like water and fire?", *International Tax and Public Finance*, Vol. 19, No. 1, pp. 172 – 194.

159. Cagan, P. , 1958, "The Demand for Currency Relative to the Total Money Supply", *Journal of Political Economy*, Vol. 66, No. 3, pp. 302 – 328.

160. Cai H. , H. Fang, C. L. Xu, 2011, "Eat, drink, firms and govern-

ment: an investigation of corruption fromentertainment and travel costs of Chinese firms", *Journal of Law and Economics*, Vol. 54, pp. 55 – 78.

161. Cebula, R. J., 1997, "An empirical analysis of the impact of government tax and auditing policies on the size of the underground economy: the case of the United States, 1993 – 1994", *American Journal of Economics and Sociology*, Vol. 56, pp. 173 – 85.

162. Chaudhuri, K., Schneider, F., Chattopadhyay, S., 2006, "The size and development of the shadow economy: An empirical investigation from states of India", *Journal of Development Economics*, Vol. 80, pp. 428 – 443.

163. Chen Y. L., M. Liu, J. Su, 2013, "Greasing the wheels of bank lending: Evidence from private firms in China", *Journal of Banking & Finance*, Vol. 37, No. 7, pp. 2533 – 2545.

164. Choi, J. P., & Thum, M., 2005, Corruption and the shadow economy, *International Economic Review*, Vol. 46, No. 3, pp. 817 – 836.

165. Chong, A. and C. Calderón, 2000, "Institutional Quality and Income Distribution", *Economic Development and Cultural Change*, Vol. 48, pp. 761 – 786.

166. Clague, C., Keefer, P., Knack, S., 1996, "Property and contract rights in autocracies and democracies", *Journal of Economic Growth*, Vol. 1, No. 2, pp. 243 – 276.

167. Coes, D. V., 2008, "Income distribution trends in Brazil and China: Evaluating absolute and relative economic growth", *The Quarterly Review of Economics and Finance*, Vol. 48, pp. 359 – 369.

168. Damania, R., Fredriksson, P. G., Mani, M., 2004, "The Persistence of Corruption and Regulatory Compliance Failures: Theory and Evidence", *Public Choice*, Vol. 121, No. 3, pp. 363 – 390.

169. David Han-Min Wang, Jer-Yan Lin, Tiffany Hui-Kuang Yu, 2006, "A MIMIC approach to modeling the underground economy in Taiwan", *Physica A*, Vol. 371, pp. 536 – 542.

170. Del Monte, A., E. Papagni, E., 2007, "The Determinants of Corruption in Italy : Regional Panel Data Analysis", *European Journal of Political Economy*, Vol. 23, No. 2, pp. 379 – 396.

171. Del Monte, A., Papagni, E., 2001, "Public Expenditure, Corrup-

tion, and Economic Growth : The Case of Italy", *European Journal of Political Economy*, *Vol.* 17, No. 1, pp. 1 – 16.

172. Dell'Anno, R., 2003, "Estimating the Shadow Economy in Italy: a Structural Equation Approach", Working Paper, Vol. 07, pp. 78 – 88.

173. Dell'Anno, R., Schneider, F., 2003, "The shadow economy of Italy and other OECD countries: what do we know?", University of Linz. Department of Economics Discussion Paper.

174. Dell'Anno, R., 2007, "The shadow economy in Portugal: an analysis with the MIMIC approach", *Journal of Applied Economics*, Vol. 10, pp. 253 – 277.

175. Dell'Anno, R., Schneider, F., 2003, "The shadow economy of Italy and other OECD countries: What do we know?", *Journal of Public Finance and Public Choice*, Vol. 21, pp. 97 – 121.

176. Dell'Anno, R., Gómez-Antonio, M., Pardo, A., 2007, "The shadow economy in three Mediterranean countries: France, Spain and Greece, A MIMIC approach", *Empirical Economics*, Vol. 33, pp. 51 – 84.

177. Dell'Anno, R., Solomon, O. H., 2008, "Shadow economy and unemployment rate in USA: is there a structural relationship? An empirical analysis", *Applied Economics*, Vol. 40, pp. 2537 – 2555.

178. Dincer, O. C., and B. Gunalp, 2008, "Corruption, Income Inequality, and Poverty in United States", FEEM Working Paper No. 54. 2008.

179. Dincer, O. C., Gunalp, B., 2012, "Corruption and Income Inequality in the United States", *Contemporary Economic Policy*, Vol. 30, No. 2, pp. 283 – 292.

180. Djankov S., Porta, R. L., Silanes F. L., Shleifer A., 2002, "The Regulation of Entry", *Quarterly Journal of Economics*, Vol. 117, No. 1, pp. 1 – 37.

181. Dobre, I., Alexandru, A., 2009, "Estimating the size of the shadow economy in Japan: A structural model with latent variables", *Economic Computation and Economic Cybernetics Studies and Research*, Vol. 1.

182. Dong B., Torgler, B., 2013, "Causes of corruption: Evidence from China", *China Economic Review*, Vol. 26, pp. 152 – 169.

183. Dreher, A., Kotsogiannis, C., & McCorriston, S., 2009, How do in-

stitutions affect corruption and the shadow economy? *International Tax and Public Finance*, *Vol.* 16, pp. 773 – 796.

184. Dreher, A., Kotsogiannis, C., McCorriston, S., 2007, "Corruption around the world: Evidence from a structural model", *Journal of Comparative Economics*, Vol. 35, pp. 443 – 466.

185. Dreher, A., Schneider, F., 2010, Corruption and the shadow economy: an empirical analysis, *Public Choice*, Vol. 144, pp. 215 – 238.

186. Drugov M., 2010, "Competition in bureaucracy and corruption", *Journal of Development Economics*, Vol. 92, pp. 107 – 114.

187. Eicher, T., García-Peñalosa, C., van Yperse, T., 2009, "Education, corruption, and the distribution of income", *Journal of Economic Growth*, Vol. 14, pp. 205 – 231.

188. Eilat, Y., Zinnes, C., 2000, "The Evolution of the Shadow Economy in Transition Countries: Consequences for Economic Growth and Donor Assistance", CAER II Discussion Paper No. 83, Harvard Institute for International Development.

189. Elizabeth A. and J. Freeman, 2009, "The Effect of Corruption on Investment Growth: Evidence from Firms in Latin America, Sub-Saharan Africa, and Transition Countries", *Review of Development Economics*, Vol. 13, No. 2, pp. 200 – 214.

190. Elliott, Kimberly Ann, ed, Corruption and the Global Economy, Washington, DC: *Institute for International Economics*, 1997.

191. Evrensel, A. Y., 2010, "Institutional and Economic Determinants of Corruption: A Cross-Section Analysis", *Applied Economics Letters*, Vol. 17, No. 6, pp. 551 – 554.

192. Faccio M. 2006, "Politically Connected Firms", *American Economic Review*, Vol. 96, No. 1, pp. 369 – 386.

193. Facundo A., C. Antonio, 2013, "Decentralization, Political Competition and Corruption", *Journal of Development Economics*, forthcoming.

194. Fahim A., Al-Marhubi., 2003, "Corruption and Inflation. *Economics Letters*", Vol. 66, pp. 199 – 202.

195. Feige, E. L., 1986, "A re-examination of the 'underground economy' in the United States", *IMF Staff Papers*, Vol. 33, pp. 768 – 781.

196. Feige, E. L. , 1996, "Overseas holdings of U. S. currency and the underground economy", In: Pozo, S. (Ed.), Exploring the Underground Economy. W. E. Upjohn Institute for Employment Research, Kalamazoo, MI, pp. 5 – 62.

197. Feige, E. L. , 1994, "The underground economy and the currency enigma", *Supplement to Public Finance/Finances Publiques*, Vol. 49, pp. 119 – 136.

198. Fields, G. S. , 2003, "Accounting for Income Inequality and its change: a new method, with application to the distribution of earnings in the United States", *Research in Labor Economics*, Vol. 22, pp. 1 – 38.

199. Fields, G. S. and Yoo, G. , 2000, "Falling Labor Income Inequality in Korea's Economic Growth: Patterns and Underlying Causes", *Review of Income & Wealth*, Vol. 46, No. 2, pp. 139 – 159.

200. Fisman R. , 2001, "Estimating the Value of Political Connections", *American Economic Review*, Vol. 91, No. 4, pp. 1095 – 1102.

201. Fisman, R. , Svensson J. , 2007, "Are Corruption and taxation really harmful to growth? Firm level evidence", *Journal of Development Economics*, Vol. 83, pp. 63 – 75.

202. Fisman, R. , Gatti, R. , 2002, "Decentralization and Corruption: Evidence across Countries", *Journal of Public Economics*, Vol. 83, No. 3, pp. 325 – 345.

203. Fleming M. , Roman J. , Farrell G. , 2000, "The shadow economy", *Journal of International Affairs*, Vol. 53, No. 2, pp. S387 – S412.

204. Francis L. , 1985, "An Equilibrium Queuing Model of Bribery", *Journal of Political Economy*, Vol. 93, pp. 760 – 781.

205. Francisco, A. , 2011, "Can corruption constrain the size of governments?", *European Journal of Law and Economics*, Vol. 32, No. 1, pp. 1 – 14.

206. Frey, B. S. , Pommerehne, W. W. , 1984, "The hidden economy: state and prospect for measurement", *Review of Income and Wealth*, Vol. 30, pp. 1 – 23.

207. Frey, B. S. , Weck-Hannemann, H. , 1984, "The hidden economy as an 'unobservable' variable", *European Economic Review*, Vol. 26, pp. 33 – 53.

208. Friedman, E. , Johnson, S. , Kaufmann, D. , & Zoido-Lobatón, P. , 2000, Dodging the grabbing hand: the determinants of unofficial activity in 69 countries, *Journal of Public Economics*, Vol. 76, No. 3, pp. 459 – 493.

209. Garcia, G. , 1978, "The currency ratio and the subterranean economy", *Financial Analysts Journal*, Vol. 69, pp. 64 – 66.

210. Giles, D. E. A. , 1999a "Measuring the hidden economy: implications for econometric modeling", *Economic Journal*, Vol. 109, pp. 370 – 380.

211. Giles, D. E. A. , 1999b "Modeling the hidden economy in the tax-gap in New Zealand", *Empirical Economics*, Vol. 24, pp. 621 – 640.

212. Giles, D. E. A. , 1999c, "The rise and fall of the New Zealand underground economy: are the reasons symmetric?", *Applied Economics Letters*, Vol. 6, pp. 185 – 189.

213. Giles, D. E. A. , Tedds, L. M. , 2002, "Taxes and the Canadian Underground Economy", Canadian Tax Paper No. 106, Canadian Tax Foundation, Toronto/Ontario.

214. Glaeser, E. L. and R. E. Saks, 2006, "Corruption in America", *Journal of Public Economics*, Vol. 90, pp. 1053 – 1072.

215. Goel, R. K. , Nelson, M. A. , 1999, "Corruption and government size: a disaggregated analysis", *Public Choice*, Vol. 97, pp. 107 – 120.

216. Goel, K. R. , Budak, J. , 2006, "Corruption in transition economies : effects of government size, country size and economic reforms", *Journal of economics and finance*, Vol. 30, No. 2, pp. 240 – 250.

217. Guariglia A. , X. Liu, L. Song, 2011, "Internal finance and growth: Microeconometric: evidence on Chinese firms", *Journal of Development Economics*, Vol. 96, pp. 79 – 94.

218. Gupta, S. , Davoodi, H. , Alonso-Terme, R. , 2002, "Does corruption affect income inequality and poverty?", *Economics of Governance*, Vol. 3, pp. 23 – 45.

219. Gupta, S. , 1998, "Does Corruption Impact Income Inequity and Poverty?", Working Paper, pp. 76 – 98, International Monetary Fund, Washington DC.

220. Gutmann, P. M. , 1977, "The subterranean economy", *Financial Analysts Journal*, Vol. 34, pp. 24 – 27.

221. Gyimah-Brempong, K. , 2002, "Corruption, economic growth, and income inequality in Africa", *Economics of Governance*, Vol. 3, No. 3, pp. 183 – 209.

222. Gymiah-Brempong, K. , and Gymiah-Brempong, S. M, 2006, "Corruption, Growth and Income Distribution: Are There Regional Difference?", *Economics of Governance*, Vol. 7, No. 3, pp. 245 –269.

223. Haggard S. , Y. Huang, 2008, "The political economy of private sector development in China", In Loren Brandt, & G. Rawski Thomas (Eds.), China's great economic transformation (pp. 337 – 374) . New York, NY: Cambridge University Press.

224. Hall, R. E. , 1979, "A theory of the natural rate of unemployment and the duration of unemployment", *Journal of Monetary Economics*, Vol. 5, pp. 153 – 69.

225. Heidenheimer, A. J. , *Political Corruption: Readings in Comparative Analysis*, New York. Holt Reinehart, 1970, pp. 3 –9.

226. Heidenheimer, A. J. , Johnston M. and Levine, V. , *Political Corruption: A handbook*, New Brunswick, NJ: Transaction, 1989.

227. Hibbs, D. A. Jr. , & Piculescu, V. , 2005, Institutions, corruption and tax evasion in the unofficial economy, Discussion paper, Göteburg University.

228. Hill, R. and Kabir, M. , 2000, "Currency demand and the growth of the underground economy in Canada, 1991 – 1995", *Applied Economics*, Vol. 32, pp. 183 – 192.

229. Hill, R. , Kabir, M. , 1996, "Tax rates, the tax mix, and the growth of the underground economy in Canada: what can we infer?", *Canadian Tax Journal/Revue Fiscale Canadienne*, Vol. 44, pp. 1552 – 1583.

230. Hindriks, J. , Muthoo, A. , & Keen, M. , 1999, Corruption, extortion and evasion, *Journal of Public Economics*, Vol. 74, No. 3, pp. 395 – 430.

231. Hindriks, J. , Keen, M. , Muthoo, A. , 1999, "Corruption, extortion and evasion", *Journal of Public Economics*, Vol. 74, No. 3, pp. 395 – 430.

232. Hines, J. , Forbidden Payment: Foreign Bribery and American Business. *NBER Working Paper*, 1995.

233. Houston, J. F. , 1987, "Estimating the size and the implication of the underground economy", Working Paper, pp. 87 –9, Federal Reserve Bank, Philadelphia, USA.

234. Hunt, Jennifer, 1999, " Has Work-Sharing Worked in Germany?",

Quarterly Journal of Economics, Vol. 114, No. 1, pp. 117 – 148.

235. Huntington, Samual P. , *Political Order in Changing Societies.* New Haven: Yale Univ. Press, 1968.

236. Huther, J. , Shah, A. , 1998, "Applying a simple measure of good governance to the debate on fiscal decentralization", *World Bank Policy Research Working Paper*, No. 1894.

237. Ihrig, J. , Moe, K. , 2004, "Lurking in the shadows: the informal sector and government policy", *Journal Development Economic*, Vol. 73, pp. 541 – 557.

238. IMD, *World Competitiveness Yearbook* 2012, Lausanne, Switzerland: IMD.

239. Isachsen, A. J. , Strom, S. , 1985, "The size and growth of the hidden economy in Norway", *Review of Income and Wealth*, Vol. 31, pp. 21 – 38.

240. Johnson, S. , Kaufmann, D. , & Shleifer, A. , 1997, The unofficial economy in transition, *Brookings Paper on Economic Activity*, Vol. 2, pp. 159 – 221.

241. Johnson, S. , Kaufmann, D. , & Zoido-Lobatón, P. , 1998a, Regulatory discretion and the unofficial economy, The American Economic Review, Vol. 88, No. 2, pp. 387 – 392.

242. Johnson, S. , Kaufmann, D. , & Zoido-Lobatón, P. , 1998b, Corruption, public finances and the unofficial economy, Discussion paper, The World Bank.

243. Johnson, M. 1997, "What can be done about entrenched corruption?", World Bank.

244. Johnson, N. D. , LaFountain, C. L. , Yamarik, S. , 2011, "Corruption is bad for growth (even in the United States)", *Public Choice*, Vol. 147, No. 3 – 4, pp. 377 – 393.

245. Johnson, S. , Kaufmann, D. , Zoido-Lobatón, P. , 1998a, "Regulatory discretion and the unofficial economy", *The American Economic Review*, Vol. 88, pp. 387 – 392.

246. Jöreskog, K. G. , Goldberger, A. S. , 1975, "Estimation of a model with multiple indicators and multiple causes of a single latent variable", *Journal of the American Statistical Association*, Vol. 70, pp. 631 – 639.

247. Jung-Yeop Woo, Uk Heo, 2009, "Corruption and Foreign Direct Invest-

ment Attractiveness in Asia", *Asian Politics & Policy*, Vol. 1, No. 2, pp. 223 – 238.

248. Kaplan, D. S. , V. Pathania, 2010, "What influences firms' perceptions?", *Journal of Comparative Economics*, Vol. 38, pp. 419 – 431.

249. Kaufmann, D. , Kaliberda, A. , 1996, "Integrating the unofficial economy into the dynamics of post socialist economies: a framework of analyses and evidence", In: Kaminski, B. (Ed.), Economic Transition in Russia and the New States of Eurasia. M. E. Sharpe, London, pp. 81 – 120.

250. Kaufmann, D. , Kraay & Zoido-Lobaton, P. , *Goverance Matters*, Washington, D. C. World Bank, 1999.

251. Khan, A. R. and Carl, R. , 1998, "Income Inequality in China: Composition, Distribution and Growth of Household Income, 1988 to 1995", *The China Quarterly*, Vol. 154, pp. 221 – 253.

252. Kline, R. B. , 2004, *Principles and Practice of Structural Equation Modeling*, *Second Edition*, New York: Guilford Press.

253. Klovland, J. , 1984, "Tax evasion and the demand for currency in Norway and Sweden: is there a hidden relationship?", *Scandinavian Journal of Economics*, Vol. 86, pp. 423 – 439.

254. Knight, J. and Li Shi, 2005, "Wages, Firm Profitability and Labor Market Segmentation in Urban China", *China Economic Review*, Vol. 16, pp. 205 – 228.

255. Kotera, G. , Okada, K. , Samreth, S. , 2012, "Government size, democracy, and corruption: An empirical investigation", *Economic Modelling*, Vol. 29, No. 6, pp. 2340 – 2348.

256. Kuznets, S. , 1955, "Economic Growth and Income Inequality", *American Economic Review*, Vol. 45, No. 1, pp. 1 – 28.

257. La Porta, R. , Lopez-de-Silanes, F. , Shleifer, A. , & Vishny, R. , 1999, "The quality of government", *Journal of Law, Economics, and Organization*, Vol. 15, pp. 222 – 279.

258. Lacko', M. , 1996, "Hidden economy in East-European countries in international comparison", Working paper, International Institute for Applied Systems Analysis (IIASA), Laxenburg.

259. Lacko', M. , 1998 "The hidden economies of Visegrad countries in inter-

national comparison: a household electricity approach", In: Halpern, L.,
Wyplosz, C. (Eds.), Hungary: Towards a Market Economy. Cambridge University
Press, Cambridge, UK, pp. 128 – 152.

260. Lacko', M., 2000, "Hidden economy—an unknown quantity? comparative analysis of hidden economics in Transition countries 1989 – 1995", *Economics of Transition*, Vol. 8, pp. 117 – 149.

261. Lambsdorff, Johann Graf, 2003, "How Corruption Affects Persistent Capital Flows", *Economics of Governance*, Vol. 4, No. 3, pp. 229 – 243.

262. Lecuna A., 2012, "Corruption and Size Decentralization", *Journal of Applied Economics*, Vol. 15, No. 1, pp. 139 – 168.

263. Leff, N. H., 1964, "Economic development through bureaucratic corruption", *American Behavioral Scientist*, Vol. 8, No. 3, pp. 8 – 14.

264. Lemieux, T., Bernard, F., Pierre, F., 1994, "The Effect of Taxes on Labor Supply in the Underground Economy", *The American Economic Review*, Vol. 84, pp. 231 – 254.

265. Lentz Rasmus, D. T. Mortensen, 2008, "An Empirical Model of Growth Through Product Innovation", *Econometrica*, Vol. 76, No. 6, pp. 1317 – 1373.

266. Li, H., Xu, L. C., Zou, H., 2000, "Corruption, income distribution, and growth", *Economics & Politics*, Vol. 12, No. 2, pp. 155 – 182.

267. Lin, S. L., Zhang, W., 2009, "The effect of corruption on capital accumulation", *Journal of Economics*, Vol. 97, No. 1, pp. 67 – 93.

268. Lippert, O., Walker, M., 1997 (Eds.), The Underground Economy: Global Evidences of its Size and Impact. The Frazer Institute, Vancouver, BC.

269. Loayza, N. V., 1996, "The economics of the informal sector: A simple model and some empirical evidence from Latin America", *Carnegie-Rochester Conference Series on Public Policy*, Vol. 45, pp. 129 – 162.

270. Lui, F. T., 1985, "An Equilibrium Queuing Model of Bribery", *Journal of Political Economy*, Vol. 93, pp. 760 – 781.

271. Mark D. T., J. R. Larry, 1989, "The Growth and Failure of U. S. Manufacturing Plants", *Quarterly Journal of Economics*, Vol. 104, No. 4, pp. 671 – 698.

272. Mauleon, I., Sarda, J., 2000, "Income measurement and compari-

sons", *International Advances in Economic Research*, Vol. 6, pp. 475 – 487.

273. Mauro, P. , Why Worry about Corruption? *Economic Issues*, vol. 6. *International Monetary Fund*, Washington, 1997.

274. Mauro, P. , 1995, "Corruption and growth", *The quarterly journal of economics*, Vol. 110, No. 3, pp. 681 – 712.

275. Mauro, P. , 1998, "Corruption and the composition of government expenditure", *Journal of Public Economics*, Vol. 69, pp. 263 – 279.

276. Mehrara, M. , Firouzjaee, B. A. , Gholami, A. , 2011, The Corruption and Income Distribution in OPEC and OECD Countries: A Comparative Study, *International Journal of Economics and Research*, Vol. 2, No, 6, pp. 51 – 61.

277. Méndez F. , F. Sepúlveda, 2006, "Corruption, growth and political regimes: Cross country evidence. European", *Journal of Political Economy*, Vol. 22, pp. 82 – 98.

278. Meng, Xin, 2004, "Economic Restructuring and Income Inequality in Urban China", *Review of Income and Wealth*, Vol. 50, No. 3, pp. 357 – 379.

279. Méon P. , Sekkat K. , 2005, "Does corruption grease or sand the wheels of growth?", *Public Choice*, Vol. 122, pp. 69 – 97.

280. Mincer, J. , *Schooling, Experience, and Earnings*. New York: Columbia University Press, 1974, pp. 43 – 63.

281. Mo, P. H. , 2001, "Corruption and Economic Growth", *Journal of Comparative Economics*, Vol. 29, pp. 66 – 79.

282. Mocan, N. , 2008, "What Determines Corruption? International Evidence from Micro Data", *Economic Inquiry*, Vol. 46, No. 4, pp. 493 – 510.

283. Morduch, J. , and Sicular, T. , 2000, "Politics, growth, and inequality in rural China: does it pay to join the Party?", *Journal of Public Economics*, Vol. 77, pp. 331 – 356.

284. Morduch, J. , and Sicular, T. , 2002, "Rethinking inequality decomposition, with evidence from rural China", *The Economic Journal*, Vol. 112, pp. 93 – 106.

285. Morris, B. , 1993, Editorial statement. International Economic Insides, Vol. IV. International Statistical Yearbook, Budapest.

286. Mummert, A. , Schneider, F. , 2001, "The German shadow economy: parted in a united Germany?", Finanzarchiv, Vol. 58, pp. 260 – 285.

287. Murataş. , S. Y. Judy, 2013, "Bribery solicitations and firm performance in the Latin America and Caribbean region", *Journal of Comparative Economics*, forthcoming.

288. Nee, V. , 1996, "The Emergence of a Market Society : Changing Mechanisms of Stratification in China", *American Journal of Sociology* , Vol. 101, No. 4, pp. 908 – 949.

289. Nee, V. , 1989, "A Theory of Market Transition : From Redistribution to Market in State Socialism", *American Sociological Review* , Vol. 54, No. 5, pp. 663 – 681.

290. Oaxaca, R. L. , 1973, "Male-Female Wage Differential in Urban Labor Markets", *International Economic Review*, Vol. 14, No. 3, pp. 693 – 709.

291. Olken B. A. , 2009, "Corruption perceptions vs. corruption reality", *Journal of Public Economics*, Vol. 93, No. 7, pp. 950 – 964.

292. Orviska, M. , Caplanova, A. , Medved, J. , Hudson, J. , 2006, "A cross-section approach to measuring the shadow economy", Journal of Policy Modeling, Vol. 28, pp. 713 – 724.

293. Parish, W. L. and Michelson, E. , 1996, "Politics and markets: Dual Transformation", *American Journal of Sociology*, Vol. 101, pp. 1042 – 1059.

294. Park, T. , 1979, "Reconciliation Between Personal Income and Taxable Income", Bureau of Economic Analysis, Washington, DC, pp. 1947 – 1977.

295. Pei M. , 2008, "Fighting corruption: a difficult challenge for Chinese leaders", In: Cheng Li (Ed.), China's Changing Political Landscape, Brookings Institute, pp. 229 – 250.

296. Peters, J. G. and Welch, S. , 1978, "Political Corruption in America," *American Political Science Review*, Vol. 72, pp. 974 – 984.

297. Pickhardt, M. , Pons, J. S. , 2006, "Size and scope of the underground economy in Germany", *Applied Economics*, Vol. 38, pp. 1707 – 1713.

298. Pissarides, C. , Weber. G. , 1989, "An expenditure-based estimate of Britain's black economy", *Journal of Public Economics*, Vol. 39, pp. 17 – 32.

299. Qian Y. , 2002, "How reform worked in China", The William Davidson Institute Working Paper, No. 473.

300. Qian Y. , G. Roland, 1998, "Federalism and the soft budget constraint",

American Economic Review, Vol. 88, pp. 1143 – 1162.

301. Rauch J. , P. Evans, 2000, "Bureaucratic structure and bureaucratic performance in less developed countries", *Journal of Public Economics*, Vol. 76, pp. 49 – 71.

302. Ravallion, M. , and Shaohua Chen, 2007, China's (uneven) progress against poverty, *Journal of Development Economics*, Vol. 82, pp. 1 – 42.

303. Razafindrakoto, M. , Roubaud, F. , 2010, "Are International Databases on Corruption Reliable? A Comparison of Expert Opinion Surveys and Household Surveys in Sub-Saharan Africa", *World Development*, Vol. 38, No. 8, pp. 1057 – 1069.

304. Reinikka R. , Svensson J. , The power of information: evidence from a newspaper campaign to reduce capture. *World Bank Publications*, 2004.

305. Rijckeghem, C. V. , Weder, B. , 2001, "Bureaucratic corruption and the rate of temptation: do wages in the civil service affect corruption, and by how much?", *Journal of Development Economics*, Vol. 65, No. 2, pp. 307 – 331.

306. Romer, P. M. , 1994, "The origins of endogenous growth", *The Journal of Economic Perspectives*, Vol. 8, No. 1, pp. 3 – 22.

307. Rona-Tas, A. , 1994, "The first shall be last? entrepreneurship and communist cadres in the transition from socialism", *American Journal of Sociology*, Vol. 100, pp. 40 – 69.

308. Rose-Ackerman, S. , 1999, *Corruption and government: causes, consequences, and reform*, Cambridge: Cambridge University Press.

309. Rose-Ackerman, S. , 1978, *Corruption: a study in political economy*, New York: Academic Press.

310. Rose-Ackermann, S. , 1997, Corruption and Development, Washington D. C. , The World Bank, Annual Bank Conference on Development Economy.

311. Rose-Ackermann, Susan, 1997, Corruption and Development. *Washington D. C. : The World Bank: Annual Bank Conference on Development Economy*, 1997.

312. Rosser, J. B. , Rosser, M. V. , Ahmed, E. , 2000, "Income Inequality and The Informal Economy in Transitions Economies", *Journal of Comparative Economics*, Vol. 28, No. 1, pp. 156 – 171.

313. Rosser, J. B. , Rosser, M. V. , Ahmed, E. , 2003, "Multiple Unofficial Economy Equilibria and Income Distribution Dynamics in Systemic Transition", *Journal of Post Keynesian Economics*, Vol. 25, No. 3, pp. 425 – 447.

314. Samuel, P. 1968, *Huntington, Political order in changing societies*, New Haven, CT: Yale University Press.

315. Sarte P. , 2000, "Informality and rent-seeking bureaucracies in a model of long-run growth", *Journal of Monetary Economics*, 46, 173 – 197.

316. Schneider, F. , Klingmair, R. , 2004, "Shadow economies around the world: what do we know?", Working Paper, 0403, (April), Department of Economics, Johannes Kepler University of Linz, Austria.

317. Schneider, F. , Enste, D. H. , 2000, "Shadow Economies: Size, Causes, and Consequences", *Journal of Economic Literature*, Vol. 38, No. 1, pp. 77 – 114.

318. Schneider, F. , 1986, "Estimating the size of the Danish shadow economy using the currency demand approach: An attempt", *The Scandinavian Journal of Economics*, Vol. 88, pp. 643 – 668.

319. Schneider, F. , 1994a, "Measuring the size and development of the shadow economy: can the causes be found and the obstacles be overcome?", *Economic Psychology*, pp. 193 – 212.

320. Schneider, F. , 1994b, "Can the shadow economy be reduced through major tax reforms? An empirical investigation for Austria", *Supplement to Public Finance/Finances*, Vol. 49, pp. 137 – 152.

321. Schneider, F. , 1997, "The shadow economies of Western Europe. Journal", *Institute of Economic Affairs*, Vol. 17, pp. 42 – 48.

322. Schneider, F. , 1998, "Further empirical results of the size of the shadow economy of 17 OECD-countries overtime", Paper Presented at the 54th Congress of the IIPF Cordova, Argentina, and Discussion Paper, Department of Economics, University of Linz, Linz, Austria.

323. Schneider, F. , 2000, "The increase of the size of the shadow economy of 18 OECD-Countries: some preliminary explanations", Paper presented at the Annual Public Choice Meeting, Charleston, SC.

324. Schneider, F. , 2003, "The shadow economy", In: Rowley, C. K. ,

Schneider, F. (Eds.), Encyclopedia of Public Choice. Kluwer Academic Publishers, Dordrecht.

325. Schneider, F., 2005, "Shadow economies around the world: what do we really know?", *European Journal of Political Economy*, Vol. 21, pp. 598 – 642.

326. Schneider, S., Savasan, F., 2007, "Dymimic Estimates of the Size of Shadow Economies of Turkey and of Her Neighbouring Countries", *International Research Journal of Finance and Economics*, No. 9, pp. 126 – 143.

327. Schuetze, H. J. 2002, "Profiles of tax non-compliance among the self-employed in Canada: 1969 to 1992", *Canadian Public Policy*, Vol. 28, pp. 220 – 223.

328. Shleifer, A., Vishny, R. W., 1993, "Corruption", *Quarterly Journal of Economics*, Vol. 108, No. 3, pp. 599 – 617.

329. Shleifer, A., Vishny, R. W., 1994, "Politicians and firms", *Quarterly Journal of Economics*, Vol. 109, pp. 995 – 1025.

330. Shleifer, A., 1997, Joseph Schumpeter lecture, Government in transition, *European Economic Review*, Vol. 41, pp. 385 – 410.

331. Shorrocks, Anthony F., 1982, "Inequality decomposition by factor components", *Econometrica*, Vol. 50, pp. 193 – 211.

332. Shorrocks, Anthony F., 1999, "Decomposition Procedures for Distributional Analysis: A Unified Framework Based on the Shapley Value", Unpublished Manuscript, Department of Economics, University of Essex, pp. 1 – 37.

333. Smith, P., 1994, "Assessing the size of the underground economy, the Canadian statistical perspectives", *Canadian Economic Observer*, Vol. 11, pp. 16 – 33.

334. Spiro, P. S., 1993, "Evidence of a post-GST increase in the underground economy, Macroeconomic Analysis and Policy Branch", Ontario Ministry of Treasury and Economics.

335. Stephen Knack, 2006, "Measuring Corruption in Eastern Europe and Central Asia: A Critique of the Cross-Country Indicators", *World Bank Policy Reasearch Working Paper* 3968, P. 49.

336. Svensson J., 2003, "Who must pay bribes and how much? Evidence from a cross section of firms", *Quarterly Journal of Economics*, Vol. 118, pp. 207 – 230.

337. Tanzi, V. , 1980, "The underground economy in the United States: estimates and implications", *Banca Nazionale del Lavoro*, Vol. 135, pp. 427 – 453.

338. Tanzi, V. , 1983, "The Underground Economy in the United States: Annual Estimates, 1930 – 1980 ", *IMF Staff Papers*, Vol. 30, No. 22, pp. 283 – 305.

339. Tanzi, V. , 1995, "Government Role and Efficiency of Policy Instruments", *IMF Working Paper* No. 95/100.

340. Tanzi, V. , 1997, "The completion of the preparatory work for the UN Convention on the Law of International Watercourses", Natural resources forum. Blackwell Publishing Ltd, Vol. 21, No. 4, pp. 239 – 245.

341. Tanzi, V. , 1998, "Corruption Around the World Causes, Consequences, Scope, and Cures", *IMF Staff Papers*, Vol. 45, No. 4, pp. 559 – 594.

342. Tanzi, V. , 1999, "Uses and abuses of estimates of the underground economy", *Economic Journal*, Vol. 109, pp. 338 – 340.

343. Tanzi, V. , Davoodi, H. , 1997, "Corruption, Public Investment, and Growth", *IMF Working Paper*, No. 97/139.

344. Thomas, J. J. , 1992, *Informal Economic Activity*, *LSE Handbooks in Economics*, Harvester Wheatsheaf, London.

345. Thomas, J. J. , 1986, "The Underground Economy in the United States: A Further Comment on Tanzi", *IMF Staff Papers*, Vol. 33, No. 4, pp. 782 – 789.

346. Thomas, J. J. , 1999, "Quantifying the black economy: 'measurement without theory' yet again?", *Economic Journal*, Vol. 109, pp. 381 – 389.

347. Thorsten B. , A. Demirguc-Kunt and V. Maksimovic, 2005, "Financial and Legal Constraints to Growth: Does Firm Size Matter?", *The Journal of Finance*, Vol. 60, No. 1, pp. 137 – 177.

348. Treisman, D. , 2000, "The Causes of Corruption : A Cross-national Study", *Journal of Public Economics*, Vol. 76, No. 3, pp. 399 – 457.

349. Ullah, M. A. and Ahmad, D. E. , 2007, "Corruption and income inequality: A Panel Data Analysis", *Economia Global e Gestão*, Vol. 13, pp. 53 – 74.

350. Valentini, E. , 2009, "Underground Economy, Evasion and Inequality", *International Economic Journal*, Vol. 23, No. 2, pp. 281 – 290.

351. Van Rijckeghem, C. , Weder, B. , 2001, "Bureaucratic Corruption and

the Rate of Temptation: Do Wages in the Civil Service Affect Corruption and by How Much?", *Journal of Development Economics*, Vol. 65, pp. 307 – 331.

352. Walder, A. G., 1995, "Career Mobility and Communist Political Order", *American Sociological Review*, Vol. 60, pp. 309 – 328.

353. Walder, A. G., Bobai Li, and Treiman, D., 2000, "Politics and Life Chances in a State Socialist Regime: Dual Career Paths into Urban Chinese Elite, 1949 – 1996", *American Sociological Review*, Vol. 65, pp. 191 – 209.

354. Wan, Guanghua and Zhang Xiaobo, 2006, "Rising inequality in China", *Journal of Comparative Economics*, Vol. 34, No. 4, pp. 651 – 653.

355. Wan, Guanghua, Zhou, Zhangyue, 2005, "Income inequality in rural China: Regression-based decomposition using household data", *Review of Development Economics*, Vol. 9, No. 1, pp. 107 – 120.

356. Wan, Guanghua, 2004, "Accounting for income inequality in rural China: a regression-based approach", *Journal of Comparative Economics*, Vol. 32, No. 2, pp. 348 – 363.

357. Wang Y. Y., J. You, 2012, "Corruption and firm growth: Evidence from China", *China Economic Review*, Vol. 23, No. 2, pp. 415 – 433.

358. Ward, P. M., 1989, "Corruption. Corruption, Development and Inequality: Soft Touch or Hard Graft?", London: Routledge, pp. 13 – 37.

359. Wei, S. J., Wu, Y., 2001, "Globalization and Inequality: Evidence from within China", *NBER Working Paper* 8611.

360. Wei S. J., 1999, "Corruption in Economic Development: Benefecial Grease, Minor Annoyance, or Major Obstacle?", *Policy Research Working Paper* 2048, World Bank.

361. Wei S. J., 2000, "How Taxing Is Corruption on International Investors?", *The Review of Economics and Statistics*, Vol. 82, No. 1, pp. 1 – 11.

362. Wooldridge, J. M., 2012, "Introductory econometrics: a modern approach", Cengage Learning.

363. World Bank, 1997, *Sharing Rising Incomes-Disparities in China*, Washington D. C.

364. Wu, Yiping, and Jiangnan Zhu, 2011, "Corruption, anti-corruption, and inter-county income disparity in China", *The Social Science Journal*, Vol. 48,

No. 3, pp. 435 – 448.

365. Wu. Xiaogang, and Xie. Yu, 2003, "Does the Market Pay Off? Earnings Inequality and Returns to Education in Urban China", *American Sociological Review*, Vol. 68, pp. 425 – 442.

366. Xu C. , 2011, "The fundamental institutions of China's reforms and development", *Journal of Economic Literature*, Vol. 49, pp. 1076 – 1151.

367. Yang, D. T. , 1999, "Urban-Biased Policies and Rising Income Inequality in China", *American Economic Review Papers and Proceedings*, Vol. 89, No. 2, pp. 306 – 210.

368. Zellner, A. , 1970, "Estimation of regression relationships containing unobservable variables", *International Economic Review*, Vol. 11, pp. 441 – 454.

369. Zhou, Xueguang, 2000, "Economic Transformation and Income Inequality in Urban China: Evidence from Panel Data", *American Journal of Sociology*, Vol. 105, No. 4, pp. 1135 – 1174.